城乡融合视域的陕西农村现代化路径研究 1978—2010年

司武林——著

陕西师范大学出版总社 西安

图书代号 SK24N2371

图书在版编目（CIP）数据

城乡融合视域的陕西农村现代化路径研究 : 1978-2010年 / 司武林著. -- 西安 : 陕西师范大学出版总社有限公司, 2025. 7. -- ISBN 978-7-5695-5740-4

Ⅰ. F327.41

中国国家版本馆 CIP 数据核字第 2025Q19N31 号

城乡融合视域的陕西农村现代化路径研究（1978—2010年）

CHENGXIANG RONGHE SHIYU DE SHAANXI NONGCUN XIANDAIHUA LUJING YANJIU（1978—2010NIAN）

司武林 著

出 版 人 / 刘东风

出版统筹 / 侯海英 曹联养

策划编辑 / 曹联养

责任编辑 / 王 冰

责任校对 / 张爱林

封面设计 / 纸坊工作室

出版发行 / 陕西师范大学出版总社

（西安市长安南路 199 号 邮编 710062）

网 址 / http://www.snupg.com

印 刷 / 天渠（西安）印务有限责任公司

开 本 / 787 mm × 1092 mm 1/16

印 张 / 12.75

插 页 / 4

字 数 / 330 千

版 次 / 2025年7月第1版

印 次 / 2025年7月第1次印刷

书 号 / ISBN 978-7-5695-5740-4

定 价 / 68.00 元

读者购书、书店添货或发现印刷装订问题，请致电（029）85216658 85303635

前　言

没有农业、农村现代化，就没有中国的现代化，努力解决好“三农”问题一直是我国经济社会发展的重中之重。就城乡连续统而言①，农村发展必须着眼于城乡关系改善；就现实性而言，城镇以其明显优势引领当代中国社会变迁，农村发展也始终受制于城乡关系。因此，农村社会需要借重城乡格局优化而探索自我支持、自我发展机制。这一思想认识的实践基础，是20世纪八九十年代我国农村改革“摸着石头过河”的艰难探索历程。

进入21世纪，党的十六大首先提出统筹城乡发展，十七大报告指出了形成城乡一体化新格局的六个重点方面，党的十八届三中全会明确了新型城乡关系的基本内涵，即以工促农、以城带乡、工农互惠、城乡一体。继党的十九大提出乡村振兴战略后，二十大进一步指出要着力推进城乡融合，全面推进乡村振兴。

前后相继的发展战略，以优化城乡关系为基础，构成了当代中国农村社会变迁的理论逻辑。它源于农村现代化实践进程，又引导着农村现代化的基本走向，使得我国农村发展的路径越来越清晰。

当代中国农村现代化始于城乡分离，经历城乡统筹和城乡一体化而不断走向城乡融合，城乡格局始终型塑着农村发展。回顾我国农村改革历程，1978年到21世纪初，是农村社会变化极为剧烈和曲折复杂的时期，堪称“世纪之变”，深刻反映了大国“三农”问题之难。自2006年起，彻底取消农业税、启动社会主义新农村建设、“两个反哺”全面深入推进，标志着我国农村走出艰难而逐渐恢复；到2010年“十一五”计划完成，城乡关系新格局显现，

① “城乡连续统”是近年我国农村研究中形成的一种理论视野或分析框架，其要旨是将社区、城镇化、农村发展等问题分析置于城乡社会体系之中，可以将其理解为一种社会学的结构分析方法。李远行（2014）等用以研究集市和农村社区，田鹏、陈绍军（2016）用以研究新型城镇化社区，王积超、李远行（2019）用于研究乡村振兴，李晓斐（2019）还进一步提出“工农城乡连续统”的概念。

农村整体状况得到初步改善。只有深入考察这一时期的农村变迁，才能科学阐述我国实现城乡融合的基础、难点和条件，进而明晰我国农村现代化规律。基于这种认识，本研究立足我国农村改革进程，从城乡融合视域审视这一时期陕西农村现代化路径，探讨从二元格局走向城乡融合的逻辑和机制，为当前乡村振兴提供理论借鉴，也为深入解决西部地区“三农”问题提供具体方案。

本书主要内容如下：

第1章，引言。立足本研究的背景、目的和已有文献，介绍基本研究思路、基础理论、研究方法和可能的创新等。

第2章，农村现代化的概念及理论基础。本章从全球化视野对农村现代化理论进行梳理。主要内容有：①现代化类型与乡村变迁；②发展理论对农村问题的思考；③20世纪中国农村现代化理论流派；④城乡融合思想及其发展。

第3章，陕西农村现代化阶段。以农村政策、农村经济、农村社会形态的综合指标，审视当代陕西农村现代化进程，划分其发展阶段并归纳特点，以阐述其整体演进情况。

第4章，陕西农村现代化路径之一：产业与市场互动。这是陕西农村经济现代化的路径。当代中国农村经济发展的实质是农村产业与市场体系的链接。20世纪80年代的市场恢复带动了农村经济繁荣，20世纪90年代后城乡市场体系断裂导致了严重的“三农”问题，进入21世纪以来，城乡统筹发展实质构建了一体化的市场网络体系。市场体系又“倒逼”农村产业结构优化，直接带动乡村经济振兴。因此，“产业—市场互动”是城乡融合的首个结点。

第5章，陕西农村现代化路径之二：乡村治理体制创新。这是当代陕西乡村治理现代化的重要路径，意味着把现代治理体系嵌入乡村社会内生秩序之中。“社队体制”于20世纪80年代初解体后，“乡政村治”体制被创新出来并填补了乡村治理空白，然而令人意外的是，其在实际运行中发生畸变，导致了乡政困难和村治异化。21世纪农村综合改革后，城乡关系格局发生变化，农村社区建设引动治理体制继续创新。据此，本研究提出了“多层竞争—合作”的乡村治理体制。

第6章，陕西农村现代化路径之三：“乡土特质”的农村社会建设。这是农村社会结构现代化的基本路径。1981年提出的“建设社会主义新农村”和2005年提出的“社会主义新农村建设”，分别代表了20世纪末期和21世纪初期我国农村社会建设的两个阶段。与此一致，陕西农村社会建设经历了如下变化：“城市偏好”—“两个反哺”—“城乡平等”的理念转向，粮食增产—提高收入—农村社区建设的重心转向，农业生产—农村稳定—乡村发展的功能转向。当前农村社会建设的重点内容是新主体、新结构和新功能：首先，持续实现公共产品供给的城乡一体化；其次，尊重农民主体性，促进农民组织化，形成更广泛的参与主体；再次，激发“乡土特质”的潜在功能，探索乡村传统要素与现代社会的融合共生。

第7章，陕西农村现代化路径之四：“地方性”的农村城镇化。这是农村生活方式现代化的途径。改革后，陕西农村城镇化首先表现为持续的数量增长，2002年之后逐渐突出重点镇与城镇体系建设，“地方性”特色越来越清晰。发挥城镇化引领作用，增强城镇辐射效应，需要更加彰显“地方性”特色。当前，需要通过提高县域城镇质量以促进城乡融合，推动农村生活方式现代化。

作为上述研究内容的指导思想，本研究所提出的主要观点是：

1. 当代中国农村经济现代化的关键，是实现农村产业与市场体系的链接。自20世纪80年代推行联产承包责任制后，农产品产量猛增，市场成为农村家庭经营和农村经济发展最重要的媒介，建立农产品交易市场遂成为当务之急。从陕西来看，农村商品市场体系建设经历了三个阶段：① 20世纪80年代初，恢复农村乡镇集贸市场，为本地农产品流通提供了便利；② 20世纪90年代，在重点县建设大型农产品批发市场，促进了省（市）范围的农产品交易；③ 120世纪90年代中后期，在大中城市设立农副产品综合交易市场，把农副产品贸易扩大到省市区域乃至全国范围。产业结构调整与市场体系建设双向互动、共同发力，以推动陕西农村经济发展。

2. 当代中国乡村治理现代化的要旨，是把现代治理体制嵌入传统乡村社会运行之中。改革以后，为了解决“社队体制”解体后的诸多问题，“乡政村治”体制应运而生，农村社会组织结构分化，确立了现代治理模式；但因其功能分化未同步，最终导致治理效益逐渐下降，乡村治理再次面临困境；继农村税费改革、取消农业税等财税措施实施之后，农村社区建设成为乡村治理体制创新的有力抓手。在先期组织分化基础上，本次创新的重点是实现功能分化，即社区内部组织、社会组织与基层政府之间，分担治理责任，形成密切合作。这种创新将探索出 21 世纪我国农村社会“竞争—合作”的治理体制，推动治理现代化。

3.“乡土特质”的社会主义新农村建设，是 21 世纪中国农村社会建设的综合方案。家庭联产承包责任制改革仅仅针对的是农业生产经营体制，其实质是单项改革措施；2005 年提出的“社会主义新农村建设”，强调农业生产经营、村民生活、乡风文明、村容村貌和村庄事务管理同步发展，反映出明显的整体改革思路，是 21 世纪农村社会建设的综合方案。新农村建设强调新结构、新组织和新功能，其实质指向农村社会结构现代化，但其根本立足点是“乡土特质”，即乡村要素、乡村关系和乡村特征。

4. 地方特色的小城镇建设，是引领陕西农村发展、促进城乡融合最重要的动力源泉，体现了农村生活方式的现代化。“乡头城尾”的小城镇，与农村空间直接交融，与乡村要素密切流通。因此，从 20 世纪 80 年代到 21 世纪，从提出“小城镇、大问题”、明确“小城镇、大政策”到最终确定“大中小协调的城镇化道路”，小城镇始终是我国城镇化和城乡空间重构的重中之重。自 2002 年后，陕西农村小城镇建设逐渐注重其“地方性”，地方特色和城镇个性越来越鲜明。为了增强其辐射效应，应该以重点镇为引领，继续凝练特色、优化城镇体系，以提高小城镇的建设质量。

目　录

图　目

表　目

第 1 章　引　言

学界对国内某一较小地域的发展研究，大体可分为两类：一类是对该地域的专门研究，如冯治的《中国农村现代化道路与规律——张郭研究》（2004）、陆学艺主编的《晋江模式新发展——中国县域现代化道路探索》（2007）、师守祥的《民族区域非传统的现代化之路——青藏高原地区经济发展模式与产业选择》（2006）、严翅君的《伟大的失败的英雄——张謇与南通区域早期现代化研究》（2006）等；另一类是上一层级的区域发展研究所涉及的，如长三角、珠三角、京津唐等区域研究中，必然涉及某个单独省份（市）的发展状况，如张同林、胡建一等所著《东北地区发展研究（2003—2009）——基于区域发展战略实施情况评估的观察与思考》（2010）中所涉及的省份，何一民所著《20 世纪中国西部中等城市与区域发展》（2005）所涉及的西部地区等。本著述属于第一类，专门研究十一届三中全会以来的陕西农村发展，它以陕西农村为研究对象，集中探讨其现代化基本路径。

1.1 研究背景、目的和意义

1.1.1 研究背景

本研究基于以下背景而展开：

1. 当代中国农村改革的阶段性转换。始于 1978 年的当代中国农村改革，一石激起千层浪，不但推动农业生产经营向家庭化、市场化转变，更是开启了城乡格局重构历程，进而引发了中国社会结构深刻变迁。然而，农村变革进程极其复杂和艰难，经历了改革之初的短暂辉煌之后，农村社会却陷入了前景迷茫、后劲乏力的凋敝状态。20 世纪 90 年代的“三农”问题严重困扰着我国经济社会的发展，“农民真苦，农村真穷，农业真危险”极为形象地概括了当时农村的实际状态。针对问题症结，自 2000 年起，我国从农村税费改革入手，连续实施“两个反哺”、全面免除农业税以及全力推进社会主义新农村建设的改革措施。直到2010年“十一五”计划的完成，农村社会才逐渐恢复元气而走向新的发展阶段。我国农村的“世纪之变”典型反映了传统农耕文明的现代性建构之难，也折射着城乡统筹和城乡一体化的社会条件。为了阐明这些理论问题，极有必要仔细梳理农村变革进程。

2. 我国经济社会发展内部结构优化。随着统筹城乡发展和推进城乡一体化进程的不断深入，城镇和乡村两个社会空间的关系和互动方式发生了改变，这一趋势至今仍有增无减。从结构视野来看，这意味着我国经济社会发展结构整体在不断优化。城镇和乡村两个社会空间的各自特质，决定了它们并存和协调发展的必要性；但是在传统城镇化不知餍足的开疆拓土中，农村社会却日益边缘化，承受着其巨大的成本和代价，乃至长期被城镇蚕食鲸吞而难以维持自身发展。这种结构性关系不进行改变，经济社会畸形必将更加严重，从而使得城镇化不断制造城乡对立，现代化也是“几家欢乐几家愁”。社会主义制度的价值追求，必须渗入经济社会发展格局之中，才能显现于现实的社会形态之中，这也正是恩格斯城乡融合思想的内在逻辑。进入21世纪以来，我国着力完善统筹城乡发展的体制机制，目的就是通过优化城乡结构，缔造公平、和谐的中国特色社会主义形态。

3. 全面建设小康社会的目标及实践。2000年党的十五届五中全会提出，从21世纪开始，我国进入全面建设小康社会、加快推进社会主义现代化的新阶段。2002年党的十六大报告以《全面建设小康社会，开创中国特色社会主义事业新局面》为题，正式确定了21世纪的奋斗目标。“小康不小康，关键看老乡。”没有农民的小康，就没有中国社会的小康。全面建设小康社会，首先要实现农村社会的全面发展全面协调，即妥善解决“三农”问题，这是基础和前提；其次是城乡共同体的全面发展全面协调，即城乡融合，这是最终目标。这两个方面前后相继、循序渐进，而现阶段的重点则是前者，即农村产业、社会建设、治理体制、文化、生态等方面的质量提升。

1.1.2 研究目的

本研究立足当代我国农村改革进程，聚焦陕西农村现代化基本路径的形成、主要问题和完善措施，通过理论阐明农村社会从二元格局走向城乡融合的社会基础、难点问题和社会机制，为实现城乡融合提供理论和实践借鉴。

1.1.3 研究意义

1. 理论意义：①丰富我国农村现代化研究。本著述尝试采用多学科综合研究的方法，以城乡融合视野检视改革以来陕西农村现代化路径，通过理论阐述传统农村社会现代化建构的基本逻辑。本著述的研究思路、方法和结论，丰富了中观和微观视野的农村发展研究，也为同类主题研究提供了借鉴。②增强理论解释力，促进理论创新。本著作运用已有理论分析陕西农村发展问题，能够增强农村发展、城乡关系、社会建设和城镇化等相关理论的解释力，同时，通过这些理论与农村实际的结合，提出个人独立的思考，以促进理论创新。③为陕西农村研究提供了重要资料。本著述搜集、整理了陕西农村发展的大量数据，重点分析了陕西农村市场网络建设、陕西苹果产业化、陕西省宝鸡市新农合试点、陕西省农村税费改革试点等典型案例，为陕西农村相关研究提供了重要资料。

2. 现实意义：①本著述重点研究当前农村现代化的突出问题，围绕农村产业结构、乡村治理、农村社会建设和农村城镇化等方面，提出有针对性的可行措施，可以直接用于解决陕西的“三农”问题。②通过分析当代农村现代化逻辑，阐明农村社会走向城乡融合的基础和条件，进而提出优化社会结构的思路和措施，有助于加快实现陕西全面建成小康社会。

1.2 研究综述

1.2.1 研究现状

陕西农村发展研究也存在上述两种情况，较为常见的是在西部地区研究中涉及陕西农村。由于学科和研究主题不同，涉及陕西农村发展的具体方面也有所不同，如张沛主编的《中国城镇化的理论与实践——西部地区发展研究与探索》（2009）中，涉及关中农村城镇化问题；曹钢的《西部农村经济增长方式变革论纲》（2009）中，也涉及对陕西农村经济增长的分析；高洁的《我国西部农村地区社会医疗保险的政府供给研究》（2007）中，有对陕西韩城市农村医保问题的专项调研；叶敬忠主编的《关注留守儿童——中国中西部农村地区劳动力外出务工对留守儿童的影响》（2005）中，则分别在陕西省西乡县、蒲城县、佳县和榆林市榆阳区的四个自然村进行重点调查；国家统计局农村经济社会调查总队、国务院扶贫办外资项目管理中心编撰的《贫困监测报告·1999》和《贫困监测报告·2000》中，均对在陕扶贫项目的运行进行了分析。

对陕西农村的专门研究，可分为农村经济发展、农村社会变迁、乡村治理、农村城镇化、农村社会建设等。

1. 农村经济发展。主要分为五个方面的内容：①农村经济发展总论，这是对陕西农村经济发展的长时段和全景式分析；②农业产业化，包括陕西农村产业化进程、龙头企业发展、“一村一品”战略、农村产业结构调整等内容；③农村劳动力研究，主要分析陕西农村剩余劳动力的转移就业问题，并提出了人力资本开发、增加城镇就业岗位等措施；④县域经济发展，专门分析陕西省县域经济的发展水平、发展思路、主要问题和发展模式等；⑤陕西农村经济发展具体问题研究，如城乡居民收入和消费、土地流转、农村金融、乡镇企业等。

关于陕西农村经济发展的著述颇丰。中共陕西省委农村政策研究室编写的《改革中的陕西农村——1987—1989年农村社会经济固定观察点调查》（1991），介绍了20世纪80年代农村经济的微观变化；杨秋宝对陕北贫困地区20世纪90年代的经济开发进行了系统研究（1995）；农村税费改革后，张毅对陕西县域经济发展（2002）、刘鸿儒对陕西的“三农”问题（2004）、王献宝对陕西省农民收入问题，均分别开展了专门研究（2004）。

2. 乡村治理。以村民自治为核心，学者们对陕西农村社会治理的特色和创新进行了专门研究。微观研究包括“乡村政治人”（陈晓莉，2007）、《复杂社会的简约治理》（丁卫，2009）等，这些研究针对乡村治理中的具体问题，深入剖析了农村社会结构和社会关系变迁。中观研究主要有“咸阳市秦都区的村民自治情况调查”（贾明德、郑梦熊、吴克强等，2003）、“西安市雁塔区的乡村治理”（李书磊、王军，2008），反映了20世纪末大中城市辖区乡村治理的绩效和问题。宏观研究则有“整体性的陕西农村社会治理”（许门友，2001）。

3. 农村社会建设。该部分内容涉及农村社会发展、村落自组织、农村社会问题、新农村建设、农村公共产品供给和社会保障体系等方面。中共陕西省委农村政策研究室编写的《陕西农村改革与发展》（1990），包括了农村社会建设内容；在税费改革后的公共产品供给方面，从“陕西农村养老保障”（温海红、南岳，2007；张爱国，2007）、“农村养老保险供求主体”（何建宁，2007）到“农村公共产品供给制度创新”（任正平、程伟伟、安立仁，2008）和“农村公共投资”（尹文静、王礼力，2010）等，都指向了政府职能发挥问题；关于陕西新农村建设的研究成果包括徐红梅主编的《陕西社会主义新农村建设若干问题研究》（2010）、樊瑛华的《科学发展观视野下的陕西社会主义新农村建设理论与实践研究》（2009）。总体而言，在农村社会事业研究上，研究重点也逐渐从经济建设转向经济社会全面发展。

4. 农村城镇化。农村城镇化研究重点分析陕西农村小城镇发展、城镇建设模式、城镇体系建设、城镇化水平等问题。改革伊始，何金铭所著《陕西农村小城镇》（1989）就对全省小城镇情况进行了系统介绍。再经过十多年的发展，关于“陕西农村小城镇模式”（刘科伟，2001）、“陕西城镇化进程”（姚蓉，2002）、“小城镇发展”（刘鸿儒、王安仁、张新全，2002）、“陕西关中城镇体系”（夏显力，2005）等的研究日渐增加，反映出农村城镇化研究得到了全面推进。以这些研究为基础，近年来则开始探讨“陕西小城镇最新发展”（井水、王礼力，2009）、“陕西城镇化水平区域差异”（赵凯、王宁，2009）等。

此外，还有党建学科关注农村基层组织建设和新农村建设、法学学科关注农村法治化等，这里不再一一赘述。

1.2.2 研究述评

各个学科分门别类的研究，从多个侧面反映了十一届三中全会以来陕西农村的显著变化，有助于我们全面了解当代陕西农村发展的基本状况。但如果着眼于农村社会整体形态演进或整体结构变迁，发现现有研究还存在以下不足：

1. 各学科的单一研究视角，割裂了原本完整的现实生活，破坏了对农村问题的整体认知。各个学科分门别类的研究有助于深入分析问题，但囿于本学科的思路和分析方法，观察和分析问题的视角难免单一，这不可避免地影响到对农村问题的科学把握。如乡村治理中的村民自治问题，政治学者们普遍关注保障村民权利、完善和强化民主程序、排除乡镇政府不当干预等问题，这对于推进村民自治有其积极作用。但实际选举中公开拉票、贿选乃至操纵选举等情况仍普遍存在，甚至个别地方相当严重，说明作为现实生活的村民自治是一个“非文本”的复杂过程，充满了乡村社会的习惯和心照不宣的潜规则。在此方面，村民见怪不怪地“圆滑”处理[①]，则提供了关于村民自治实际运行的例证。同时，也只有从城乡结构变化的视角，我们才能解释乡镇政府态度上的某些悄然变化[②]。

总之，如果不从农村社会关系及其现代变迁着手分析，而简单套用城市和科层制组织的规范化治理，我们的认识可能就不免肤浅。

再如农村土地经营权流转问题。据中央农村工作领导小组办公室透露，1997—2007年的十年间，全国土地流转年均增速为14%，而2008年的土地流转较上年突然猛增了70%，2009年再增加50%。这种突然猛增并非完全是市场作用，而是地方政府与一些大公司在合力推动。这意味着，政府驱动始终都是极为重要的因素，甚至可能扭曲市场机制。然而，问题仍然没有得到更为深入和合理的解释。如果说支配政府行为的根本动机是利益，那么地方政府的利益究竟是什么？仅仅是财政税收吗？很显然，对于地方政府的官员来说，地方财政收入与个人经济利益其实并无紧密关联，其实他们更看重的是政治前途。既然如此，他们又何以乐此不疲地甘冒政治风险而参与市场活动呢？

---

① 在村委会主任选举中，存在多种拉票方式，如打电话、登门许愿、送现金等，而最公开、最多的还是请客吃饭。候选人挨家挨户拉选民到酒店吃饭，为了把整个村子的人都请完，有的要连吃好几天。如果一个村有多个候选人，这几个人就可能轮流请客。甚至还有候选人花钱“买断”其他候选人，即给钱让他们自动退出。对于候选人的拉票行为，村民们都难以直接拒绝，但很多人会投票给家族势力较大的候选人。见贺小巍：《村官选举：利益还是责任》，《陕西日报》2009年1月23日第10版。笔者在农村调查时得知，不少村民虽然碍于情面而接受候选人的好处，但在实际选举中，仍然会按照自己的真实意愿投票。

② 笔者在2010年实地调查中遇到的一个事件颇能说明问题。陕西东部某村的村委会主任落选后，一直拒不交出村委会的公章，但办理村民和村上事务时都需要加盖村党支部公章。党支部也多次向乡政府反映此事，但几年来此事始终未能获得有效解决。笔者认为，在农村税费改革之前，乡镇的税收、责任目标考核等都主要依靠村里来完成，村委会的正常运转对乡镇政府至关重要，对这样的事决不能无动于衷。而税费改革之后，乡镇财政依靠国家拨付，与村子几乎没有利益联系，因此对村委会运行的热心程度也减小了很多。可以说，包括税费改革在内的城乡结构调整，深刻地影响了乡镇政府对于村庄事务的态度，使得村落与基层政府的联系更为脆弱。本事件就是一个极为典型的表现。

这里，需要借鉴公共管理学相关研究才能获得答案。“这 30 年间，中国地方政府在地区的经济增长中扮演了一个非常重要的角色，他们那种寻求一切可能的来源进行投资、推动地方经济的发展的热情在世界范围内也是罕见的。”[1]37 在很多发展中国家和地区，因其政府角色怠惰和政策欠佳而导致经济长期落后的情况时有发生，而中国地方官员对于地方发展的热情和取得的绩效则迥然不同，这甚至被解读为中国经济奇迹的一个重要原因。其所以如此，最根本的原因在于中国地方政府官员的“晋升锦标赛”模式，即上级政府针对下级政府部门行政长官而设计的一种晋升竞赛，竞赛优胜者将获得晋升，其竞赛标准由上级政府决定，或是 GDP 增长率，或是其他可度量的指标。[1]39 实际上，自我国改革启动以来，经济增长率就被设定为这种“晋升锦标赛”的根本标准，GDP 和其他经济指标排名成为地方官员政绩的“硬杠杠”，从根本上决定着他们的职务升迁，提出更高指标且“达标”者获得升迁的概率更大。这样，基层乡镇政府“逼民致富”、盲目建立特色产业基地、大量毁田开发、热衷招商引资等等行为，也就有了令人信服的解释。

以上事实提醒我们，任何单一学科都难以科学认识和解决现实问题，只有突破狭隘的学科视野，才能完整了解农村生活的真实性和复杂性。

2. 对现代化趋势认识不够，影响解决农村问题的前瞻性。作为中国特色社会主义现代化的一部分，农村发展定位和解决农村问题都必须科学把握现代化趋势，否则就可能会事倍功半。比如在 20 世纪 90 年代的“普九”工作中，全国农村掀起“建校热”，并且大多通过向村民收取建校款来保证工作达标。由于农村新出生人口持续减少和青年人举家外出持续增多，仅仅 10 年左右，当初高标准建设的农村小学就大量出现人去楼空、校园荒芜的情况。此前不惜加重农民负担斥巨资建校，结果大量校舍使用率极低乃至完全废弃，这样的现实不禁令人扼腕。再如，推进新农村建设以来，地方政府均把改善农村基础设施列为重要任务。这虽是符合农村发展根本要求的，但对于地广人稀的边远山区村落，则不能一概而论。在陕北某县的深山地区，县交通局投资 30 万元为几十户村民所修的 8 公里通村公路，不但使用率不高，而且每年需要 1 万多元的道路维护费，不维护则不能走，维护又要到处筹钱，陷入了两难之中。附近另一个村的青壮年都已搬迁，仅剩 60 多位老人，当初“三通”建成的水、电、路等公共设施也几乎完全闲置。其他公共设施也有类似情况，新建的医务室、计生室内无人就医，崭新的阅览室里书籍蒙尘而无人阅读，这些价值不菲的公共设施，因为村落人口快速减少而遭遇了无人使用的尴尬。[2] 究其原因，是对农村人口迁移的必然趋势认识不充分。从世界和中国的现代化前景来看，国家保持对农村社会的适度强制和控制必不可少，但农村社会某些方面的衰落（农村人、财、物向城市和工业转移）是必然的。[3]41 城乡统筹发展固然是我们的根本目标，但城镇化方向不可改变，农村要素更多向城镇集聚的规律不会改变。因此必须把握现代化趋势，才能减少盲目性。

3."分割式"研究难以反映农村社会全貌，影响对农村发展的系统思考。纵观关于中国农村发展的著述，"分割式"研究直接导致学术领域间难以对话，也影响理论的实际应用，解决现实问题时力不从心。"在农村研究领域，经济学界、社会学界和政治学界本应形成密切联系，事实却是学科壁垒重重，学术沟通甚少，很少能为国家决策者提供统一、权威、具有长远眼光的政策主张。"[3]40 农村现代化是一个综合性问题，但在片面的"学科意识"的支配下，长期以来未能在彻底和综合的意义上取得进展。20世纪下半叶，社会科学研究中出现了多学科综合的趋势。这种综合不但发生于学科内部诸多分支之间，而且发生于不同学科之间，从而形成了大量交叉和边缘的学科。当前需要各个学科加强协作配合，综合使用各种理论方法，才能形成学术性和实用性兼备的理论著述。[4]3 唯其如此，才能形成关于农村发展的系统思考，从而有效解决复杂多变的"三农"问题。

为此，笔者在本研究中拟采用综合研究方法，借鉴不同学科关于农村问题的思想观点，希望能够收到抛砖引玉之效。

1.2.3 研究趋势

当前我国农村发展的研究趋势表现在四个方面：

1.更加突出农村社会变迁的整体性和乡土特质。中国特色社会主义现代化模式和乡土社会特质，构成了农村发展研究的现实基础。中国特色社会主义现代化的实践形态，即"中国模式"的框架、特征和内容等，决定着农村社会变迁的方向，影响其变迁轨迹。直至今天，中国农村社会虽然受到持续冲击，但其乡土社会特质并没有根本丧失，我们也不可能任其消亡而漠然置之。当前全力推进的社会主义新农村建设，在更加彰显社会主义制度伦理的同时，也更加自觉地强调乡土社会特质，即坚决传承乡村社会的民族性，大力弘扬乡村优秀传统。总之，只有立足中国城乡关系演化的特殊性，农村研究的时空维度才会越来越清晰。

2. 多学科综合的研究方法方兴未艾。前文所述的社会科学研究的综合趋势，首先表现在综合研究上，在农村问题上也是如此。比如社会学田野调查方法、个案研究方法、参与观察方法以及“过程—事件”叙事方法等，纷纷进入政治学对村民自治的研究；定性和定量相结合、文献研究方法、深度描述方法进入经济学对农业发展的研究；博弈理论、理性选择理论、交易成本理论等经济学研究方法进入社会学对农村问题的思考；等等。这些综合研究方法，丰富了研究视野，实现了不同学科间的内容衔接。

3. 回应农村现实需求，形成了系统解决农村问题的取向。对于农村发展和乡村治理的现实需求，不同研究所提出的诸多措施之间需要统筹安排和配套实施，才能提高效能。为回应这种现实需求，相关研究也是更多呈现了系统解决问题的取向。如社会主义新农村建设就包括了农业生产、增加收入、乡村治理、农村规划和精神文明等五个方面，其实就是要系统促进农业、农民、农村、农事、农家等诸多方面的协调，这正是上述研究取向的现实反映。

4. 具体地域研究有所增加。农村发展研究中，从宏观角度着眼于全国农村的论著较多，便于人们全面了解当代农村整体发展。但我国农村地域差异显著，为了更确切地反映农村发展，还需要从中观和微观角度对某个小地域范围的农村展开研究。这样，我们才不会只看到微观层面农村经济发展的乐观预期，而看不到整体格局的严峻……而中观层面的研究，则能够避免一刀切的思路和政策，避免不考虑具体情况地将一个地方的经验搬到另一个地方。[5]224 本章开篇所列小地域范围农村的著述，都是这方面的宝贵尝试，但此类著述还很少，亟待从多个农村地域和多个角度再行丰富。

1.3 核心概念和理论基础

1.3.1 核心概念

本著述涉及三个核心概念，这是全部研究的基石。

1. 城乡融合。城乡融合是马克思恩格斯所提出的关于城乡关系的理论思想，包括城乡对立的原因、消除城乡对立的历史条件和主要途径等基本内容。国内学者很早就指出：城乡融合概念有两个层次，一是历史的范畴，即历史发展过程中的城乡融合，也就是马克思恩格斯对城乡关系的历史考察；二是社会经济范畴，即城乡社会经济领域及其要素通过全面融合而形成的社会形态。[6]2

遵循马克思主义城乡关系思想，立足我国农村发展状况和阶段性特征，本研究将城乡融合界定为：以统筹城乡发展为基础，坚持乡村社会价值和发挥农民主体性，通过政府与市场的双重作用，努力促进城乡要素双向流动，最终实现经济社会一体化的过程。这一概念的基本内涵是：①统筹城乡发展是城乡融合的前提，也是走向城乡融合的实践基础；②坚持乡村社会价值和发挥农民主体性，是城乡融合的基本原则，这意味着农村不会继续边缘化，更不会就此衰落和消亡，而是要与城镇彼此互补、协调发展；③政府和市场是城乡融合的两种动力，共同作用于我国经济社会发展，二者的关系模式对城乡一体化产生了决定性影响；④城乡要素双向流动，是实现城乡融合的必要条件。如果城镇始终以其优势而汲取乡村资源，乡村要素被动流向城镇，就不可能实现公平合理的城乡一体化。

2. 农村现代化。因为对“现代化”一词的不同理解，对农村现代化的界定也存在差异。目前大体有三种界定方法：

第一种强调农村社会的整体变化。如认为农村现代化就是改变农村落后的、传统的生产方式和生活方式，使农村的经济文化和社会生活达到一个相当高的水平；[7]127它是农村社会生活诸方面协调发展的过程，集中表现为农村经济增长、农村制度变革和农村人的现代化。[8]19或认为农村现代化旨在塑造现代农业和现代农民，建立雄厚经济基础、先进文化基础和良好生态环境，从而形成一个农民富裕、制度健全、政治民主、环境优美的农村社会。[9]25

第二种是从内涵和外延两方面界定。外延上，除农民生活水平提高之外，农村现代化还包括农民观念、意识的转变；内涵上，它意在消除农村问题的根源——传统农业生产的内在缺陷，从而形成经济层面和文化层面的良性循环机制。[10]18

第三种是从主要内容来把握。如农村现代化包括农业工业化、农民市民化和生活城镇化三个有机结合的方面[11]56–57，或包括农业现代化、农村工业化和农村城市化三方面的关键内容[12]5。另有学者则概括为产业现代化、农村城市化、农民现代化和管理民主化四个方面[13]47。

有些学者提出的界定概念思路很值得借鉴。如，现代化乃是一个动态性概念，难以给予终极性的界定，因而重要的不是概括定义，而是描述其过程；[14]27 现代化不但包括社会发展过程，还应包括其目标和结果。[15]3

鉴于以上所述，笔者认为，应从过程、内容和目标三个方面来把握“农村现代化”这一概念。因此将其定义为：通过经济发展、乡村治理、社会建设和农村城镇化等方面的综合作用，促进农村传统生产方式和生活方式发生持续改变，最终形成农村自我发展机制的社会变迁过程。

3. “现代化路径”，即农村现代化的途径或基本方式。学界一般都从农村经济、民主制度和思想文化角度探讨现代化的推进途径，如，我国农村现代化的路径有三，即经济发展层面、政治发展层面和思想行为模式层面。[16]49–51 这种思路有一定的合理性，但失于宏观，导致现代化的内容和路径难以清楚区分。

相比较而言，内容属于静态分析，意在阐明现代化的宏观结构，与社会基本领域相对应；路径强调动态考察，意在分析现代化演进，与社会变化过程相对应。

本研究把陕西农村现代化的路径确定为四个方面：农村产业与市场互动、乡村治理体制创新、“乡土特质”的农村社会建设、“地方性”的农村城镇化，它们共同构成了当代农村社会演进形态。就其对应领域来说，产业与市场互动是经济现代化，治理体制创新是乡村治理现代化，农村社会建设表征社会结构现代化，农村城镇化则意味着农村生活方式现代化。

1.3.2 理论基础

1. 城乡融合思想。城乡融合思想源于马克思恩格斯对资本主义私有制制造的城乡对立问题的批判。马克思恩格斯认为，城乡对立并非从来就有，而是资本主义生产方式的结果，资本主义私有制是问题的根源。马克思恩格斯进一步提出通过城乡融合消除城乡对立的基本思想，这就是要把城市和农村生活方式的优点结合起来，避免二者的片面性和缺点，以及把农业和工业结合起来，促使城乡对立逐步消灭。当然，通过城乡融合消除城乡对立要具备一定的物质基础和社会条件，前者是指高度发达的生产力，后者是指生产资料的公有制，一言以蔽之，社会主义制度是城乡融合的根本条件。

由于不具备这样的历史条件，造成城乡分离特征的“二元结构”长期存在于各个国家和地区。进入20世纪后，社会主义国家尽管逐渐重视合理解决城乡差距问题，但受制于生产力水平和全球政治经济体系格局影响，城乡融合也难以真正落实。

1978—2010年，我国社会空间结构经历城乡分离、城乡统筹而逐渐走向城乡融合，这种阶段性变化恰恰催生了中国特色的城乡融合理论。简言之，在不断深化对中国城乡融合的思想认识的同时，关于城乡融合的体制机制也随之丰富健全。比如，从城乡统筹到城乡融合，既有前后相继的持续推进，又在宏观布局和具体内涵上存在明显差异。城乡统筹强调依靠城市来以工促农、以城带乡，仍带有一定的城市偏好特征，故城乡地位难以对等；城乡融合则强调城乡互动，在二者地位对等的基础上，积极实现城乡要素的充分流动和融合。

2. 现代发展理论。本著述的主题是农村现代化，因此始终遵循和借鉴现代发展理论的观点和方法。具体表现为：正是基于发展理论的“传统—现代”融合思想采用城乡融合视域，基于后发现代化理论而强调“政府—市场—农民”关系，基于现代化的多元模式思想，把“乡土特质”“地方性”视为陕西农村社会建设和农村城镇化的基本特色。

3. 社会系统理论。我们身处其中的现实社会是一个整体，而其中每个部分都在相互作用中发挥着独特功能，这是社会学学科的基本理论。美国社会学大师帕森斯于1951年出版的《社会系统》一书中，从个体系统、文化系统和社会系统三个方面来分析“整体社会”的运行与整合，这种思路和范式遂被广泛认可和遵循。中共十八大报告提出“五位一体”的总体布局，也是对社会整体及其系统性结构的把握。因此，本著述把农村视为一个完整的社会空间，对农村政策、乡村传统、农民行为、乡村关系等进行系统分析。

1.4 研究内容和研究方法

1.4.1 研究内容

以城乡融合视角分析 1978—2010 年间陕西农村现代化的路径，探讨陕西从城乡分离走向城乡融合的过程、逻辑、特点和问题。

第一，引言。介绍本研究的基本思路、研究方法和可能的创新等。

第二，陕西农村现代化的发展阶段。依据政策、经济标准和社会形态的综合标准，对当代陕西农村发展进行阶段性划分，明确不同阶段的主题和特点，阐述城乡关系变化的实践逻辑。

第三，陕西农村现代化的路径。

1. 农村产业与市场互动，即在市场引导下，陕西农村传统产业结构向新型产业结构的过渡，主要包括三次产业比例变化和农村工业发展两个方面。产业结构调整是陕西农村经济发展和改善农民物质生活状况的根本推动力，表现为农民的收入和消费状况。市场则包括劳动力、土地、资金等要素市场与工农产品流通市场。正是在“产业—市场”的持续互动中，城乡关系呈现阶段性变化。

2. 乡村治理体制创新。改革之初的“乡政村治”治理体制创新，促进了现代治理体系与乡村结构对接。20 世纪 90 年代这种对接陷入困境，表现为体制畸变。21 世纪农村综合改革后，“政府—农民”关系格局改善，乡村治理体制有待继续创新。

3. “乡土特质”的农村社会建设。1981 年提出的“建设社会主义新农村”和 2005 年提出的“社会主义新农村建设”，分别代表了 20 世纪末期和 21 世纪初期我国农村社会建设的两个阶段。与此一致，陕西农村社会建设经历了如下变化：从“城市偏好”到“两个反哺”再到“城乡一体”的思路转向，从粮食增产到提高收入再到农村社区建设的重心转向，从农业生产到农村稳定再到乡村发展的功能转向。完整意义的农村社会建设全面铺开。

4. “地方性”的农村城镇化。这是农村生活方式现代化的途径。改革后，陕西农村城镇化首先表现为持续的数量增长，2004 年后逐渐突出重点示范镇与城镇体系建设，“地方性”逐渐清晰。按照新型城镇化理念，2011 年以后的“两镇”建设更加彰显“地方性”特色，加大了对城镇化要素的关注与城乡空间共融的进程。

1.4.2 研究方法

遵循社会学质性研究规则，本研究采用以下方法：

1. 文献研究。①理论研究文献。对农村发展相关思想理论和农村现代化研究进行全面梳理，获得理论支持。②数据文献。查看中国人民共和国统计年鉴、陕西统计年鉴、陕西农村发展年鉴、陕西城乡建设年鉴、陕西省人口数据普查公报等，进行数据分析或相关测算。③权威性的调研报告。参考陕西社会发展报告、陕西经济发展报告、陕西扶贫开发调查报告等，比较分析农村问题。

2. 实证研究。作为社会学类研究，立足陕西农村现代化进程而力图发现问题和探索发展机制，实证方法极为重要。本研究的实证方法主要表现为：①田野调查。如陕西省村民自治调查、陕西省农民组织化调查、陕西省重点镇建设调查、陕西省扶贫搬迁安置调查等。②实地观察。在田野调查的同时，对农村社会关系、农村居民生活、新农村建设、农村社区服务状况等进行体验式观察。③大量图表和典型案例。本研究共绘制86幅图表、重点分析5个案例，以体现实证特色。

3. 比较研究。包括不同地域农村变迁、不同阶段的农村发展状况和农村问题的比较等。

1.5 可能的创新

1.5.1 可能的思路创新

1. 采用多学科综合研究。秉承社会学整体性、系统性研究特征，以多学科综合方法对陕西农村现代化路径做动态考察。多学科综合，是指综合运用经济学、社会学、政治学等学科理论和观点，以完整把握农村社会形态；动态考察，是对现代化路径的动态变化和互动关系进行分析。

2. 中观视域的考察。本研究把握“政府—市场—农村”的互动关系，按照社会结构框架，考察当代陕西农村现代化的主要路径。这种思路尝试把社会学实证研究范式、互动机制和结构性分析运用到省域农村，属于中观视野研究。较之“中国农村现代化”

的宏观视野，本研究期望增强理论解释力，提出更具针对性的措施。

1.5.2 可能的观点创新

1. 农村经济持续发展，首先有赖于城乡市场体系的完善。农村经济活动与现代市场体系断裂，农村产业游离于市场体系之外，就无法借助市场化提高效益；同时，如果城乡市场机制畸形，农村优质资源始终单向输出，城市资源无法流向农村，那么农村必将在市场化中更加凋敝和衰弱。因此，农村复苏和发展有赖于一体化的城乡市场体系，即城乡关系平等、要素双向流动的市场网络。这是城乡经济融合的前提。

2. 乡村治理现代化的重心，是把现代社会治理融入乡村内生秩序之中。根据“传统—现代”互构、城乡融合的基本认识，本研究提出现阶段乡村治理创新——“多层竞争—合作”体制。它包括基层政府与村落间的发展型竞争合作，村落自组织间及村落间的谋利型竞争合作，村民间的参与型竞争合作。该体制以期实现四个基础目标：国家秩序、团体利益、乡村发展与个体价值，最终实现现代社会治理体系与乡村内生秩序融为一体。

3. 解决“三农”问题，必须科学把握两个关系：“政府—市场—农民”关系和“城市—乡村”关系。前者决定农村现代化的走向，后者提供农村现代化问题的处理方式。这是 40 年农村改革的基本经验，也是贯穿本研究的逻辑主线。

4. 农村社会建设和农村城镇化越是要推进，就越要突出“乡土特质”和“地方性”。城乡融合不是城市消灭农村，而是要以“乡土特质”和“地方性”为基础，让城乡各有发展且相互支持，实现民族性、个体性、现代性并行不悖。

第 2 章　农村现代化及其理论研究

当代中国的社会现代化既遵循世界现代化的一般规律，又因为特定时空维度、国情民情等因素具有自身特点。农村现代化也是如此，既有农村变迁的共同性，亦有中国农村变迁的特殊性，因此有必要了解世界现代化中的农村变迁。本研究依据原发现代化和后发现代化两种基本类型，来分析农村变迁过程的异同。

2.1 现代化与乡村社会变迁

现代化进程中，乡村社会注定要经历痛苦的嬗变，这是由农民的阶级特点决定的，他们也本能地极力维护自己的小块土地及其小农生产方式，他们的政治倾向和态度也无不与此直接相关。哪个政党和政府能满足他们保有自己小块土地的要求，便能得到他们的支持，否则就必然遭到他们的强烈反对。这样，在论及现代化这一主题时，往往遇到关于现代化的评价问题，即以什么样的观念来理解现代化。而现代化对农村社会的不利影响甚至残酷毁灭，则又是这一问题的焦点。

马克思恩格斯在评价东方农村公社的消亡时所持的社会进步观点，有助于我们客观看待乡村社会的衰落和农民的悲惨境遇。“从纯粹的人的感情上来说，亲眼看到这无数勤劳的宗法制的和平的社会组织崩溃、瓦解、被投入苦海，亲眼看到它们的成员既丧失自己的古老形式的文明又丧失祖传的谋生手段，是会感到悲伤的；但是我们不应该忘记：这些田园风味的农村公社不管初看起来怎么无害于人，却始终是东方专制制度的牢固基础；它们使人的头脑局限在极小的范围内，成为迷信的驯服工具，成为传统规则的奴隶，表现不出任何伟大和历史首创精神。”[17]67 与此类似，针对法国工人党的南特纲领中过分强调保护小农利益的倾向①，恩格斯在 1894 年的《法德农民问

①19 世纪 90 年代，法、德等欧洲大陆资本主义国家中农村两极分化加剧，农民问题严重。为了争取农民支持，法国工人党在 1892 年马赛代表大会上讨论了土地纲领，1894 年南特代表大会予以补充和正式通过。为了取悦农民，该纲领对农民的小资产阶级幻想和私有观念作了无原则让步，其向农民的诸多许诺，是背离马克思主义精神的。

题》中也提出了尖锐批评："你们企图保护小农的所有权，这不是保护他们的自由，而仅仅是保护他们被奴役的特殊形式而已；这种形式的奴役延长着他们的求生不成求死不得的状况。"[18]491 这启示我们，在现代化和传统乡村痛苦转型之间，始终存在诸多矛盾和复杂关系。

乡村社会和农民在现代化过程中所遭受的苦难，是社会发展的规律性使然，是社会进步所必须付出的成本和代价。但这并不意味着对乡村社会和农民的苦难可以视为理所当然的，任其如此且熟视无睹。根据历史唯物主义，社会发展乃是合规律性与合目的性的统一，二者统一于人的实践活动之中。社会规律通过人的实践活动而得以体现和发挥作用，而人的实践活动又始终贯穿着自身的目的性。从合目的性角度而言，现代化应该是人类福祉而非罪恶的渊薮，其引发的痛苦应该被努力降低或有效克服。或许这正是现代化的一种隐秘逻辑。

2.1.1 原发现代化中的乡村变迁

原发现代化，亦称早发内生型现代化，是指18世纪中晚期，西欧北美社会内部积极要素长期积累后形成的导致社会产生重大变革的现代化类型。原发现代化中，乡村社会变迁典型表现为市场主导的传统形态变迁的过程。作为实现资产阶级利益的有效机制，市场猛烈推动乡村社会根本变迁，裹挟乡村社会彻底转型。

以英法两国为例，其农村变迁的具体方式、速度和特点等都有明显区别，但有一个最为重要的共同点：市场利益之于乡村社会转型至关重要。而以市场机制不断扩大雇佣劳动为基础的生产方式，迎合了资产阶级的利益目标，其中隐藏着资产阶级政府的政治意图。

英国是世界现代化的先驱，其乡村转型也最具代表性。英国乡村社会变迁过程始终伴随着臭名昭著的"圈地运动"，即"农村土地私有化和兼并的过程，……表现为一个漫长而又合法的毁灭农民的运动"[19]24。这意味着传统乡村形态的彻底改变。英国的"圈地运动"从16世纪上半叶一直持续到19世纪中期，经历了350多年的时间，大体分为两个阶段：第一阶段是圈地养羊放牧。这时，从仅有小块土地的农民到拥有中等规模土地的农民都纷纷丧失土地，土地越来越集中到大地产主手中。到17世纪后期，全国一半以上的土地已经变成大牧场。第二阶段是圈地种植养殖。18世纪起，城市对农产品的需求日趋旺盛，农产品的市场价格持续走高，同时刺激了种植养殖业的兴起。于是，以生产肉类和商品粮为目的的大规模圈地再次展开，并持续到 19 世纪中期。1873 年的一项调查显示，当时 2/3 的耕地都已归属于占有 4 平方千米（1000 英亩）以上土地的大地主。而“在整个圈地运动中，下层农民始终是主要的牺牲者。……他们以往依赖劳役换来耕种领主土地的权利丧失了，由于村社的公地和教会的土地被圈或者被没收，他们以往根据习惯而享有的使用这些土地的传统权利也没有了。总之，赖以生存的基础没有了。他们被迫与土地和家园分离，沦落为乞丐或流浪者，流亡他乡”[19]26–27。“圈地运动”使英国传统乡村发生了根本改变，传统的小农户生产经营被大地产制度所替代，封建庄园逐渐转变为资本主义性质的农业企业，以雇佣劳动为基础的资本主义生产关系在英国农村最终形成。

就农村生产经营方式而言，“圈地运动”使得农业活动逐渐被市场所主导，自给自足的农业生产经营不再可能，这表现为小农生产走向专门化、商品化的生产过程。这一过程“经历了从 16、17 世纪……各专业市场的统合和国内统一市场的确立，到 18、19 世纪真正靠市场力量促成的农业专门化和商品化的两大阶段”[20]58。“圈地运动”无疑有利于农产品生产的专门化和商品化。到 17 世纪末，农产品生产的专门化和商品化已经较为普遍，并因此带动了农产品专门市场的出现。“到 17 世纪末……就有 300 个是专门交易某种农产品的市场，最突出的如在伦敦外萨里‘Farahan’的小麦市场，一天市集有 1100 马队运载小麦来市场交易，它‘不仅服务于伦敦及其附近一带地区的需要，而且显然还服务于国内各郡的需求’。”[20]58 在此过程中，英国国内各个不同地区的农业生产活动都被卷入市场体系之中，每个郡县都必须根据市场需求进行生产。

传统农业生产方式和乡村生活内容的根本改变，使得农村实质上成为城市的延伸地带甚至直接变为城市，“田园牧歌”式的乡村消失无踪。英国传统乡村的整体消失和“英国农民毁灭的过程代表了现代化过程中农民的普遍命运。农民生活状况在资本原始积累时期不断恶化的例子，在世界所有的地区都可以找到”[19]29。

1789 年大革命后，法国废除了封建大地产制，农民分得土地，小块土地所有制在法国农村取得优势地位，而且土地份额越来越多，面积也越分越小。“1882 年的法国农业统计资料表明，1835 年土地纳税额份数是 10893528 份，1842 年土地纳税额份数增至11511841份，到1858年又增至13118723份。"[21]10 小农生产方式得以巩固，这是资产阶级政府惧怕农民力量而不得不满足其需求的结果。然而，随着现代化走向纵深，尤其是市场化加速和从城市向乡村的蔓延，传统乡村不可避免地面临转型。

19世纪五六十年代，法国现代化加速，市场作用导致城市强势资源入侵农村，原先缓慢发展的法国乡村开始出现诸多新变化。从农业生产来看，1862—1892年，播种机、收割机、脱粒机"分别增加了482%、263%和233%"[22]63。农业生产条件得到大大改善，化肥使用量大幅度增加，农业生产的市场化、专业化程度逐步提高；农民的生活方式也发生了实质性变化，农村公社彻底瓦解，农民以合作社的方式参与市场经营，组织化程度提高，人际交往范围越来越超出村落的狭隘地域，新闻、市场信息等成为他们日常生活的重要内容；农村人口向城市的迁移也在不断加速。1851年法国城市人口仅占总人口的1/4，但"在1876～1881年，约有82万多人迁往城市。……第三次高潮在1896～1901年出现的，这时期农村迁城人口达到67万多人。……1906～1911年，迁城人口为77万多人"[23]58。不到40年的时间里，约236万乡村人口流入城市，市场彻底改变了传统乡村的形态。

市场是启动现代化的关键因素，又是促进城乡关联的重要杠杆。"19世纪下半叶，城市逐渐成为附近农村的经济中心，农村成为为城市提供粮食和原料的基地，农业开始围绕城市而组织生产。因此，农业越来越依赖于工业，农村也变得越来越依赖于城市。"[22]69-70

2.1.2 后发现代化中的乡村变迁

后发现代化，亦称后发外生型现代化，是指在欧洲文明之外的广大地域，为了应对原发现代化挑战所形成的"应激型"社会现代化类型。它以日本、中国、拉美国家等为代表。

在外部挑战下开始变革的后发现代化，社会内部的商品生产和商品市场明显缺乏，难以形成冲击和整合传统乡村社会的有效力量。在追求富强的冲动中，国家力量遂代替市场成为改变乡村社会形态的原动力。"在实际的现代化进程中，政府直接介入现代化进程，并往往成为现代化最主要的推动者，由政府制定和组织实施的经济社会发展规划往往成为推进现代化的重要工具。"[24]219 后发现代化因此形成典型的政府主导特点。

结合日本、俄国、中国、拉美等国家和地区的乡村变革过程，可以发现，后发现代化中，政府主导的乡村社会变迁呈现出以下特点：

第一，现代化道路选择影响到乡村土地制度安排。日本、俄国和拉美地区的资本主义现代化道路，都强力推进土地集中和资本主义大地产制。近代日本的土地改革中，明治政府于 1872 年撤销农民离农禁令，宣布土地买卖合法化，并取消分地限制，结果却使得大量农民失去土地，农村土地迅速集中到大地产主手中。“在明治初年，大多数农民都是独立的耕作者；可在维新之后不久，租种耕地占全部耕地的 30% 以上。这表明，明治维新后土地越来越集中到少数人手中。”[22]86 1873 年的地税政策又把原来的实物税统一变为货币税，进一步加剧了自耕农的土地流失。从 1868 年到 1894 年的二十多年间，日本大约“有 100 万户农民因为丧失土地而逃入城镇充当工资劳动者”[22]89。土地政策的核心是推行土地集中和资本主义大地产制。

19 世纪 70 年代新独立的拉美国家中，受大地产主控制的政府着力推进更大规模的土地集中，以发展资本主义性质的农业生产。首先，拉美各国政府支持权势阶层和外国公司占有大片土地，制造了庞大的农村无产者队伍。墨西哥“在 1881 ~ 1889 年第一轮勘界的 3220 万公顷的土地中，就有 2750 万公顷被社会权势阶层强占或被廉价拍卖，使大批的小土地所有者和印第安人失去了他们世代耕种的土地”[25]178。其次，推行“开发空旷地带”政策①，各国政府直接以武力驱赶边疆地带的游牧部落，或将其集中在保留地上，而把由此获得的广大地区卖给本国上层阶级或吸引外国移民。

二战后独立的中国、印度、东南亚等国家，则借鉴苏联模式，希望依靠国家力量打破土地的封建地主所有制，形成资本主义性质的小块土地私有制。在中国新民主主义革命中，把农民从封建地主土地所有制中解放出来，在农村实现家庭私有的土地制度，是中国共产党在革命根据地和解放区长期实施的土地政策，新中国成立后更是在全国范围进行土改，彻底实现了“耕者有其田”的土地制度。1947 年印度独立后，在土地问题上，尼赫鲁领导的国大党提出了废除柴明达尔制、保障佃权和实行最高土地限额

---

① 空旷地带指人烟稀少、未被开发的边疆地区。300 多年的殖民地历史导致拉美国家严重畸形发展，边疆地区也长期处于极度落后的自然状态。对其开发旨在增加土地面积以扩大初级农产品出口。

的基本原则，各联邦也纷纷通过了相关法令。虽然其效果并不理想，但仍然能够反映政府制定这一政策的目标，即试图建立能够体现社会平等、消除封建剥削的土地制度。以亚洲“四小龙”为代表的东亚地区，也都无一例外地出台了相关土改法令，以削弱地主力量，使农民获得土地，建立现代家庭小农生产的土地制度。

第二，乡村社会为现代化和工业化提供根本经济支持。不发达地区的农业对其现代化和工业化有四大贡献：产品贡献、外汇贡献、要素贡献和市场贡献。产品贡献和市场贡献是实物贡献，而外汇贡献和要素贡献则涉及资金支持。

后发现代化的首要困难就是工业化资金匮乏。一方面，这些国家和地区仍然处于传统农业社会阶段，农产品几乎无商品化可言；另一方面，极为简单的工商业活动使得商品市场规模很小，仅有零星的市场活动。这种状况导致社会财富有限，尤其是工业化资金严重匮乏，依靠自身农业积累资金成为唯一渠道。要么加重农业赋税，要么提高生产效率增加农产品产量，这是后发现代化的普遍做法。

日本在整个明治维新时期，都是采取剥夺乡村和农民的方法。农民在封建幕府时代就承担的沉重赋税并未减轻，甚至一度有所增加。如：封建时代农民遇到灾荒年份赋税还可以有所减免，而明治初年的法律不但维持了原来的税率，而且将其强化，不但全国统一，而且不论年成如何一律征收，1873年地税改革则赋予政府公卖处分滞纳地税农民土地的权力。“自1883年至1890年因滞纳地税而受到公卖土地处分的农业生产者共有367744户。……滞纳地税总额为114178日元，户均31钱；公卖或没收的土地面积共47281町步，地价总值为4944393日元。即公卖或没收的土地价格为滞纳总额的43倍。”[22]87 后期，明治政府更是通过包括增收地租在内的多种渠道来增加国家税收。

1949年新中国成立后，我国也是通过农业积累来支持工业发展。通过农业税收、工农产品“剪刀差”和储蓄三种方式，“1952—1990年，我国工业化建设从农业中净调动了约1万亿元的资金，占国民收入全部积累额的22.4%。平均每年高达近250亿元；如果按农业劳动力平均，每个劳动力每年无偿向工业化资本积累提供的剩余最多时达到266元（1990年），……最少时也在30元以上（1952年），占当年农民人均纯收入的50%以上”[26]62-63。根据国务院农村发展研究中心推算，计划经济时期的二十五年间，我国农村向城市转移的资金为 6000 亿～8000 亿元。另外一个就是所谓的工农产品的“剪刀差”问题。即使是改革开放以来，“剪刀差”依然在隐性地增加着农民负担（见图 2-1）。

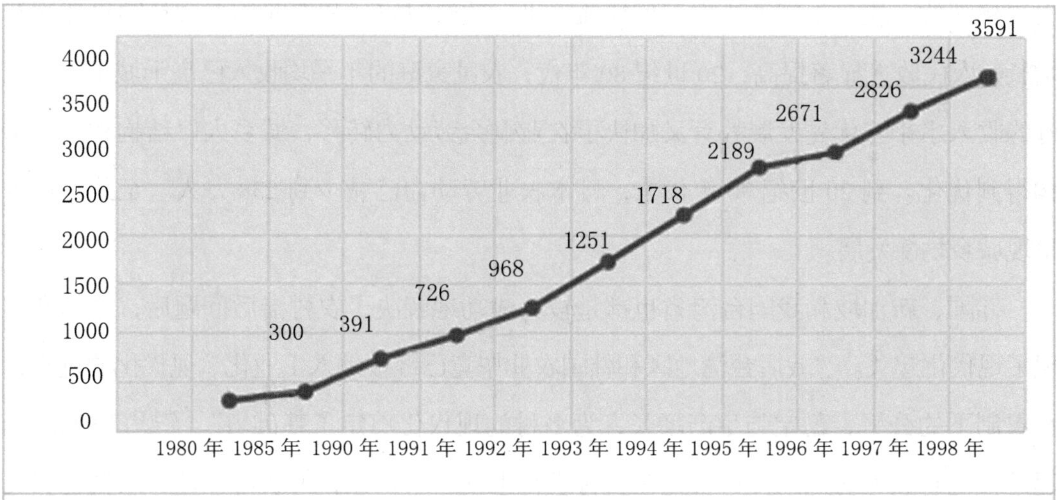

图 2-1　我国工农产品差价总额（1980—1998 年）　　单位：亿元

资料来源　陈桂棣、春桃：《中国农民调查》，北京人民文学出版社，2004 年，第 191 页。

类似的情况也出现在我国台湾省。1948—1972 年，台湾省强制实施了历时 25 年之久的“肥料换谷”制度。该制度要求农民用稻米换取肥料，而用以换谷的肥料定价高于肥料成本和本地市场价格，对稻米的定价则低于市场价格的 20%～30%，差价最大时达到 38%。“通过田赋征实、肥料换谷等制度，……从农业部门流出的剩余，1952 年为 44 亿元，1952—1955 年的年平均量为 49 亿元，1956—1960 年的年平均量为 31 亿元。”[27]195

第三，长期存在较为明显的城乡二元格局。在现代化前期乃至中期阶段，后发地区都形成了明显的城乡二元格局，表现为城市和乡村社会结构严重失衡。城乡差距造成的整体失衡状态又往往成为社会动荡的根源。“现代化带来的一个至关重要的政治后果便是城乡差距。这一差距确实是正经历着迅速的社会和经济变革的国家所具有的一个极为突出的政治特点，是这些国家不安定的主要根源，是阻碍民族融合的一个主要因素。”[28]66 直到工业化后期，政府才通过调整宏观发展战略，致力于推进城乡一体化，改变城乡失衡状态。以日本为例，如前所述，明治时代是日本现代化的第一个阶段，城市发展迅速，而乡村则日益凋敝。二战后日本在第二阶段现代化中，重点通过农村农地改革、调整农业政策、扶持“农协”组织等措施，促进农村发展和增加农民收入。政府征购176万户地主的多余土地卖给佃农，使他们成为自耕农。农业生产力得到解放，农业生产迅速恢复到战前水平。政府对农村和农业的财政补贴也在逐渐增长，农民收入显著提高，20世纪80年代，农民家庭的年平均收入已高于城市工人家庭的收入水平。优先发展教育又加快了农业剩余劳动力转移，城乡人口结构和产业结构得到优化。到20世纪90年代末，日本农业劳动力已减少到238万人。至此，日本呈现城乡均衡发展。

韩国、新加坡和我国台湾省也都是较为成功地解决了农村滞后问题后，才顺利实现了现代化起飞。“战后台湾地区和韩国农业毕竟已经被纳入工业化、现代化的进程，小农制下的公平、稳定与生产增长，为乡村的现代化奠定了基础。”[29]120它们的崛起过程也有极大的共同性：首先在农村进行土地改革，让农民获得土地，以调动农民的生产积极性。这从农产品总产量的增长可以直接反映出来。以韩国为例，20世纪70年代的十年间，韩国主要农作物水稻的总产量从每年409万吨增长到每年601万吨，年产量增长了近200万吨，亩产量也从每公顷3.5吨增加到4.9吨。其次是配套相关政策，如农业补贴、推进农业机械化、调整农业产业结构等，促进农业和农村发展。最后，在农村大力推进综合建设。这些国家和地区或者开展综合性的农村建设，或者大力扶持农会等农民组织，将农村经济发展和社会结构调整密切结合，以求彻底改变农村的凋敝和涣散状态。

从这个意义上讲，“东亚奇迹”不仅是工业化水平和现代化程度的快速提升，还在于其能够适时改善城乡关系，从而实现社会均衡发展。

第四，乡村社会变革中普遍存在一些深层次问题。在后发地区包括乡村现代化在内的整体社会变革中，“政府—市场”关系始终是非常突出的问题。强大的政府主导源于对市场不平等的忧虑和本能的遏制。即使市场并非必不可少，至少也是次要因素。从现实角度来看，市场体制自身缺陷也是引发政府监管的重要原因，而监管市场的绩效则又逐渐拓宽了政府主导范围。“市场体系不是一个能够自我调整的系统，它自身不能对个人收入和公共投资进行重新分配，不能依照实际需要对社会财富如教育、健康、道路或研究进行有效的和公平的分配，而这些，正是权力可以大有作为的领域。”[30]431

其他问题也越来越明显地表现出来。如农业生产不稳定、农村劳动力流失、对政府保护依赖严重、乡村市场衰微等，都是较为普遍的问题。为了保证工业化资金供应和社会稳定，政府往往采取努力加大农业投入、适当提高农产品收购价格等临时措施，以刺激和恢复农业生产。但这并没有彻底解决农业生产效益不高的问题，反而形成了“生产不足—政府投入—生产不足—更大投入”的循环。

从某种角度而言，后发现代化国家和地区的农业农村政策是相互矛盾的。一方面，政府对乡村和农业采取保护措施，以保证社会稳定和经济协调发展，如积极组建各种农民组织、大力推进农业机械化、严格控制粮食进出口、提高农产品收购价格等；另一方面，政府又存在明显的政策歧视，最大限度地抽取农村资源和降低农村投入，表现为农民组织的行政化、工农业产品的“剪刀差”、抑制农产品价格快速上涨、农村公共产品投入严重不足等。

乡村长期游离于市场体系之外，商品生产和商品意识均远远落后于城市，这也是城乡二元结构长期存在和愈演愈烈的深层原因。到了现代化中后期，后发国家和地区积极转变政府职能，开始推崇市场机制主导。乡村社会当然也得益于这种积极转变，而逐渐构建其市场体系，农业生产商品化和农产品市场范围也得到不断扩大。但是，乡村市场体系极为简单，且具有明显的地域分割特征，农产品的商品化程度提高缓慢，商品市场的统一性差，远不能和城市工业品市场相提并论。农业生产的专业化、农民身份转换、农民收入水平、农村城市化速度等等，都因此而受到制约。

可以得出结论，乡村现代化中又衍生出“政府—市场—农民”的关系问题，而且始终困扰着乡村发展，需要科学把握和谨慎处理。

2.2 发展理论与农村研究

二战以后，数量众多的发展中国家和地区如何实现现代化，成为一个关系世界发展的全球性问题。在此背景下，20 世纪 50 年代出现了第三世界研究的强劲潮流，美国学界一大批经济、政治和社会学者纷纷加入其中，遂开启了发展中国家和地区的现代化研究，奠基于此的现代化理论也在 60 年代兴盛一时。现代化理论采用“现代—传统”

的二分法，把欧美视为现代化的典型，认为西方代表了世界现代化的一般形式和规律，其模式和路径具有普适性；发展中国家和地区只有亦步亦趋学习西方，才能走出落后和传统，完成工业化和现代化。

东南亚、非洲、拉美等地区模仿欧美的现代化实践多以失败告终，导致这种“西方中心论”的现代化理论在20世纪70年代遭到普遍质疑和批判。一大批研究者开始倡导和实行研究视角的转换：立足于发展中国家和地区的独特禀赋而探讨其现代化。这些学者深入非西方社会内部，努力发现其不同于西方社会的政治经济文化传统和本质特征，进而探讨这些社会走向现代化的特殊性。

与上述认识转换同时发生的，是“发展观”的深化与丰富。1972年，罗马俱乐部发表了著名的研究报告《增长的极限》，强烈批判了以牺牲资源环境换取经济增长的短视做法，提出了“合理的持久的均衡发展”理念。从发展中国家和地区的“有增长无发展”现象中，人们可以看到，单纯的经济增长并不能必然带来社会的全面进步，发展有着远比经济增长更为丰富的内涵。“一个国家除非在经济增长之外在不平等、失业和贫困方面趋于减少，否则不可能享有‘发展’。”[31]

1983年法国经济学家弗朗索瓦·佩鲁发表了《新发展观》一书，批判了长期以来只注重物质增长的错误理解，强调人的基本需求满足、生活质量提高和社会整体进步的发展观。这是对传统发展理念的根本性颠覆，标志着发展观的质的转变。

20世纪50年代以来的发展理论，关于农村问题也呈现出多角度的研究。大体而言，发展政治学关注政治现代化，以农民的政治参与为基本内容；发展经济学重点探讨经济发展，农业现代化、产业结构调整、农业剩余劳动力等成为学者们关注的核心问题；发展社会学则致力于阐述乡村社会结构变迁，集中于乡村社会关系、乡村变迁道路和模式等。

2.2.1 发展政治学：农民力量与政治发展

发展政治学的主要代表是美国政治学者塞缪尔·P. 亨廷顿、加布里埃尔·阿尔蒙德、戴维·E. 阿普特等人，他们关注的主要问题有后发地区的政治民主化、政治稳定、政治参与、政治制度化、政治文化等，这些问题无不涉及农民这一基本的政治力量。

仅从东亚来看，“20世纪50年代下半期到60年代中期，许多东亚国家的‘第一代’政治人物及其政府难于驾驭局势，只好让位于新的威权主义政权。政治和经济的双重危机，显示了民主制尝试的最终失败”[32]94。其中一个重要原因，就是未能取得农民阶级的普遍支持。议会民主制的失败，源于对农民政治经济利益保护不力；而缺乏农民的支持，意味着失去了最有力的依靠和绝大多数选票。农民在政治上缺乏权利，在经济上处于贫穷和被剥夺的地位，都集中表现在土地问题上。这也是中东、拉美和非洲地区政治秩序混乱的根本原因。

直到威权主义政府进行较为彻底的土地改革之后，农民对地主的人身依附关系终于被打破，农民才获得了现实的政治经济权利。这反过来同时加强了威权主义政府的社会基础。“土改以后农村的阶级机构、政权机构都发生了变化，随着地主阶级的衰落，许多村、镇的领导位置转到新老自耕农手里，而以其大量选票影响权力转移的自耕小农，……成为社会和政局稳定的主要因素，成为‘高高在上’的专制政府取得‘权威合法性’的主要来源。”[29]66 可以说，不能扩大农民权益的所谓民主化是没有社会根基的；不能取得农民支持的政府（党）势必缺乏稳定性。

发展中国家和地区的“赶超型现代化”战略，也许在短时间内能够达到既定的经济增长目标，但也容易加剧社会矛盾从而引起政治秩序混乱。这正是威权主义政府出现的直接原因。从 20 世纪 50 年代末到 80 年代中期，威权主义政府普遍采取了政治稳定和致力发展的执政措施，取得了引人注目的发展绩效。农村经济社会的发展和农民生活水平的提高，为其长期执政和实行集权政治赢得了农民的普遍支持，也成为保持政治稳定的主要依靠。“在现代化政治中，农村扮演着关键性的‘钟摆’角色。……在一个具有有限政治参与的体制内，传统的乡村精英分子的支持足以使政治保持稳定。而在政治意识和政治参与正在拓宽的制度内，农民就成了决定性的集团。”[28]266-267

在保持政治稳定的同时，如何满足民众日益强烈的政治参与要求，是发展中国家和地区必然面临的另一重大问题。对于发展中国家和地区，农民政党的形成尚缺乏社会基础，农民政治参与的主要形式表现为农民组织形成，而因为功能的多重性，农民组织往往带有一定政治色彩，如农业及商业协会、农会等。它们既是农民从事生产经营的经济组织，又有沟通农民诉求与政府政策、维护农民权益的政治功能，而政府也可以通过这些组织更为有效地控制农民和农村。通过农民政治参与的体制创新，政府和农民之间形成了一种以合作为基础的政治架构。这种政治合作主义也为我国的村民自治提供了借鉴。

2.2.2 发展经济学：农业现代化与劳动力转移

发展经济学对农村的关注，源于不发达地区在现代化中的一个普遍现象：城乡二元结构。学者们看到，农业对现代化有多方面贡献，农村人口也是工业化和城市化的人力资源，但现代化的持续推进却形成越来越突出的二元结构。这成为发展经济学农村研究的切入点，农业发展、农民收入、农村劳动力转移则是重心。

在农业现代化方面，发展经济学的创始人之一、我国早期经济学家张培刚先生堪称奠基者。他于1945年在哈佛大学完成的博士论文《农业与工业化》，被认为是发展中国家农业经济发展研究的开山之作，并直接影响了后来诺贝尔经济学奖得主刘易斯、舒尔茨等人。在该文中，张先生阐述了工业化对农业现代化的积极作用：一方面，发展中国家的工业化使得农业生产技术、工具、生产结构等生产要素发生显著改变，从而引发农业生产的企业化、机械化；另一方面，工业化和城市化同时又引起农产品的市场需求上升，从而带动价格上涨。最终的结果是，这些地区的农业生产经营方式日益现代化，并为工业化提供多方面贡献。

沿着这种思路，针对发展中国家和地区，美国学者西奥多·舒尔茨于1963年提出"改造传统农业"。他认为发展中国家必须把传统农业改造为高效益的经济部门，改造的根本途径则是对农民的智力投资，即依靠人力资本来提高农业生产的收益，而非简单的追加物质资本和劳动力数量。这是因为，通过教育和农业科研投入来提高农民技能，尤其是现代农业生产技能，会显著提升经济效益，而经济效益是农民从事现代农业生产的强大动力。这样就达到了改造传统农业和增加农民收入的双重目标。

当农业生产效率提高以后，原先从事农业生产经营的农村又会出现劳动力过剩的问题，这些剩余劳动力如果不从农业生产中转移出来，农业生产的效益又会出现相对下降现象。因此，转移农村剩余劳动力成为发展经济学的另一个重要研究议题，并以刘易斯、托达罗等经济学者为代表，形成了不同的理论观点。

20世纪60年代，美国经济学家刘易斯建立"二元经济结构模式"来说明农业剩余劳动力的转移。他认为发展中国家普遍存在的二元经济结构中，城市工业部门的生产率相比要高得多，引起农业剩余劳动力向城市工业部门转移，结果增加了工业产出和积累，反过来又会吸收更多的农业剩余劳动力。如此反复，农村剩余劳动力转移完毕，二元结构消失，最终实现经济均衡发展。其后，拉尼斯和费景汉提出的“拉尼斯—费”模型对此作了个别补充。但他们都难以解释的关键问题是：在城市高失业率的情况下，农村劳动力何以继续向城市迁移？形成于 20 世纪 70 年代的托达罗的“人口流动理论”指出，发展中国家的农业剩余劳动力流向城市的影响因素有二：一是人们对城市高收入的预期，二是农村剩余劳动力在城市就业的概率。即使城市存在高失业率，但农民总是抱有对城市高收入的预期，同时又认为城市就业机会大于农村，这就促使他们依然持续地向城市流动。为了更科学地阐释农业剩余劳动力转移问题，20 世纪八九十年代，斯塔克和布鲁姆提出了“新劳动力迁移理论”，其基本观点是：是否迁移流动不完全由个人决定，更多的是由与其相关联的家庭来集体决定的。这种集体决策的依据不仅仅是收入最大化，而且还会考虑风险最小化和可能遇到的各种挫折。这就是说，收入因素对迁移的影响并不是唯一的，甚至不是最重要的。

美国经济学家斯科特于 1976 年出版的《农民的道义经济学：东南亚的反叛与生存》，是关于农村经济问题和农民问题的另一部开拓性著作。他通过对东南亚地区农民及其农业活动的研究，阐述了市场资本主义对传统农业的巨大冲击、现代官僚国家的租佃和税收制度等等，都日益威胁到农民的生存，由此导致了农民对现代化进程的敌视和激烈反抗。

上述理论模型和观点，用以重点解决农民生活、农业剩余劳动力转移等问题，同时为发展中国家和地区的农业现代化、农民家庭生计、农村人口就业等提供了借鉴。

2.2.3 发展社会学：农村社会结构变迁

“当代发展社会学研究的主要对象是后进的发展中国家由不发达走向发达的现代化发展过程。”[24]22 该学科更多关注的是整体社会变迁、发展道路及典型模式等，提供了考察农村社会现代化的基本思路和研究范式；而农村社会学研究，也始终在整体的农村社会结构变迁背景中展开。

在最早开始现代化进程的欧洲地区，马克思、伯恩斯坦、韦伯、滕尼斯等人都关注农村问题，他们所讨论的土地、农业生产、生活共同体问题，都是基于对欧洲传统农村变迁的考察。二战以后，在回应城乡关系协调、促进农业发展、农村社区重建、提高农民福利等迫切需求时，欧洲社会学者以反思传统现代化为立足点来探讨农村社会重构问题。20世纪初，现代意义的农村社会学首先在美国形成，首先涉及农村社区、农村与城市的关系问题，并试图解释其变化和发展趋势，其实质是从结构变迁视野分析美国农村。20世纪中期，以美国学者为主的现代化理论所提出的一些基本命题和研究范式，又为后发现代化中的农村发展提供了重要借鉴，农村工业化、城镇化、农村社会分层、农村政治和文化、农村整体发展等也都是现代化理论在农村研究中的具体表现。日本著名社会学家福武直长期致力于农村研究，在关于中国和日本农村的几部代表性论著中，他以工业化、城市化为背景，重点观察农村社会结构变迁所带来的突出问题，揭示了由“村落社会”走向“城市社会”的基本特征，同样是发展理论视角的农村研究。

相比发达国家，发展中国家和地区的现代化清晰展现了传统社会结构的转型过程，而农村发展显然具有更典型的社会变迁意蕴。因此，农村现代化研究也始终沿着这个基本逻辑而展开。本著述对陕西农村现代化路径的研究亦是如此。

2.3 中国农村现代化理论

鸦片战争以后，中国社会就被裹挟进世界现代化浪潮之中，开始了艰难的社会变迁历程。把农村作为现代化“被遗忘的角落”来观察思考，则是在中国早期现代化启动10多年之后，时间大致是20世纪二三十年代。相较于城市的日益繁荣，农村由于长期的问题堆积，遂在20世纪二三十年代出现了严重衰落，中国农村越来越多地引发了普遍担忧。人们不但关注中国农村发展问题，难能可贵的是，他们还通过建立各种试验区来开展实际的农村建设工作。“20年代末30年代初全国从事乡村建设工作的团体和机构有600多个，先后设立的各种实（试）验区有1000多处。”[33]456 从那时到现在的近百年间，不同的学者、团体乃至政党（府）对中国农村的关注有增无减，且形成了关于农村现代化的不同认识。其中典型代表有：民国时期的乡村建设思想、学院派的农村研究和中国共产党的农村现代化思想。

2.3.1 “乡村建设学派”的农村研究

民国乡村建设理论是在当时中国农村日益衰落的背景下形成的。由于关注和参与乡村建设的人员和团体众多，所提出的乡村建设思想也各有不同。其中数著名学者晏阳初和梁漱溟的乡村建设思想最为系统，成为人们公认的思想代表。他们不但提出乡村建设思想，而且身体力行发起了影响深远的乡村建设运动。

晏阳初对乡村建设的目标、内容、步骤和关键环节进行了系统阐述。首先，他认为乡村建设的使命既不是单纯的“农村救济”，更不是所谓的“办模范村”，而是“民族再造”。这是因为，乡村是中国社会的政治、经济和民众基础，乡村兴则民族兴，乡村衰则民族衰，乡村建设因此担负着“民族再造”的使命。其次，关于乡村建设的内容，可概括为“四大教育、三大方式”。针对中国乡村愚、穷、弱、私四大问题，他提出了乡村建设中的文艺教育、生计教育、卫生教育和公民教育等四大教育，而主要的教育方式则是学校式、社会式和家庭式三者并用，从而彻底改变乡村现状。再次，乡村建设应当遵循三个步骤：第一步是研究实验，即从实际做起，深入到农民的实际生活中去探求教育农民的有效途径；第二步是训练人才，即培训能够担当乡村建设任务的人才；第三步是表证推广，就是把研究实验的成果推广至全国农村。最后，晏阳初强调，乡村建设和实现“民族再造”使命的关键，在于“化农民”，即使其成为“有文化的中国新农民”。[33]137−159

梁漱溟的乡村建设思想涵盖了乡村建设的双重目标和三条根本途径。他认为，乡村建设的目标是双重的，也是分阶段实现的。直接和短期的目标是救济乡村，改变农村的残破状态；间接和长远的目标则是创造新文化，即形成农村和农民新的生活方式。农村和农民有了出路、形成新的生活方式，说明自近代以来日见衰落的中国传统文化便有了新的生机，那么中国社会就有了出路。对此，有三条根本途径：其一，适应现代社会变化需要，“重建一个新社会组织结构”。中国传统的社会组织结构是“伦理本位、职业分途”，而在西方的冲击下已遭到严重破坏，而西方模式的“个人本位、阶级对立”的社会组织结构却未能建立起来，由此带来了农村的混乱局面。因此有必要建立新的社会组织结构。其二，以农立国，促兴农业，引发和支持工业。在以农立国的前提下，形成农业与乡村工业互相支持的局面。没有工业化，以农立国只是空谈；

而缺少农业支撑，工业化便不会持久。其三，在以教育促进“农民自觉”的同时，知识分子必须下乡，为农村服务，与农民融合。这不但是解决农村问题的重要一步，也是解决整个中国社会问题的重要一步。[33]159-196

在当时的乡村建设运动中，乡村教育思想也产生了广泛影响，并有一大批团体从事实际的农村教育活动。1927年后，乡村教育便已开始向乡村建设的方向发展。著名的有中华职业教育社、晓庄学校、华北农村建设协进会等，它们都贯彻乡村教育的理念，强调通过教育农民来改变农村现状。中华职业教育社成立于1917年，主要负责人为黄炎培，初期从事城市的职业教育，1925年前后则重点转向农村；由著名教育家陶行知创办的晓庄学校，从1927年创办之日起就非常重视对农村的教育改造；华北农村建设协进会于1936年4月成立，由南开大学、清华大学、燕京大学、金陵大学、协和医学院和中华平民教育促进会6家共同发起和组成，其宗旨是培养专门的农村建设人才，并据此设计了人才培养分工。

乡村建设思想从改变农村现状入手，致力于中国农村全面进步，并将其视为中国社会进步的根本基础和前提。笔者认为，这种认识强调农村、农业和农民在中国社会中的重要地位和对中国现代化的制约作用，是符合我国国情的，其所指导的乡村建设实践也具有重大意义。但是，这种认识没有看到中国农村的根本问题——土地所有权没有得到解决，因此促进农村发展的各种措施的实施效果将非常有限，也不可能从根本上改变农村凋敝衰落的现状。

2.3.2 “学院派”的中国农村研究

中国农村研究中的“学院派”，主要包括我国著名社会学家杨开道、李景汉、费孝通等，以及美国学者黄宗智、杜赞奇、施坚雅等。

杨开道先生认为，“农村问题，不单是个人问题而是社会问题”，因而把社会学理论运用于中国农村组织、农村自治、农村乡约制度以及农业教育等方面，开中国农村社会学研究之先河。李景汉先生一生倡导和践行农村社会调查，从1929年的《北平郊外之乡村家庭》到1933—1934年的《定县社会概况调查》和《定县经济调查》等，确立起中国农村研究方法，奠定了农村研究的基本传统，在国内外均产生了深远影响。

从名满天下的《江村经济——中国农民的生活》（1939）到《乡土中国》（1948）、

《乡土重建》（1948），再到《小城镇四记》（1985）、《论小城镇及其他》（1986）等，费孝通先生对乡村社会高度关注并寄予热切期盼。在《江村经济——中国农民的生活》一书中，他通过梳理村民经济生活的逻辑而发现中国农村的基本问题——贫穷和饥饿。要解决此问题，他认为，仅仅通过平均地权是不够的，因为人多地少是一个突出的矛盾，所以必须依靠“农工相辅”的方式来走出困境。20 世纪 80 年代中期，随着农村经济繁荣，费孝通先生敏锐觉察到小城镇的关键作用，提出“小城镇，大问题”的论断，为中国农村现代化积极探路。20 世纪 90 年代，各种条件限制使得小城镇内涵和功能未能同步提升，城乡差别加剧，“三农问题”更显严峻。直到近几年，再次反思城镇化与农村发展的关系，我们不得不承认，重新回到“积极发展中小城镇”的思路上来极为必要。

20 世纪 90 年代起，更多国内学者开始关注和研究农村现代化问题。典型的有，陆学艺教授研究了人民公社时期著名的大寨、刘庄、华西等村庄，揭示了传统农民的日渐消失和“三农”问题；以温铁军为代表的经济学者们集中分析中国农村的突出问题，主张和积极重建新乡村实验；以华中师范大学农村问题研究中心为代表的一大批政治社会学者则深入到基层农村进行田野调查和深度发掘，从社会关系变迁来分析乡村治理，扩展了传统政治学研究视野。

加利福尼亚大学洛杉矶分校历史系的黄宗智教授，长期关注中国农村经济社会变迁。在《华北的小农经济与社会变迁》（1986）一书中，他考察了 20 世纪 30 年代中国华北地区小农经济的明显分化：经营式农场不足，贫农趋于半无产化，贫农家庭的农业生产经营则出现“内卷化”①。通过比较 20 世纪三四十年代和 80 年代长江三角洲农村地区的发展，在其《长江三角洲小农家庭与乡村发展》（1992）一书中，黄宗智又提出“过密型增长”和“过密型商品化”等概念②，用以概括该地区农业生产边际效

---

①“内卷化”由美国人类学家亚历山大·戈登威泽提出，用以描述这样一类文化模式：一种文化模式形成某种最终形态后，既无法稳定又不能转到新的形态，只是内部变得更加复杂。后被美国学者舒尔茨用于描述东南亚地区的农业生产状况。这里，黄宗智将其与农业劳动的边际生产率递减相联系。

②“过密型增长”即没有发展（劳动生产率）的（产量）增长，在此过程中的商品化即“过密型商品化”，它虽然带来了家庭收入的提高，但并不能使农业生产率和收益提高，所以并非资本主义性质的商品化。

益持续递减的困境。这两部著作从不同的方面深刻揭示了小农经济商品化过程的艰难和复杂。2010年出版的《中国的隐性农业革命》一书，则是黄宗智教授对中国农村改革的研究，集中阐述了家户经营的重大意义，同时，他认为，鉴于家户经营存在的缺陷，应该形成农户合作，通过生产、经营和农产品加工的“纵向一体化”来提高农业生产经营利润。

美国芝加哥大学教授杜赞奇的《文化、权力与国家：1900—1942年的华北农村》（1988），是研究中国农村社会变迁的另一部重要著作。该书通过对山东河北两省六个县六个村庄的调查，揭示了20世纪上半叶中国社会“国家—乡村”关系的畸变。他指出，在近代国家政权向最底层村庄延伸的过程中，传统乡村原有的“权力文化网络”日益被“赢利型经纪人”所取代①，乡村和国家遂两受其害而无力解脱，直到20世纪50年代的集体化的出现才最终解决这一问题。杜赞奇的这种分析逻辑，启发了国内学者对20世纪90年代以来我国“三农”问题和农村社会矛盾的重新审视，也使得国内村民自治研究开始更多向考察乡村社会关系靠拢。

美国学者施坚雅的《中国农村的市场和社会结构》（1998）一书，则重点从市场角度研究近代中国农村社会。本书聚焦20世纪初至20世纪60年代的中国农村，重点分析了市场发展与传统习俗、农村结构以及与地理、交通等方面的内在关系。当前中国的农村发展中，现代意义的市场不仅是农村经济转型的关键推动力，也是影响传统乡村关系、乡村文化变迁的重要因素。如果说政府及其政策是显性的关键力量，那么市场就是潜在的传导机制。尽管市场对于农村尚属稀缺资源和薄弱环节，但政府角色和政策目标其实已经通过市场机制得以显现。这一趋势还将持续增强。施坚雅的研究，对于深度理解当代中国农村转型与整合尤其是市场之于农村转型与整合的作用极有裨益。

2.3.3 中国共产党的农村现代化思想

自中国现代化启动以来，中国的社会问题都可以从农村落后中寻找到根源，中国社会发展的难点也在于农村的落后。不解决农村发展问题，就不会有实质性的社会进步；

① “权力文化网络”是指传统乡村中由士绅、宗族和其他自组织构成的村落权力架构，这种权力架构与国家政权发生联系并保护村庄自身利益，是一种自我服务型的权力组织形式。“赢利型经纪人”是指借助国家政权取得村落权力却为自己从中牟利的村落领导者，他们更像是经济活动中的经纪人。

无力解决农村发展问题的政党和政府，势必不能担当中国社会的领导者。比如，国民党南京政府很快失去其执政地位，除了自身能力之外，根本原因恐怕就是其对解决农村问题的无所作为。“南京政府是一个低制度化水平的权威主义的城市性政权。……所谓城市性政权则一方面指其有效统治范围仅限于沿海和长江中下游一带通商口岸，不及农村广大腹地，另一方面指其集中于口岸城市的官僚资本主义与中国广大乡村社会尖锐对抗。”[34]231 其现代化战略不可能得到中国社会的普遍认同。

1927 年大革命失败后，中国共产党就开始把重点转向农村和农民，从那时起直到现在，农村问题一直被高度关注，并形成了特色鲜明的农村现代化理论。

新民主主义理论是指导中国革命取得成功的科学理论体系，其主要内容都关系着中国农村的发展。首先，农村土地问题是中国革命的核心问题。农村土地问题是导致农村贫穷和国家落后的根源，因此农村的发展包括整个中国的进步，都需要首先解决这一问题。从创建井冈山革命根据地时期的“打土豪、分田地”到解放战争时期的“五四指示”，再到新中国成立后全国范围的“土改”，中国共产党对农村土地问题的彻底解决，为其确立了农村发展进步的制度基础。其次，通过革命使农民获得解放，其实质就是对农村生产力的解放，能够带来全社会的进步。世界先进国家的发展证明，只有农民的解放才能为整个社会发展提供基本前提。“如果农民解放，农民在经济上能减少地主的剥削，必能使农业改进，而因为他们之购买肥料、农具、布草等类，工商业必同时发达。”[35]65 把农民从封建压迫和沉重剥削中解放出来，解放生产力和带动工商业发展，是农村发展的要务。最后，农村改造是农村现代化的必然要求。解放农民和在农村实现家庭私有的土地制度，是新民主主义革命的直接目标。然而这只具有相对的进步意义，长远来看，要实现农村现代化和国家工业化，需要对农村分阶段地持续改造，必须“把农民组织起来”，进行集体化生产。“这是人民群众得到解放的必由之路，由穷苦变富裕的必由之路。”[36]931-932

中国特色社会主义理论体系指导中国改革取得了巨大成就，其中也贯穿着持续推进农村社会发展的思想。始于 20 世纪 70 年代末的中国改革首先从农村启动，反映了党对农村发展重要性的科学认识；1982—1986 年连续 5 年的“中央一号文件”都是着力解决农村改革遇到的突出问题，形成了党在农村改革方面的宝贵经验，也为中国农村现代形态奠定了理论基础；进入21世纪后，针对20世纪90年代以来日趋严重的“三农”问题，中国共产党提出统筹城乡发展思想，实行“两个反哺”，十八大以后则开始大力推进城乡一体化，这些都体现了党在新世纪关于农村发展的科学认识。

第 3 章　陕西农村现代化的发展阶段

无论是原发现代化还是后发现代化类型，农村变迁大体都要经历二元格局、初期转型、深度结构调整和城乡协调发展等阶段。通过比较不同发展阶段，可以看到某一地域农村现代化的具体过程与独特问题。

3.1 农村现代化阶段的划分标准

3.1.1 相关研究

改革以后农村现代化阶段划分的首要问题是确定科学的划分标准。对此，学界有两种情况：

第一种是从农村改革开始到完全实现现代化的整个阶段的划分，以陆学艺先生为代表。他把我国农村现代化分成四个阶段：①起步阶段，即家庭联产承包责任制的农村改革启动到实现第一步战略目标；②小康阶段，即从实现第一步战略目标到基本实现小康的时期；③富裕阶段，即全面建设小康社会的阶段，大体时间是从 20 世纪末到 21 世纪中期；④发达阶段，即城乡一体化实现阶段，是指我国基本实现现代化以后的农村可持续发展时期。[37]145 陆学艺先生还提出了每个阶段的具体量化指标(见表 3–1)。

表 3–1　我国农村现代化各阶段的目标指标

	起步阶段	小康阶段	富裕阶段	发达阶段
人均国民生产总值(元，1996 年不变价)	2500	5000	10000	> 20000
人均收入水平(元，1996 年不变价)	2100	4000	8000	> 10000
恩格尔系数 (%)	> 45	< 40	< 30	< 20
非农劳动力比重 (%)	35	45	60	> 85
城镇人口比重 (%)	25	40	50	> 60
初中以上文化程度人口的比重 (%)	30	45	60	> 80
每千人拥有医生数(名)	0.5	0.8	1	1.2
电视机家庭普及率 (%)	50	70	100	> 100
人均年生活用电量(千瓦小时 / 年)	40	80	140	> 200

资料来源　陆学艺：《中国农村现代化基本问题》，中共中央党校出版社，2004 年，第 149 页。

陆先生还指出，根据中国农村的特点，各阶段性目标对农村现代化的贡献率也有所不同。起步阶段的目标贡献率为 31.15%，小康阶段的目标贡献率为 53.1%，富裕阶段目标实现后，中国农村现代化程度将会达到 76.4%，直到发达阶段才会实现 100%。而前两个阶段更为重要，是我国农村现代化最关键和最艰巨的阶段，这两个阶段目标的完成，表示我国农村现代化基本实现。[38] 47

第二种是对农村改革以来到当前阶段的划分，但具体划分仍有不同。有的学者将其分为三个阶段：①开启阶段，时间为十一届三中全会以后到“八五”末，以家庭联产承包责任制的推行以及乡镇企业的崛起为特征；②快速发展阶段，时间为“九五”期间，以乡镇企业改制和农村城市化的推进为特征；③新的发展阶段，时间从“十五”至今，以农村经济管理和村民自治加快为特征。[12] 48 另有学者将其分为四个阶段：①从 1978 年到 20 世纪 80 年代中期，主要特点是农村的放开搞活；② 20 世纪 80 年代中期到 21 世纪初，主要特点是改革农产品流通体制；③ 2002—2006 年，以农村税费改革为核心的新农村建设阶段；④ 2006 年至今，农村开始进入到综合改革的阶段。[39] 54

3.1.2 本研究的划分标准

上述第二种划分依据是改革以来农村发生的重大事件，但每一个重大事件究竟应该属于哪个阶段，往往因学者的个人评价而差异较大，因此这一标准的客观性不足。陆学艺先生的划分标准则较为全面，以农村改革中的重大事件为立足点，依据农村发展的基本战略规划，提出了每一阶段的客观发展指标和指数，其实质融合了政策、重大事件和发展指数三个方面，是一个综合标准，也更为科学。但这种划分时间跨度很大，从农村初步转型直到实现现代化，虽然能够宏观反映我国农村发展的宏观轨迹，但用于一个小地域的农村研究则显得不够具体。

本著述是对改革以来陕西农村现代化的阶段划分，以 2010 年为结点。另外，笔者亦认为，农村现代化是一个极为复杂的过程。城乡一体化固然是农村发展的必经阶段，但目前距该阶段完成还有一个较长的时期。因此，参考已有研究，笔者将陕西农村现代化阶段划分标准综合为以下几个方面：

第一，国家和陕西省的农村发展政策及基本思路。后发现代化中，政府因素任何时候都不应被忽视，而且应该作为首要因素。

第二，陕西农村居民的经济状况。农民增收一直是农村改革的头等大事，通过陕西农村与全国农村居民的收入对比、陕西省内城乡居民的收入消费对比、陕西农村居民家庭恩格尔系数变化等，可以对其进行测评。

第三，陕西农村的社会形态。农村的社会关系、农民的文化生活、社会保障、社会服务等是农村和农民生活的基本构成部分，所以也需要加以考察。

3.2 陕西农村现代化阶段

依据上述综合标准，从城乡融合视野出发，本研究把30多年的陕西农村现代化划分为三个阶段：初期转型阶段、结构调整阶段和走向恢复阶段。

3.2.1 初期转型阶段（1978—1985年）

1978年的十一届三中全会是我国改革开放的标志，而改革首先从农村开始。1978—1985年是中国改革启动后农村现代化的第一阶段，即我国农村从传统形态向现代形态的初期转型。

1978年11月，安徽省凤阳县小岗村18户农民以协议书形式确认的“包产到户”，以实践行动探索出了中国农村改革的基本方向，小岗村也成为当代中国农村改革的发源地。然而鲜为人知的是，陕西农村和农民对“包产到户”的倡导和理论分析则更早；农民自发的实践性探索也是走在全国前列的。①

①1962年5月，由陕西省原咸阳地区户县城关公社七一大队会计杨伟名执笔，并由他和大队党支部书记贾生财、大队长赵振高三人联合署名的一封建议信——《当前形势怀感》，分寄给地方各级党委和中共中央，提出了关于初期社会主义、土地集体所有制下的分田到户、扩大非计划经济范围等重要认识，以解决农村问题。我国历史学家雷颐对此予以高度评价：理论水平之高，对当时形势分析判断之透彻，所开“处方”之准确，读后确令人震惊。在当代思想史上，这份文献应占有一个非常重要的位置；在共和国的历史上，这是真正称得上“光辉”的文献之一。（见雷颐：《令人震惊的“一叶知秋”》，《博览群书》1998年第8期。）进行理论思考的同时，陕西农民也很早就开始实践探索。1978年，陕西原商洛地区洛南县的农民就率先推行定产定工定奖惩的作业组“责任制”。当年该县遭遇大旱，但粮食总产量却比1977年增加了800多万斤，比1976年增加了3600多万斤，创造了该县的历史最高纪录，这反映了责任制能够大幅度调动农民的生产积极性。（见马志雄、胡宗礼、宋桂嘉：《实践证明定产到组好得很》，《陕西日报》1979年1月21日第3版。）1979年，陕西原汉中地区南郑县红茶人民公社铁匠街生产队则开始分地分田和实行包产到户。当年9月15日晚，在村民李云山的动员下，全队36名户主在队长肖朝贵家里开会决定：把全队的旱地和一部分边角水田集中起来，按每户人口平均分到各家，自己耕种，自主种植，劳动成果归各家所有。同时强调保证给国家交公购粮。最后村民们签字画押、立据为证。1980年5月，肖、李二人又挨家挨户动员，把队里的200多亩（约13公顷）水田也秘密分田到户。（见刘锦、王睿：《南郑铁匠街：陕南“包产到户”第一村》，《陕西日报》2009年8月26日第11版。）上述地区和农民成为陕西农村实行生产责任制、包产到户的先行者。

1980年9月，包产到户在农村确立了合法地位，并在实际的施行中越来越多地突破了局部范围。1982年1月《全国农村工作会议纪要》对生产责任制的“社会主义性质”明确肯定，生产责任制加速发展。陕西省委1980年、1981年的相关文件也不断放宽政策：“深山、偏僻地区的孤门独户，以及小宗零星项目的包产到户，应当允许。”“在一些边远山区、贫困落后的‘三靠队’（吃粮靠返销、用钱靠贷款、生活靠救济）可以搞包产到户或包干到户。”于是首先在陕南、陕北和渭北旱原地区，包产到户有了较快发展。在关中川道农村地区的请求下，陕西省委于1982年8月决定：“在川原灌区，大多数群众要求包干到户的生产队，应当支持，帮助搞好。”包干到户随即在全省推广。1981年底，陕西实行“双包到户”的生产队占到全省总队数的50%；1982年11月底增大到94.8%；再到1983年底已高达99%，高于全国97.8%的比例。至此，陕西农村的生产经营活动突破了原有束缚，新体制得以确立。

生产经营新体制极大释放了农村社会活力，农民的生活水平有了飞跃性提高，到1985年末，陕西农民人均纯收入达到295.3元，年均递增12%，剔除物价上涨因素后年均实际增速仍高达9.7%。农村面貌也迅速改观，温饱问题基本得到解决。

“体制突破—商品生产—市场构建”是农村改革初期的内在逻辑，也形成了当时农村发展的基本模式，这种逻辑和改革模式存续了大约7年，从1978年开始直到1985年结束。这一时期，陕西农村现代化在两个方面取得了实质发展：

第一，形成统分结合的双层经营体制，鼓励多业并举和发展副业。

家庭联产承包责任制确定为我国农村基本政策后，得到普遍推行，农村的大集体生产变为统分结合的双层经营形式，以家庭承包的分散经营为主。经营体制变化的实质则是对国家、集体和农户三者利益格局的调整。通过调整，不仅国家利益未受损，农户利益也有大幅度提升。利益提升成为调动农民生产积极性的有力手段。“在改革前25年时间里，农业增长率年平均为2.2%。1981年到1984年，家庭承包制由局部到普遍推行的三年时间里，农业年平均增长速度高达10.9%。”[40]31 生产效率的提高和国家农产品收购价格的提高，带来了农民收入的增长。从1978年到1985年，我国农民的人均收入从133.6元上升到268.9元，年均增长额是同期城镇居民人均可支配收入的2倍以上。

在探索形成统分结合的双层经营体制的过程中，还有一个重要方面：农林牧渔多种经营，鼓励农民发展家庭副业。1979 年初，陕西省委发出《关于认真解决当前农村经济政策中八个突出问题的指示》，重申关于社员家庭副业的政策。同年 8 月陕西省委农业工作会议还提出：三年内林牧副渔各项主要生产指标赶超历史最高水平；在农业总产值中的比例达到 40% 以上。

第二，发展农村集贸市场、放开农副产品市场交易，促进农村商品经济发展。

随着十一届三中全会召开，被定性为“社会主义经济必要补充”的农村集市贸易先行恢复。虽然当时发展家庭副业和农村集市贸易，首先是为了完成国家的统购任务，但对于农民生活和农村经济也意义重大。“1980 年农村集市的数量为 37890 个，到 1984 年迅速增加到 50356 个。到 1992 年，中国正式宣布实行社会主义市场经济时，农村集市的数量已经增加到 64678 个。”[40] 39

1978—1986 年，陕西农村集贸市场从 860 个增加到 1652 个，交易额从 4.15 亿元增长到 13.40 亿元。农村集贸市场逐渐恢复和活跃起来，蔬菜、土特产品、肉禽蛋等农副产品上市量显著增加，农民出售余粮的交易兴旺；农村购买力也有所提高，带动了工业品销售。为了更大地放开农村商品交易，国家也逐步减少农副产品统购统派，其品种和数量由最多时的 180 种减少到 1984 年的 38 种，统购统派比重也由 1978 年的 84.7% 下降到 1984 年的 39.4%。1984 年陕西省委发出《关于大力促进农村商品生产发展的若干问题》的纪要，标志着陕西农村市场化的开端。

改革的全部任务是发展经济，但其后果则是综合性的。农村变化不仅仅表现在农民收入和生活水平方面，农村产业结构和农村劳动力从业结构也都开始进行自我调整。以宝鸡市为例，1978—1988 年的十年间，农村产业结构中，传统农业的比重降低了 28.34%，非农产业比重则增加了 28.34%。（见表 3–2）

表 3–2　改革初期宝鸡市农村产业结构变化（1978—1988 年）　　单位：%

年份	农业	非农产业				
		小计	农村工业	建筑业	运输业	商业饮食业
1978	74.62	25.38	13.43	5.83	1.89	4.23
1987	48.58	51.42	31.77	8.68	5.13	5.84
1988	46.28	53.72	32.16	9.92	4.97	6.67

资料来源　《中国国情丛书——中国百县市经济社会调查（宝鸡卷）》，中国大百科全书出版社，1992 年，第 88 页。

农村劳动力结构也有明显变化，从事第二、三产业的劳动力人数上升，第一产业人数减少。从1980年到1988年，宝鸡市农村地区新增农村劳动力22.21万人，但是这些新增劳动力主要流向农村工业和建筑业，其次是流向运输、商业餐饮服务等第三产业，流向农业的人数仅占新增劳动力总数的7.9%。（见表3-3）

表3-3 宝鸡市农村劳动力从业结构（1980、1988年）

		1980年		1988年		1988年比1980年增减	
		总 数（万人）	所占比重（%）	总数（万人）	所占比重（%）	绝对数（万人）	相对数
合 计		93.18	100	115.39	100	22.21	23.84%
第一产业	小计	85.52	91.8	87.27	75.6	1.75	2.05%
	种植业	77.71	83.4	81.56	70.7	3.85	4.95%
	林牧副业	7.81	8.4	5.71	4.9	−2.10	−26.89%
第二产业	小计	4.92	5.3	16.91	14.7	11.99	2.44倍
	农村工业	3.99	4.3	9.61	8.3	5.62	1.41倍
	建筑业	0.93	1	7.3	6.3	6.37	6.85倍
第三产业	小计	2.74	2.9	11.21	9.7	8.47	3.09倍
	运输业	0.48	0.5	2.57	2.2	2.09	4.35倍
	商饮服业	0.25	0.3	2.43	2.1	2.18	8.72倍
	其他	2.01	2.1	6.21	5.4	4.2	2.09倍

资料来源 《中国国情丛书——中国百县市经济社会调查（宝鸡卷）》，中国大百科全书出版社，1992年，第89页。

但到1985年时，陕西农村的经济增长已趋于平缓：农业方面，粮食总产量在1984年突破1000万吨大关达到历史最高点后，第二年开始就又减少至950多万吨徘徊，到1989年再次突破1000万吨；城乡差距在摇摆中再次拉大。城镇居民可支配收入与农民人均纯收入之比值，从1980年的2.87降至1985年的2.20后就开始增大。1986年为2.72，1987年为2.75，1989年为2.85，1991年为2.81；1988年和1990年两年虽有所下降，但仍高达2.57和2.58。农民收入方面，全省农民人均纯收入扣除其人均生活消费支出的余额，1978年为0.02元，1980年为2.97元，1985年上升至61.86元后就一直下滑，到1992年才再次恢复到1985年的水平。

另一个较为明显的信号是，1987—2003年间没有出台农村发展的指导性文件，意味着改革重心已经发生了转向。

3.2.2 结构调整阶段（1986—2005年）

从20世纪80年代中期到整个90年代，农村经济发展逐渐呈现缓慢和停滞的态势，农村集体组织乏力、传统秩序紊乱、家户经营困难等问题也纷纷出现，尤其是“三农”问题愈演愈烈，成为牵动中国社会的沉重话题。

这种现象意味着，陕西农村现代化进入到结构调整阶段，时间大体为1986—2005年。这一阶段多种问题纠结，在总体稳定的态势中，城乡二元格局特征充分显现，农村经济社会发展陷入困境。作为政策供给，农业产业化、推进村民自治、税费改革先后相继，构成了城乡对立时期解决农村问题的措施体系。

第一，农民收入和消费保持同步增长，但生活水平提高不大。

从 1986 年到 2005 年，农民人均纯收入和人均生活消费支出同步增加，农村居民家庭恩格尔系数则先升后降（见表 3-4）。但扣除生活消费支出后的余额则增加不多，甚至有所下降，可以说，农民生活水平提高不大。

表 3-4　陕西省农民家庭人均纯收入、消费及恩格尔系数变化

年　份	1986 年	1995 年	2000 年	2005 年
人均纯收入（元）	299	963	1444	2052
人均生活消费支出（元）	263	914	1251	1896
余额（元）	36	49	193	156
恩格尔系数（%）	55.8	59.3	43.5	42.9

资料来源　1986 年、1995 年数据见陕西省统计局：《陕西农村经济统计五十年》，2000 年，第 330 页；2000 年、2005 年数据见《陕西统计年鉴》。余额均为笔者计算所得。恩格尔系数见历年《陕西统计年鉴》。表格为笔者绘制。

和全国相比，陕西农村居民人均收入似乎一直处于下降态势。“1978 年，我省农民人均纯收入比全国平均水平少不到 1 元。1985 年扩大到 102 元，1990 年为 156 元，1995 年为 615 元，1997 年已达到 805 元。1990 至 1994 年，人均纯收入在全国倒数第三、四位徘徊，1995 年至 1997 年处于倒数第二位。”[41] 从城乡居民收入差距来看，20 世纪 90 年代中期之前，陕西省城乡居民收入比值相差不超过 3 倍，到 1995 年后增加到 3 倍以上，到了 2004 年则扩大为 4.01 倍。种种迹象表明，陕西农村经济蓬勃增长的“黄金期”已经过去，经济发展的困境到来。

第二，乡镇企业崛起和迅速发展对农村经济发展作用明显。

“农村工业”兴起，不仅是传统农村的革命性变革，更代表农村现代化的中国式道路。陕西虽地处较为落后的西部地区，但乡镇企业也焕发出巨大活力。原先的社队企业从 1981 年开始调整，1984 年则是一个巨大的转折点。这一年乡镇企业实现了全面突破：企业数量一跃突破10万个，从业人员一年间猛增50多万人而突破100万，这两项的数额分别是上一年的3.89倍和1.84倍；营业收入、总产值和利税总额分别是上一年的1.88倍、1.91倍和1.81倍。其后，陕西的乡镇企业营业收入和总产值一路飙升，1996年全省乡镇企业双双突破1000亿元；1997年，其总产值已占全省农村社会总产值的80%，工业总产值已占全省工业总产值的51%，全省农民人均纯收入中，乡镇企业的贡献份额达到40.5%，与全国持平。[42]121-122 乡镇企业的农村劳动力吸纳能力、营业收入、总产值、利税总额等也在持续增加。

第三，农村剩余劳动力迅猛增加，并逐渐形成异地转移就业。

20世纪80年代中后期，农业劳动力剩余问题出现。如果把1980年的陕西农村剩余劳动力假定为零，到1985年时就净增了86万，1991年已增加到146万。12年间，陕西农村劳动力剩余率增长16.6%，占全省农业劳动力的比重达到14.5%。①20世纪80年代中后期到20世纪90年代中期的10年间，农村剩余劳动力主要采用“离土不离乡”的就地转移就业形式，即为乡镇企业所吸收。“1978—1997年的十九年里，陕西非农业从业人员净增428.9万，而同期乡镇企业吸收非农劳动力达316.9万。可见，劳动力产业间转移主要体现在劳动力的就地转移上。”[43]65 但乡镇企业吸收农村剩余劳动力的能力也明显减弱，“1978年—1988年，平均每年吸收19.26万农村剩余劳动力；但1988年—1997年，年吸收量减至12.43万；1997年仅吸收4.19万”[43]65。跨地区的各级城市逐渐成为农村剩余劳动力转移的主要地点。

第四，农村社会问题持续显现，农村整体形态陷入萎缩和凋敝。

1. 农业生产经营困境。20世纪90年代，陕西农业生产经营逐渐陷入困境。主要原因是：①市场体制中的劣势地位。20世纪90年代初城市经济体制改革启动后，农村市场化却缓慢而艰难，“市场边缘化”风险日益增大。②“剪刀差”的价格体制。20世纪90年代城市改革启动，工农产品价格差更甚，化肥、农药、种子等农业生产资料价格一直上涨，农业生产成本逐年增加，粮食生产比较收益走低，影响农业生产资金的

① 笔者以1980年为参照，根据相关研究数据重新计算得出。具体数据见李仙娥、杨勇：《农村剩余劳动力迁移与城乡收入差距的相关关系分析——以陕西为例》，《生产力研究》2006年第12期，第28页。

投入。根据对陕西农村固定观测点 1000 个样本农户的调查，1990 年户均粮食作物经营成本为 409 元，1993 年上升到 439 元，1995 年更上涨到 716 元（见图 3-1）。③农村金融支持体系断裂。农村改革启动后，由农业银行、农村信用合作社、农村合作基金会所构成的金融体系为农村经济发展提供了巨大支持。20 世纪 90 年代初，农村金融体系“商业化”改革、农村合作基金会被撤销后，中小农户几乎没有获取农业贷款的渠道。直到 2003 年 6 月底，全省农村信用社存款余额 505.45 亿元，农业贷款余额 234.84 亿元，前者仍为后者的 2.15 倍，存多贷少是不争的事实。④土地流失，耕地减少。20 世纪 90 年代，城镇化加速引发建设用地大幅增加，最终导致农村土地和耕地大量流失。陕西农村固定观测点 25 个村的数据显示，与 1989 年相比，1996 年土地面积和耕地面积都有所减少。1989 年，25 个村的平均土地面积为 5285.6 亩（352.4 公顷），到 1996 年下降到 5053 亩（336.9 公顷），平均减少 232.6 亩（15.5 公顷）；其中仅 7 个村的土地面积有所增加，15 个村的土地面积都有减少，减少量最大为 7969 亩（531.3 公顷）。1989 年，25 个村平均拥有耕地 2020.2 亩（134.7 公顷），到 1996 年减少到 1669 亩（111.3 公顷），平均减少 351.2 亩（23.4 公顷）；其中仅 3 个村的耕地面积有增加，21 个村的耕地面积都有减少，减少量最大的达到 3020 亩（201.3 公顷）。[42]79-80

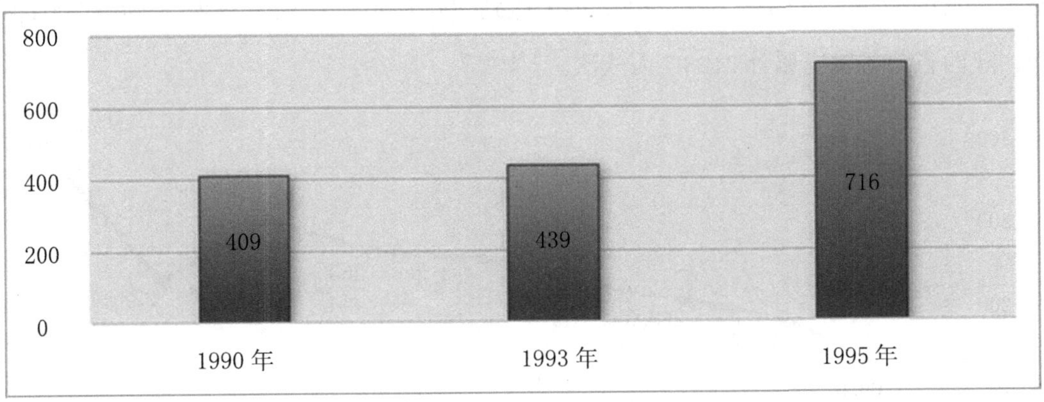

图 3-1　陕西省农户粮食作物经营成本（1990—1995 年）　　单位：元

资料来源　张建功：《历史与选择——陕西农村经济社会发展中的主要问题及对策研究》，陕西人民出版社，1999 年，第 101 页。图表为笔者绘制。

2. 农民负担加重。20 世纪 90 年代，对农民的提取加大，农民负担问题初现。根据陕西农村固定观察点 1000 个样本农户调查统计，仅农民上交的村组提留和摊派一项，占农民人均纯收入的比重由 1986 年的不足 6% 上升到 1996 年的 14.6%，税费负担增速超过农民人均纯收入增速。“1996 年农民人均负担支出 83.8 元，较 1995 年增长 44.5%。1997 年有所下降，但仍然高达 78.5 元。”[41]陕西农村固定观测点 25 个村的数据显示，从 1988 年到 1996 年，农民的人均纳税额增长了 5.69 倍，人均上交村组费用增长了 5.39 倍；仅 1993 年到 1996 年，农民的文化服务费用也增长了 1.42 倍。（见表 3–5）

表 3–5 陕西农村固定观测点农民税负增长情况（1988—1996 年）

年　份	1988 年	1996 年	增长倍数
1. 税负（元）	18.25	119.9	5.57
其中：人均税赋	10.15	67.95	5.69
2. 人均上交村组费用（元）	8.13	51.97	5.39
其中：人均提留统筹	5.19	25	3.82
人均摊派	2.55	17.36	5.81
3. 文化服务支出（元）	39.96*	96.52	1.42
其中：人均学杂费	32.05*	82.53	1.58

资料来源　张建功：《历史与选择——陕西农村经济社会发展中的主要问题及对策研究》，陕西人民出版社，1999 年，第 146 页。带“*”为 1993 年数据。表格为笔者绘制。

3. 人力资源流失和公共资源缺失导致病弱的农村。20 世纪 90 年代，农村青壮年和农村资金同时流向城市，导致了农村贫弱。1995 年陕西省有近 100 万农村劳动力进城务工，其中跨省区流动占 70%；2002 年末达到 300 万人。（见图 3–2）1996—2004 年间，陕西省劳务输出累计 2128.7 万人次。[44] 42–43

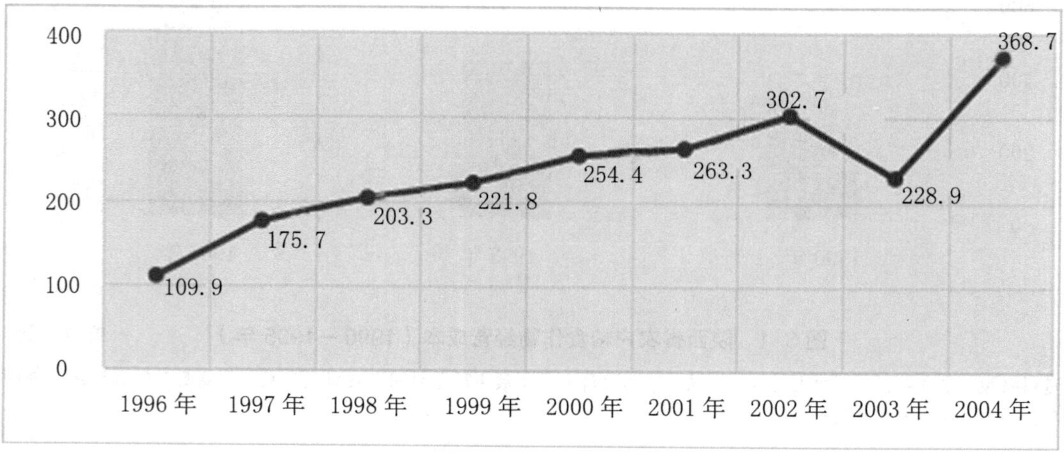

图 3–2　陕西农村劳动力向城市流动的规模（1996—2004 年）　单位：万人

资料来源　陕西省劳动和社会保障厅：《陕西劳务输出与政策研究》，陕西省人力资源和社会保障厅，https://rst.shaanxi.gov.cn.（2024 年 11 月 30 日查询）

人民公社解体后，农村获得发展活力，但农村公共产品供给和公共事业陷入了瘫痪状态。原先由公社和大队负责的农村道路、桥梁、学校、文化站等公共设施处于无人管理、无人维护的状态，农村的文化事业陷入萧条之中，农民的文化生活日益缺乏。如，原来每个公社都有的电影放映队多数都被解散，农民原先还可以每月看电影三到五次，这时则一年也看不了一两次。除非逢村里的庙会或个别农户家的红白喜事时放映一场，村里已没有集体放映电影的机会。20 世纪 80 年代初村图书室的一些图书和报刊，到 90 年代就全部流失了。农村医疗服务方面，据陕西农村固定观测点调查，23 个村共有 45 名医生，平均每 600 人才有一名医生。[42]247

4. 农村社会秩序恶化，村民自治艰难前进。20 世纪 80 年代生活水平虽有所提高，但引发了农村赌博、吸毒贩毒、盗窃、抢劫等违法犯罪问题，封建迷信活动、宗族活动、宗教活动等也逐渐增多。为解决农村社会管理问题，我国开始了以村民自治为重点的农村社会管理体制改革，陕西省的村民自治也在规范化中艰难前进。1984 年完成了农村镇村分设，陕西农村开始走上农民自主管理本村事务的道路。1990—2004 年，陕西省先后进行了六次换届选举，1993 年村民参选率为 87.7%，1996 年为 90%，近年来已增长到 95% 左右。推行村民自治对农村社会治理意义重大。

5. 实施农村税费改革。20 世纪 90 年代以来农村矛盾和社会关系恶化的根源，就是围绕农村税费而形成的激烈博弈。化解农村错综复杂的矛盾的首要任务，是从根本上解决基层政府和农民之间的利益争夺，农村税费改革便是实现这一目标的重大措施。2000 年，国务院下发《关于进行农村税费改革试点工作的通知》，决定以安徽省为试点进行农村税费改革，并建议其他省、市可选择少数县（市）进行试点。试点的内容是“三个取消”（取消乡统筹费；取消农村教育集资等专门面向农民征收的行政事业性收费和政府性基金、集资；取消屠宰税）、“一个逐步取消”（逐步取消统一规定的农村劳动积累工和义务工）、“两项调整”（调整农业税和农业特产税政策）和“一项改革”（改革村提留征收使用办法）。陕西省立即响应，当年就开始了局部试点，并在 5 年内很好地完成了本项重大改革。这一过程分为三个阶段：①局部试点。2000 年在陕北的子洲县、陕南的汉阴县和关中的合阳县进行税费改革试点，试点当年，三个县的农民负担平均降幅就达到了 37.95%；2001 年在这三个县继续试点，探索关于农村税费改革的一整套可行性操作规范。②在全省农村全面试点。2002年，国务院扩大试点范围，确定陕西为16个试点省份之一，并在全省107个县（市、区）全面展开税费改革试点。当年全省农民人均税费负担降到66元，与税改前的109元相比，减少了43元，减幅达39.4%。2003年，陕西省又在38个农业特产税任务在百万元以下的县，以及合阳、大荔两个农业特产税任务在千万元以上的县，进一步开展“取消农业特产税，改征农业税”的试点工作。③逐步取消农业税。2004年，根据中央一号文件精神，陕西全面取消除烟叶外的农业特产税，全省降低农业税税率1个百分点，延安、榆林两市和全省31个县（区）还率先宣布全部免征农业税；2005年，陕西全省实现免征农业税，仅此一项就为全省农民减负8.4亿元，农民人均减负30.35元。至此，陕西农村税费改革基本完成，意味着农村综合改革迈出了关键一步。这也是农村走向全面恢复的起点，“它所引发的是农村村民自治制度从‘形式化’阶段迈向‘实体化’阶段，农村基层治理体制、乡村公共财政体制以及国家与农民之间关系的巨大变革”[45]108。

3.2.3 走向恢复阶段（2006—2010年）

税费改革后，停止征收乡村公益事业金、“两免一补”、家电下乡、新农村建设、农村社区建设等一系列支农惠农措施纷纷出台，构成了城乡统筹时期农村发展的政策支持体系。陕西农村综合改革成效显著，政策部署也产生了积极效果。

第一，逐年加大农村的资金投入，促进城乡统筹发展。近年来，陕西省以新农村建设为着力点，努力实现城乡统筹发展，农村的义务教育、公共卫生、基础设施等社会事业发展突飞猛进，长期存在的贫弱状况得到初步改善。

1. 财政支农惠农强农的力度明显加大。“十一五”期间，陕西省财政支出中“三农”支出累计达到1847亿元，是“十五”的3.4倍，占全省财政支出的比重则从23.3%增加到26.4%，提高了3.1个百分点。强农惠农方面，累计向农民群众发放惠农补贴资金和减轻农民农业税费负担364亿元。[46]“十五”期间，陕西的财政支农支出大约为540亿元，而自2005年，财政支农的资金额便逐年加大（见图3-3），其支持重点就是农村基础设施建设和农业发展。

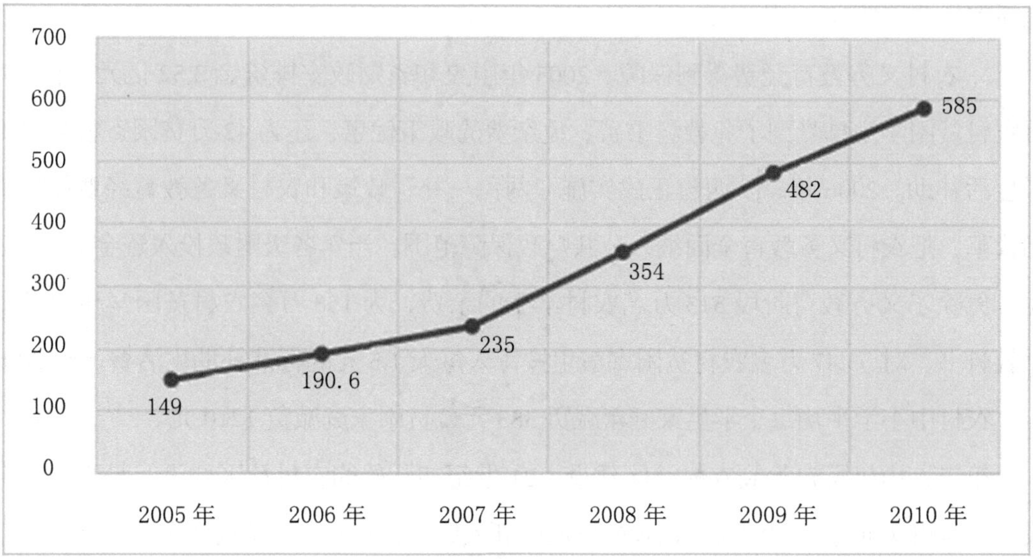

图 3-3　“十一五”期间陕西省财政支农资金增长情况　　　单位：亿元

资料来源　《2005—2010 年陕西省财政预算执行情况报告》，陕西省财政厅网站，https://czt.shaanxi.gov.cn.（2024 年 11 月 26 日查）

其中仅农村基础设施建设一项投资就达到 3260 亿元，5 年间共解决了 1200 多万人的饮水安全问题，全省乡镇的通油路率、村镇的通电话率、20 户以上人口自然村的通电视率均达到 100%，农村基础设施建设的速度和力度都是空前的。相继实施的农机补贴、种粮直补、家电下乡补贴、农村危房改造建设补贴等一系列财政支持都让农民直接得到了实惠。

2. 构建新型农村社会保障体系。其一，新农合实现全覆盖。陕西的新型农村合作医疗从 2003 开始试点，2007 年上半年已覆盖农业人口 2765.38 万，成为全国第三个全覆盖的省份。[47]其二，率先探索的新农保模式为全国新农保提供了经验和借鉴。2007 年陕西省先行一步在宝鸡市开始新农保试点，在全国引起了极大反响，被誉为“宝鸡模式”。试点成功后，2008 年 1 月，省上出台了《关于开展新型农村养老保险试点工作的指导意见》，安排部署扩大试点，在全国新农保工作正式试点之前，全省已有宝鸡、榆林、西安、渭南、延安、商洛 6 市 23 个县实施了新农保试点，其中 15 万农民已经开始领取每人每月 60 元左右的养老金。到“十一五”末期，全省已有 87 万 60 岁以上的农村老人享受到了每月 60 元的基本养老金。[48]陕西省计划用 5 年时间在全省农村基本形成养老服务体系，到 2020 年前，全省符合条件的 2100 万农村人口将被全部纳入新农保覆盖范围。[49]

3. 农村义务教育经费得到保障。2005年中央和省财政安排资金3.52亿元，使158万农村贫困学生享受到了免教科书费、免杂费的政策优惠，还为42万贫困寄宿生提供了生活补助。2006年，陕西省正式实施“两免一补”政策和农村义务教育经费保障机制改革，把农村义务教育全面纳入公共财政保障范围。当年各级财政投入资金21.82亿元，免除了义务教育阶段513万名农村学生的杂费，为158万名农村贫困学生免费提供教科书，对55.47万名农村贫困寄宿生按每人每天1.5元的标准补助生活费。到2009年，农村中小学平均每个学生家庭年减负585元，贫困家庭减负1210元。[50]

第二，由村民自治到农村社区建设。21世纪初开始的农村社区建设，是当前综合改革阶段再次通过体制创新引领农村发展的新实践，其实质“是从创新农村社会构架、激发农村活力、提高居民生活质量方面再造农村进而解决‘三农’问题”[51]101。2006年民政部决定在全国开展农村社区建设实验并制定了具体实施方案，陕西省宝鸡市千阳县率先启动农村社区建设实验，积极建立村级公共服务中心和社区服务机构。2009年上半年，这样的村级服务中心在千阳县已有55个，占全县行政村半数以上。[51]陕北的吴起县则根据村子规模小且较为分散的特点，选择就近、就镇、就路的中心村，着力强化其服务功能，打造“20分钟经济服务圈”。农村社区建设把村民生活需求放在第一位，促使村委会重点发挥公共服务职能，同时也能够最大限度调动农民参与社区事务。

“十一五”以后是我国大力推动城乡统筹的时期，政策和各种资源向农村的重点倾斜带动了农村经济社会走向恢复，为下一阶段发展打好了基础。

第 4 章　路径之一：产业与市场互动

“三农”问题是世界各国农村现代化进程中的一种普遍现象，只是形式和程度不同而已。我国 20 世纪 90 年代的现代化加速也引发了“三农”问题，农村社会结构调整的复杂性则是“三农”问题持续的根本原因。“三农”问题的核心是农民问题。但农民问题所指是什么？不同学科有不同认识，对于解决出路也有不同回答。

经济学一般将农民问题的根源归结于经济收入和就业等方面。“农业、农村和农民问题的核心是农民问题，解决‘三农’问题关键是要不断增加农民收入，缩小城乡之间、地区之间的收入差距。农村产业和就业结构调整是增加农民收入，解决‘三农’问题，实现农业和农村经济现代化的根本出路。”[53]24 统计资料显示，1990—2002 年，我国城市居民人均可支配收入增长 138.3%，年均增速 7.5%，是 20 世纪 80 年代的 2.5 倍；农民人均纯收入增长 69.7%，年均增速 4.45%，仅为 20 世纪 80 年代的 1/2。提高农民收入主要与农村整体产业结构调整有关。

研究乡村治理的学者们将农民问题归结为农民权益问题。徐勇教授的观点具有代表性。他认为，“三农”问题之首是农民问题，农民问题之首是土地问题，土地问题的核心则是农民权益问题。农民权益不仅表现为土地权益缺失，而且表现在经济社会领域的多个层面，解决农民问题的出路，就是要让农民能够享受到平等发展的权利，为此要求城乡统筹、农民进城、资金下乡、民主合作。[54]5-8

社会学者认为农村的根本问题是发展困难，根源则在于城市与乡村、体制内与体制外的“双二元化”，陆益龙教授认为解决出路就是要形成新机制。“‘三农’问题说到底就是发展问题。……城市和乡村、市场和体制的双重排斥和挤压，使得大量流动的农民处在高度的不确定性中。不确定性制约着农民个体的发展方向，尤为重要的是，增加了农民发展的心理的、社会的和经济的成本，从而使农民的发展变得举步维艰。”[55]88 城乡二元和体制二元都是社会结构问题，而社会结构调整是一项社会系统工程。我国的“社会主义新农村建设”就是这样一项系统解决问题的举措，其基本内涵是农村新结构、新功能和新主体构建[55]340-342，也就是全面重建农村社会结构。

贺雪峰教授还指出，二元结构确乎是我国“三农”问题的根源，但也要看到，自改革以来，我国的“剥削型体制性二元结构”已经大幅转向“保护型城乡二元结构”。“当前的城乡二元结构不仅限制了城市剩余资本向农村的蔓延，控制了农村社会的整体风险，而且有利于9亿农民通过‘以代际分工为基础的半工半耕’的家计模式，在城乡之间自由往返，并以此来维系家庭以及家庭再生产。”[56]63-64解决“三农”问题必须立足中国农村农业现状，这样的二元结构对我国当前农村农业现代化都具有现实的积极意义，不应该激进消除。

学科差异之外，着眼点不同也是重要原因。经济学者们着眼于农村经济制度、农业生产、消费和农村经济组织等要素，目的在于提高农民收入；政治学者们着眼于乡村社会与现代国家对接，目的在于形成国家与乡村社会协同治理；社会学者们则着眼于乡村社会变迁特点和规律，目的在于促进乡村社会结构转型。一言以蔽之，经济学强调经济发展，政治学关注乡镇和村落的关系处理，社会学则提出形成国家、市场与乡村社会三者的合理结构。

无论学者们关于“三农”问题的理解有多大差异，对于应首先提高农民收入的观点是完全一致的。这是问题的直接表现，也是解决所有问题的基础。

陕西属不发达地区，传统农业生产方式在农业活动中仍占优势，农业人口数量大，现代农业发展严重不足。2017年农业人口占全省人口的43.21%，农民收入在全国的排名位次还一直比较靠后，是农村发展相对滞后的省份。自20世纪90年代以来，影响农民收入和农村经济发展的关键因素有两个：一是农村产业结构，二是市场体系。解决“三农”问题，首先有赖于这二者的优化和持续互动。

本著述把农村经济发展作为农村现代化的首要方面，把产业结构调整和农村市场体系作为基本路径。

4.1 农村产业结构调整

4.1.1 农业

农业始终是农村的根本活动，也是经济社会稳定的头等大事，因此各级政府始终都把稳定农业作为基本方针，把促进农业发展作为基本目标。

1. 种植业结构调整

农村经济体制改革大大解放了农村生产力，农业生产迅速发展，表现为粮食和经济作物产量的持续增长。从陕西省看，粮食、油料、烤烟、蔬菜、水果总产均有大幅度提升，而蔬菜、水果则是总产增长最迅猛的两类作物（见表 4-1）。

表 4-1　1978—2010 年主要年份陕西省主要农作物产量　　单位：万吨

年份	粮食	油料	蔬菜	水果	茶叶	烤烟	棉花	糖料
1978	800.00	5.65	—	33.41	0.14	1.38	10.54	1.89
1980	757.00	10.97	—	28.00	0.14	0.57	8.08	3.11
1985	951.90	29.86	297.16	33.53	0.28	6.26	4.30	7.85
1990	1070.70	33.39	367.30	62.03	0.45	12.32	7.78	5.92
1995	913.40	38.15	362.86	283.96	0.53	6.34	3.99	1.03
2000	1089.10	38.76	556.53	493.79	0.61	7.36	2.74	1.79
2005	1139.50	45.35	869.93	765.74	1.14	5.88	7.78	0.30
2010	1164.90	56.08	1384.02	1238.50	2.51	6.73	6.92	0.20

资料来源　《陕西统计年鉴—2011》，中国统计出版社，2011 年。

棉花、糖料作物因为播种面积锐减而产量有所减少。粮食作物的播种面积严重减少，从 1978 年的 4488.00 千公顷减少到 2010 年的 3159.70 千公顷，三十二年减少了 1328.30 千公顷；而油料作物、烤烟、蔬菜、水果的播种面积都有所增加，其中水果、蔬菜面积的扩大最为显著（见图 4-1）。

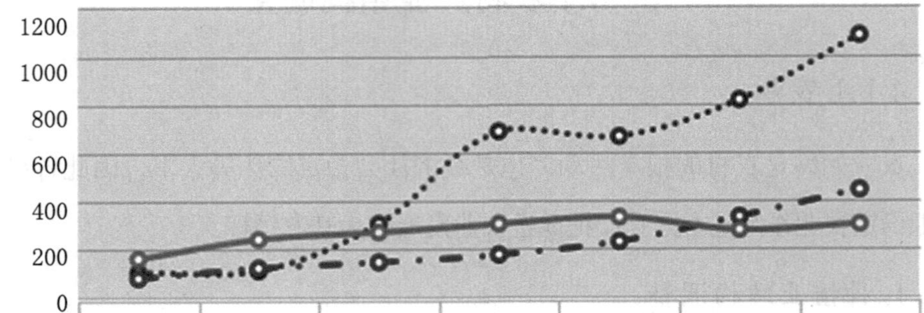

	1980年	1985年	1990年	1995年	2000年	2005年	2010年
水果	104.3	109.9	304.8	685.4	664.8	814.8	1083.3
蔬菜	79.3	121.3	145.3	174.2	228.7	331.7	444.0
油料	160	240	269.3	302.2	330.6	276.9	301.3

图4-1　1980—2010年主要年份陕西省主要经济作物种植面积　　单位：千公顷

资料来源　《陕西统计年鉴—2011》，中国统计出版社，2011年。图表为笔者绘制。

从单产水平来看，蔬菜、油料、烤烟、棉花和糖料等经济作物的单产水平均保持增长，其中油料、糖料作物的单产水平提高最为显著，蔬菜、烤烟、棉花单产水平呈缓慢增长（见表4-2）。粮食增产则截然不同，在播种面积不断减少的情况下，粮食的总产和单产仍保持增长，说明农业生产技术仍集中于粮食生产。种植业结构调整是农村经济发展的首个转变。这种转变最初是农民的自发行为，而后很快得到政府和市场的双重推动。20世纪90年代后，虽然经济作物种植持续明显增强，但粮食生产一直被视为只能不断增强而不得须臾放松的农业活动。

表4-2　1978—2010年主要年份陕西省主要农作物单位面积产量　　单位：公斤/公顷

年份	粮食	油料	蔬菜	烤烟	棉花	糖料
1978	1785	435	—	1815	420	7260
1980	1755	690	—	1830	330	9600
1985	2400	1245	24450	1815	450	18210
1990	2595	1245	25245	1710	690	16755
1995	2399	1263	20827	1312	548	4531
1998	3233	1246	23798	1579	650	23370
2000	2850	1277	24334	1564	911	12578
2005	3300	1638	26227	1805	1107	29208
2010	3687	1861	31172	2160	1361	28144

资料来源　《陕西统计年鉴—2011》，中国统计出版社，2011年。

2. 农业现代化

农业现代化包括农田建设、节水设施、农业机械化和农业科技等方面，它们对农业增产、农民增收的重要作用不断突显。其中农业机械化和农业科技尤为突出，是农业生产效率提高的关键。从 1980 年到 1990 年十年间，陕西省农业机械总动力增长了 240.7 万千瓦，从 1990 年到 2000 年增长了 335 万千瓦。2001 年我国实施农机购置补贴政策后，农民购买农机具更为积极，农业机械化水平得到提升。

农业机械使用方面，最先是小麦生产实现了全程机械化，其次是玉米生产在关键环节实现了机械化。从 20 世纪 80 年代起，全省农业生产中，机播机耕机收总面积逐年扩大（见图 4–2）。农业机械化解放了农村生产力。以渭南市为例，全市农业机械化水平已经达到 73%，解放了 80 多万农村劳动力，他们进入第二、三产业，或组建农机作业合作社，或集农机操作、维修、经营于一体，其收入得到大幅提高。

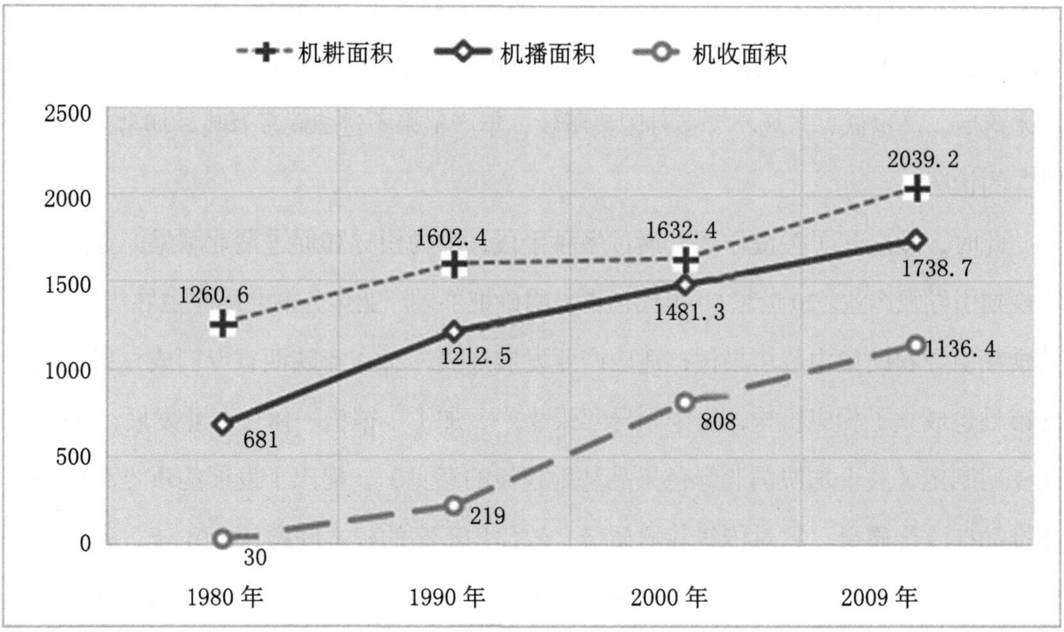

图 4–2　1980—2009 年主要年份陕西省农业机械耕种面积　　单位：千公顷

资料来源　1980—1990 年数据见陕西省统计局：《陕西农村经济统计五十年》，2009 年，第 85 页；2000—2009 年数据见《陕西统计年鉴—2010》，中国统计出版社，2010 年。图表为笔者绘制。

3. 现代农业

现代农业，是指更多地利用现代科技、现代工业和现代组织管理开展生产经营，具有社会化、商品化和生态化特征的农业活动形式。进入21世纪以来，陕西省以发展现代农业为重点推进农业综合开发，传统农业生产发生着巨大变化。

第一，农业产业化如火如荼。产业化即农产品生产加工销售一体化，是我国20世纪90年代重点推动的新型农业生产经营方式，目的是实现产业合作。20世纪90年代陕西省农业产业化建设的重点，是以果品、蔬菜、畜牧和林特产品等几个优势产业为中心，大力推进产业基地形成。20世纪90年代末，全省建成粮、棉、烟、果、禽等不同产业基地县共计143个。三大自然地域的主导产业也明晰起来，形成关中粮、棉、油、果、蔬基地，陕南的蚕、茶、药、菌及其他林特产品基地，陕北的烟、果、羊、薯类基地，基本覆盖地域产业优势。[57]71

在陕西农业产业化中，苹果产业最具代表性，也是最成功的范例，被誉为“全国农业产业结构调整的典范之一”。陕西渭北高原独特的土壤和气候条件，使这里成为优质苹果的最佳栽培区域。渭北地区虽然一直都有栽培苹果的传统，但直到20世纪80年代中后期，产业优势仍并不明显。20世纪90年代后这里开始发展苹果产业，当时因技术落后、产量低、市场小等多种因素所致，年产苹果不过200多万吨，却常出现“卖难”的状况。

此时，政府起了关键作用，通过多种手段，大力引导和促进渭北苹果产业发展。①规划引导强产业。20世纪90年代初省上明确把苹果产业作为渭北高原主导优势产业，鼓励和引导农民集中栽培果树；适应产业发展形势，2001年陕西省专门成立果业局，各市县也成立了相应机构，集中领导苹果生产、加工、销售一体化产业发展；2004年又专门制定《关于加快渭北绿色果品基地建设的意见》，提出了发展的重点和目标。②推动技改优质量。针对传统栽培质量、效益均不高的根本问题，2001年，省政府提出大改形、结果枝、无害化防虫和施肥大的“苹果四项关键技术”，对渭北地区的果园进行大规模改造。到2005年左右，渭北的成年果园几乎全部都进行了改造，果树树株和大枝虽均减少了一半，但是果实变大、颜色变红，果品品质明显提高。省上还多次组织果农到日本学习参观，并请来日本专家实地指导，学习世界一流的苹果园艺，促使果农观念转变和技术提高。③开发销路拓宽市场。除了在国内大中城市普遍设立推介机构外，省上还多次组织果业界到国外宣传介绍，以提高陕西苹果的全球影响力。

到 2004 年底，渭北地区苹果栽培面积达到 618 万亩（41.2 万公顷），居全国第一，产量 555 万吨，约占全国总产量的 22% 和世界总产量的 10%；2008 年，栽培面积达到 800 万亩（53 万公顷），总产达 745 万吨；2009 年，全省苹果产量突破 800 万吨。陕西苹果成为市场热销产品，市场价格一路上扬。当前，陕西已经成为全国最大的苹果汁加工基地，生产的鲜果和果汁销往世界 30 多个国家和地区。“陕西苹果”成为国内外知名度极高的品牌，也是我国与欧盟 27 个成员国之间互认的 10 个地理标志保护产品之一。渭北苹果产业还形成了一条巨大的产业链，吸引了 1000 万人参与其中，为农村剩余劳动力就业提供了广阔渠道。

有了做大做强苹果产业的经验，陕西省提出了更有魄力的产业规划：首先，果品产业“北扩”（扩大到延安以北、榆林以南地区）、“西进”（向宝鸡地区发展），建设猕猴桃产业带。目前，猕猴桃基地县的面积占全省果园总面积的 78.8%，产量占全省总产量的 72.6%，居全国和世界第一；其次，梨、柑橘、红枣等果品的产业化速度也明显加快。据统计，2009 年全省农民人均果业收入 488 元，果业对农民收入的贡献率为 14.2%。在 32 个果业监测县中，超过 1/3 的县果业收入比重超过农民人均纯收入的 50%，洛川县果业收入占农民人均纯收入的比重高达 85%；白水、礼泉、旬邑、淳化等县的比重为 65%，其他果业主产县的比重也在 20% ~ 50% 之间。[58]

第二，发展设施农业和特色农业。设施农业是指依靠现代生产设施和技术提高效率的农业生产方式；特色农业是指立足本地自然资源优势形成的新型农业生产活动。近年来，陕西的设施农业和特色农业也骤然兴起。

设施农业主要采取温室大棚生产方式。1999 年，陕西制定了《发展百万亩高效设施农业产业实施方案》，提出了 2000—2004 年的发展目标。2000 年底，全省共有 280 万亩（18.7 万公顷）蔬菜，年产量 450 万吨，其中以日光温室、大棚为主的设施农业已有 40 万亩（2.7 万公顷），年产蔬菜 120 万吨，分别占到总面积和总产量的 14% 和 27%。设施农业有望成为继苹果之后全省农业经济的又一个增长点。[59]再到 2008 年，全省蔬菜面积 578.4 万亩（38.6 万公顷），设施蔬菜面积达到 141.3 万亩（9.4 万公顷），占全省蔬菜总面积的 24%。

设施蔬菜在耕地利用和经济效益方面都有极大优势，新建的日光大棚平均每亩纯收入2万元；塑料大棚平均每亩纯收入8000元，是露地蔬菜的3～7倍，因而深受农民欢迎。2008年《陕西省农民增收七大工程规划纲要》中，第三项就是“百万亩设施蔬菜工程”。根据规划，到2012年全省要新增设施蔬菜面积100万亩（6.7万公顷），增加农民收入80亿元，为此安排2.5亿元的扶持资金。2009年一年就新增设施蔬菜面积20.05万亩（1.34万公顷），全省设施蔬菜总面积达到161.3万亩（10.75万公顷），产量超过了全省蔬菜总量的40%，仅此一项就为农民增收176亿元。[60]

特色农业主要分布于陕南和陕北两大地域。早在20世纪80年代，陕南的中药材、茶叶、蚕桑、水产养殖、干杂果经济林等特色农业就被列入全省产业发展规划之中。20世纪90年代以来，经产业化思路引导，陕南特色农业长足发展，逐步形成了中药材、茶叶和干杂果绿色产业体系。2003年《陕西省优势（特色）农产品区域布局规划》出台，陕南特色农业发展进入快车道。2009年，陕南20个药源基地县的农民年人均从中药材获得收入550元，茶农年人均纯收入1070元。陕北特色农业的重点是发展小杂粮、马铃薯和红枣产业。据《陕西日报》专版介绍，榆林市提出，到2010年，马铃薯、玉米、红枣、小杂粮、大漠蔬菜五大特色产业面积发展到835万亩（55.67万公顷），特色产业值占到农业总产值的80%以上，农民人均纯收入的60%来自特色农业。该市定边县的特色农业就有多项优势：被中国马铃薯协会授予“全国十大马铃薯生产县”；全县名优小杂粮种植面积、产量居全省第一，是省级无公害小杂粮生产基地县；全国粮食生产先进县和全省10个“一村一品”先进县之一；2009年还被授予“全国农业发展百强县”。

4.1.2 非农产业

非农产业发展可以从两个方面来考察：其一，乡镇企业情况，包括农村各类工业企业和商业、服务企业；其二，非农产业从业人员情况。

1. 乡镇企业

20世纪80年代，乡镇企业成为农村发展、农民增收和农村劳动力转移就业的最大亮点。以宝鸡市为例，1986年，宝鸡市乡镇企业已发展到5.9万个，从业人员超过30万人，分别比改革初期的1978年增长17倍和6倍多，年增长速度也从10%左右上升到 30% 以上。1994—1997 年，乡镇企业工业总产值从 53.4 亿元继续增长到 128.3 亿元，占全市工业总产值的比重也从 37% 增长到 56%。乡镇企业总数达 11.5 万户，从业人员 60.4 万人，占农村劳动力近 50%，全市农民人均纯收入的 1/2 都来自乡镇企业。[61] 改革以来，陕西乡镇企业发展有三个特点：

第一，数量扩张由快变慢，生产经营效益呈阶段性变化。从 1980 年到 1989 年，乡镇企业从 4.2 万个猛增到 59.16 万个，十年间增加 54.96 万个；从 1990 年到 1999 年的十年间增加 24.7 万个（见表 4–3）；仅 2006 年就增加了 6.21 万个。吸收农村劳动力的就业人数分别增加 187.2 万、137.78 万和 44.46 万，呈持续下降趋势。

表 4–3　陕西省乡镇企业情况（1980—1999 年）

年份	企业单位数（万个）	从业人员（万人）	营业收入（亿元）	总产值（亿元）	利税总额（亿元）
1980	4.20	62.85	9.30	9.70	2.30
1985	34.19	177.99	49.63	49.81	8.01
1990	61.77	253.53	167.66	160.36	21.69
1995	81.55	359.52	755.52	755.53	69.31
1999	86.47	391.31	1988.66	1968.81	135.06

资料来源　陕西省统计局：《陕西农村经济统计五十年》，2000 年，第 245 页。

1980—1999 年陕西乡镇企业各项效益均呈持续上升态势，营业收入、总产值、营业利税等几项指标，在 20 世纪 90 年代的增长额分别超出 20 世纪 80 年代 44.87 亿元、1678.66 亿元和 96.14 亿元。2000—2006 年则构成了一个效益不明确的阶段，营业收入增长了 821.63 亿元，增长额比 20 世纪 90 年代超出 776.76 亿元；企业总产值增长 1046.01 亿元，但增长额却比 20 世纪 90 年代少了 762.44 亿元。（见表 4–4）以上数据说明在与城市企业的市场竞争中，乡镇企业经营遭遇挑战。

表 4–4　陕西省乡镇企业情况（2000 — 2006 年）

年份	企业单位数（万个）	从业人员（万人）	营业收入（亿元）	总产值（亿元）	增加值（亿元）
2000	89.75	400.99	2322.29	2010.73	504.89
2004	87.19	404.85	2364.85	2348.17	619.09
2005	90.57	418.21	2774.46	2709.52	735.85
2006	92.67	435.77	3143.92	3056.74	849.77

资料来源　《陕西统计年鉴—2007》，中国统计出版社，2007 年。

第二，积极贡献，提升迅速。乡镇企业的积极贡献包括产业布局、农民增收、剩余劳动力就业等方面。改革初期，陕西乡镇企业总产值占农村社会总产值的比重，“由1985年的39.4%，上升到1990年的50%；乡镇工业产值占全省工业总产值的比重，由14.5%上升到25.1%。乡镇企业转移的农业剩余劳动力，占农村社会劳动力总数的比重由17%上升到21%”[62]57。到20世纪90年代末，这种积极贡献更为明显。1998年乡镇企业的工业产值已占到全省工业总产值的50%以上，增加值占到全省国内生产总值的30%，全省工业总产值净增部分的75%来自乡镇企业，乡镇企业从业人员占全省农村劳动力总数的30%。

第三，与全国相比，企业发展滞后。农村产业上，“1985年产业结构全国为54.7∶33.8∶11.5，陕西为52.8∶29.6∶17.6，到1995年全国为23.1∶65.3∶11.6，陕西为34.6∶51.3∶14.1，十年间全国第二产业比重增加了31.5个百分点，陕西只增加了21.7个百分点，陕西比全国少增加9.8个百分点”[63]38。1985年陕西乡镇企业总产值占全国乡镇企业总产值的1.83%，20世纪90年代反而下降到1.78%，反映了陕西乡镇企业发展减慢。与东部省份相比，陕西乡镇企业差距更大。从1995年到2002年，乡镇工业企业规模、增加值和总产值方面，陕西均落后于江苏（见表4-5），竞争力明显不足。2002年，陕西乡镇工业企业总产值、增加值、营业收入、利润总额分别为江苏的9.3%、11.4%、10.2%、15.5%左右，差距极大。[64]43

表4-5　陕西、江苏两省乡镇工业企业比较（1995、2002年）

项目	1995年				2002年			
	企业数量（万个）	从业人员（万人）	增加值（亿元）	总产值（亿元）	企业数量（万个）	从业人员（万人）	增加值（亿元）	总产值（亿元）
陕西	17.0	147.2	122.7	437.7	20.8	153.4	329.8	1284.3
江苏	48.6	734.7	1494.2	8210.2	44.6	766	2880.9	13756.9

资料来源　黄汉权：《陕西农村工业竞争力分析》，《中国创业投资与高科技》2006年第1期，第43页。

上述差距也决定了两省乡镇工业在全国的排名情况。2002年江苏省乡镇工业企业主要指标在全国排名均居于前列，而陕西排名居中间水平（见表4-6）。

表4-6　陕西、江苏两省乡镇工业企业经济指标在全国的位次（2002年）

地区	增加值	营业收入	利税总额	企业数量	总产值	从业人员
陕西	15	16	16	13	16	16
江苏	3	2	5	4	2	4

资料来源　黄汉权：《陕西农村工业竞争力分析》，《中国创业投资与高科技》2006年第1期，第44页。

对于陕西农村工业发展，除了从资金、技术、产品市场等方面继续努力提升之外，还应该根据本省产业布局和地域特点，有针对性地“分类实施工业化”。关中地区的农村工业应瞄准现代大工业，实现工业产业化；陕北地区的农村工业，应依托国家能源化工基地发展；渭北苹果基地县和陕南农产品集中生产地，应以本地农副产品精加工为重点，使优势农产品生产转化为优质农产品加工产业。[65]6

2. 非农从业人员

从业人员的构成可以更精确地反映非农产业的发展情况。1978—1993 年，陕西农村劳动力由 841.53 万人增至 1295.6 万人，增长了 54%；而耕地面积下降了 10.3%，每个劳动力占有耕地由 0.458 公顷降至 0.267 公顷。[66]86 第一产业从业人员减少，非农从业人员由少到多，吸纳农业剩余劳动力的能力逐渐增强（见图 4-3）。1980—2010 年主要年份中，陕西农村非农从业人员占乡村劳动力的比重分别为 5.9%、15.5%、16.8%、20.8%、25.4%、33.9%、40.3%。

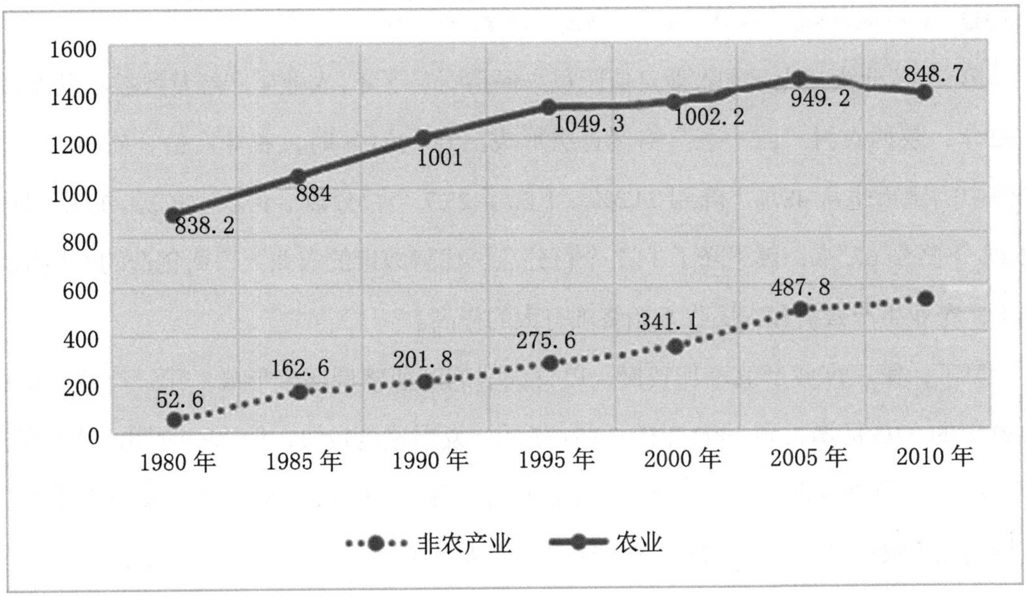

图 4-3　1980—2010 年主要年份陕西农村从业人员数量变化　　单位：万人

资料来源　笔者根据历年《陕西统计年鉴》整理绘制。

3. 非农产业产值

某个产业部门是否具有效益，某种产业结构是否合理，只能从其产值比重与从业人员比重的对比中进行科学说明。陕西农村非农产值情况如下：

第一，二次产业产值迅速增长，新型产业格局定型。1978—1990年，全省农村社会总产值结构保持“一二三”的格局。1992年非农产值超过农业产值，1993年第二产业产值首次超过农业产值，“二一三”产业格局定型（见表4-7）。

表4-7　1978—2004年主要年份陕西农村各产业产值　　单位：亿元

年份	农业产值	非农产值		
		小计	其中	
			工业、建筑业*	运输、批发零售、贸易、餐饮业*
1978	36.27	12.45	9.87	2.58
1980	41.88	14.32	11.39	2.93
1985	79.58	45.55	35.65	9.9
1990	169.96	149.8	113.34	36.46
1992	205.34	222.76	171.95	50.81
1993	250.49	344.57	269.78	74.79
1995	381.65	721.53	566.26	155.27
2000	464.89	1857.03	1374.34	482.69
2004	624.65	1941.39	1439.59	501.80

资料来源　《陕西统计年鉴—2005》。带“*”两栏数据由笔者计算得出。

第二，从业人员比重和农业产值比重未保持同等下降，农业生产经营效益难以提高。1992年，陕西农村“二一三”格局首次形成，到2004年时，农业产值在农村社会总产值中的比重也从48%下降到24.3%，下降了23.7个百分点。但农业的劳动力比重从82.4%下降到67.7%，仅下降了14.7个百分点。优势数量的农业人口所创造的产值越来越少，农业生产效益和农民收入始终难有大的提高。

第三，第三产业产值增加较慢，更具优势的产业格局还未形成。第三产业产值由1980年的2.93亿增长到1992年的50.81亿元，发展速度较快，但同一时期，其占农村社会总产值的比重仅仅从5.2%提高到11.9%，只提高了6.7个百分点。第三产业产值则长期低于农业产值，更具优势的产业格局尚未形成。

4. 农民收入

第一，农民增收空间扩大。农业产业内部结构调整、农业现代化水平提高以及农村产业结构优化，共同为农民增收提供了较大的发展空间。据抽样调查资料显示，1980—1990年，农民收入年均增加38.8元，增长14.1%；1990—2000年，农民收入年均增加 91.4 元，增长 10.5%；2000—2004 年，农民收入年均增加 105.7 元，增长 6.6%。虽然增长速度在下降，但年均增加额却在不断加大。

第二，农民增收部分中，非农产业贡献增长。从 1990 年到 2009 年，农民来自非农产业的工资性收入增幅大于家庭经营性收入增幅（见图 4-4）。

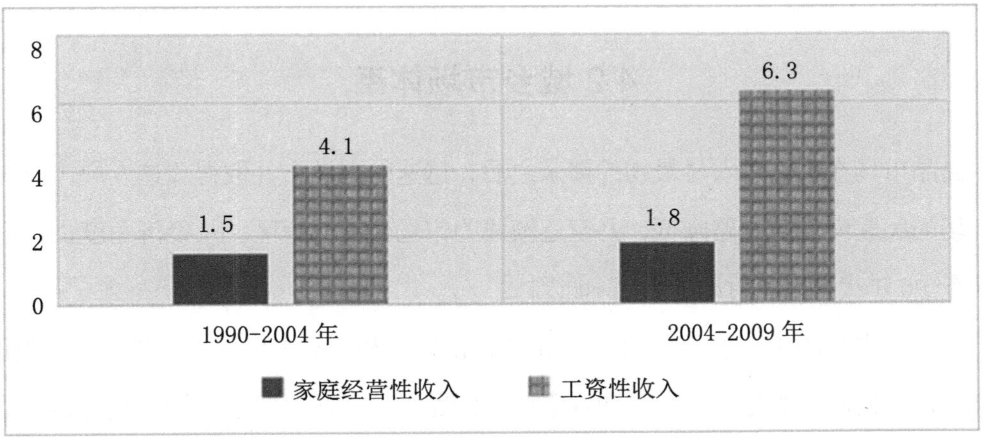

图 4-4　按类型分的陕西省农民收入增长倍数（1990—2009 年）　单位：倍

资料来源　1990—2000 年数据参见《陕西：建立增收长效机制，确保农民收入可持续增长》，搜狐财经，https://business.sohu.com/20060113/n241426570.shtml.（2024 年 12 月 3 日查询）2009 年数据参见《陕西统计年鉴—2010》，中国统计出版社，2010 年。

1990—2004 年，全省农民家庭经营收入由人均 414.1 元增加到 1028.3 元，增长 1.5 倍；非农产业纯收入由 36.2 元增加到 184.9 元，增长 4.1 倍，相比非农收入增速要高得多。[67] 再到 2009 年时，农民人均纯收入 3438 元，其中工资性收入 1429 元，占 41.6%，且比 2008 年增长了 14.9%，而家庭经营性收入仅增长了 4.9%。

第三，农民收入结构发生变化。随着非农收入增幅加大，其在农民收入构成中的比重也相对突出，家庭经营性收入比重逐渐下降。“1990 年，农村家庭经营性收入比重为 78.1%，工资性收入比重为 16.6%，到 2007 年，二者分别为 50.9% 和 39.1%，并有继续上升的趋势，工资性收入不仅在农民收入中的重要性日益增加，而且农民收入的增长主要依赖工资性收入的增加。”[68]10

需要重视的是，非农产业对陕西省农民收入的贡献长期低于全国。1983—1986 年，陕西农民非农收入增加到 263.2 元，占总收入的 47.6%，比全国少 103.1 元，是全国平均水平的71.3%。[69]98 到1998年，非农收入比例仍低于全国水平。据统计，1998年的农村经济总收入中，第二产业占总收入的比重，全国为55.9%，陕西为47.7%，低8.2个百分点；来自第三产业的收入，全国为1964元，陕西为1231.8元，是全国的63%。[57]74-75

4.2 城乡市场体系

商品市场在创造了农村最初的繁荣之后，迅速转向城市并取得飞速发展，而农村与市场的关联度就此一路降低，乃至逐渐成为市场经济的盲区。从经济角度讲，这是20世纪90年代以来农村凋敝的根本原因。

“在‘贫困陷阱’之下，我们面对的是产品短缺和产品市场问题。在‘温饱陷阱’情况下，我们面对的是收入增长和要素市场问题。……通过要素市场的发育和完善，不断矫正要素市场的扭曲，统筹城乡发展，将为打破‘温饱陷阱’和推动农村发展创造积极条件。”[40]177 笔者认为，重振农村经济的出路就在于城乡一体的市场体系建设，努力提升农村在市场体系中的地位和比例。

市场体系，是指以生产要素市场和商品市场为基本内容的市场构成及其空间网络布局。就农村社会而言，生产要素市场主要包括土地、资金、劳动力市场，商品市场是指工、农产品的消费品市场。因为农业劳动力的根本问题是大量剩余和进入城市务工，农村尚不存在严格的劳动力市场，所以本著述仅从土地、资金、消费品三个方面来分析农村市场体系问题。

4.2.1 农村生产要素市场

1. 土地市场

土地承包经营制度，是符合我国绝大部分农村地区生产力水平和生产关系的，但是，20世纪90年代不断加重的“三农”问题，也越来越多地暴露出当前农村土地制度中存在的一些严重弊端。其实际表现有：

第一，小块土地、家户经营的小农生产方式难以提高效益，农民增收困难。二战后东亚地区普遍采用“小农经济”特征的农业生产经营形式。随着工业化加速和市场化程度提高，农业生产的边际成本不断增大，城市与农村差距也更为明显，一切优势资源迅速向城市集中，农业生产条件恶化。20世纪90年代以后，我国农村就面临着这个问题。小块土地经营效益不断下降，甚至成本收益倒挂，于是大量农村劳动力离开土地进入城市。但由于缺少土地转让渠道，农民只能将土地交由熟人耕种甚至抛荒。

第二，土地产权不明确，村干部往往以集体名义处置土地，产生大量“失地”农民。农村土地属集体所有，农户只有经营权而无所有权。“集体所有”的含混提法，在现实中往往演变成村干部行使村庄土地所有权，他们可以不与村民商量而“合法”处置土地。20世纪90年代出现大量“失地”农民，决非农民主动出让土地的结果，而大都是村委会干部“集体决策”所致。据估计，2008年全国失地农民总数已有4000万人左右，而且仍以每年200多万人的速度在持续增加。以此为据，参考《全国土地利用总体规划纲要（2006—2020年）》，有学者估计，在未来20年里可能会有1亿左右的“失地”农民。2000—2007年，仅陕西省就产生失地农民83.62万人，年均产生10.45万人。[70]30–31 农民失去赖以生存的土地，既没有相应的社会保障，土地征用补偿也非常低。

第三，农民参与分配土地收益的权利受限。①只有国家才能最终行使土地交易权。国家可以根据需要征购农村土地，村集体也仅是提出价格要求、签订协议和代领征购款而已。国家仅按照农村土地价格支付一笔费用后，土地就成为国家所有。②国家可以便捷地转换土地性质。按农村土地价格征购以后，国家将其变为城镇建设用地，于是土地价格便成倍甚至几十倍地提高。这正是地方政府“土地财政”的根源。③国家、商家均从土地交易权、收益权中获得高额利益回报，而农民收益很低。“农村土地的收益，特别是农业用地转化为商业用地时，常常以国家的名义被转移到城市政府（实际是政府中的某些部门）和开发商手中，其中相当部分变成了部门利益和商业利益，而土地真正的所有者农村集体（准确地说应该是集体中的农民）却所得甚少。”[71]196 有学者调查后发现，仅以土地成本价100计算，土地“农转非”后的收益分配比例是：政府部门拿到60% ~ 70%，村集体拿到25% ~ 30%，农民个人只获得5% ~ 10%。[72]164

这种按照权力大小进行土地收益分配的状况显然极不合理。尽快形成以土地流转为核心的土地市场，是保证农民分享土地权益的迫切需求。“以包产到户为标志的第一次农村改革，最大成果是解放了农民，最大的局限是土地被固化；随着资本农业的产生，农村需要进行以土地流动为主的第二次改革，将土地解放出来，最大限度提高土地的使用效率。”[73]32

进入21世纪，中央明确提出农村土地市场建设。2001年12月30日《关于做好农户承包地使用权流转工作的通知》成为指导农村土地流转的首个文件，据此，农业部先后几次就土地经营权的流转制定相关政策。此后全国农村土地流转明显增多，但土地流转的总体数量仍相对较小。2006年农业部统计显示，流转土地仅占全国耕地的4.6%；同时，土地流向也有偏差。2007年党的十七大报告提出：坚持农村基本经营制度，稳定和完善土地承包关系，按照依法自愿有偿原则，健全土地承包经营权流转市场，有条件的地方可以发展多种形式的适度规模的经营。

在陕西农村，据不完全统计，截至2001年，全省土地流转面积28.58万亩（1.91万公顷），占承包土地面积的0.59%，土地流转农户63920户，占总农户的0.94%。[74]46到2007年底，全省土地流转面积90万亩（6万公顷）左右，占全省承包地的2%，低于全国比例。被西安市和陕西省确定为农村综合改革试点的高陵县，2009年农村土地流转面积达到21800亩（1453.3公顷），也仅仅是全县农村耕地总承包面积的9.7%。[75]

根据陕西省社科院对全省9市15县98个村281户农户的抽样调查，目前陕西农村土地流转的主要问题有：①流转土地的面积和整体规模小，且多在熟人间流转。面积和规模上，76.3%的村土地流转比例在5%以下，土地流转的农户仅占被调查户的21.7%，50.3%的流转户流转面积在3亩（约2000平方米）以内。土地流转关系上，选择在本村内部流转的农户高达91%，且多在亲戚朋友间流转。②主要依靠私人流转，流向存在偏差。在完成的土地流转中，绝大多数农户没有签订合同，签订书面协议的只有23.88%；90.7%的流转属于农户私下交易，只有6.16%的农户予以上报和登记。由于缺少土地流转中介，在实现土地流转的方式上，66.42%的农户是通过流转双方直接商谈，24.63%的农户通过熟人介绍，仅5.22%的农户通过政府部门流转。土地流向上，仅9.33%的土地流向了专业大户，5.33%的土地流向合作社，8%的土地流向企业，高达70.6%的土地均流向一般农户，实现土地规模经营的比例极低。③社会保障不足，农民心存顾虑。对于“土地流转期限”，67.16%的农户选择1年，17.16%的农户选择

2 年，只有 8.96% 的农户选择 3 ～ 5 年，5.97% 的农户选择 5 年以上。因为担心城镇难以就业，83.58% 的农户选择可以随时中断协议。95.5% 的农户表示，在能够享受城市的社会保障时，愿意进行土地流转。④土地流转存在区域差异。全省三大区域中，关中地区人多地少，土地流转面积小；陕南打工经济特征明显，流转比例高；陕北人少地多，大面积流转特征明显。[76]

2. 资金市场

农业生产领域中，“资本进入的困难直接影响了农业经济产业化的进展，制约了规模化的形成；反过来农业经济的整体落后性发展又直接导致了资本形成基础的进一步丧失，使产业滞后与资本形成的困难相互‘促进’直至成为‘三农’问题的经济原因”[77]195。资本包括实物资本和货币资本两种类型，这里仅讨论货币资本形式的资金市场。

改革以来，农村资本市场经历了从壮大到收缩、从有到无的过程。20 世纪 80 年代，为农村和农业发展提供资金的渠道较多，中国农业银行、农村信用社都开设了面向农村的贷款业务；1994 年又组建了农业发展银行，专门管理和提供农副产品收购贷款。农村合作基金会则是活跃农村经济的民间资金。据统计，到 1992 年末，农村合作基金会在乡镇一级共有 1.74 万个，村一级基金会更多达 11.25 万个，分别占乡镇总数的 36.7% 和村总数的 15.4%；农村合作基金会从 1994 年开始吸收短期存款并主要向乡镇企业提供大额贷款。截至 1995 年底，陕西全省正式建立农村合作基金会的县（市、区）达到 55 个，建会乡镇有 571 个，占乡镇总数的 22%，还有 662 个村也建立了农村合作基金会；可融通资金达到 14.7 亿元，投放资金 20.3 亿元，总收益 0.36 亿元，自身积累 0.16 亿元。[78]23 这说明这一时期农村资金市场供给充足，农户贷款渠道较多。

此后，以国务院 1996 年发出的《关于农村金融体制改革的决定》为标志，农村各类金融机构开始推行市场化改革，从向农村“输血”开始变为从农村“抽血”。据学者对陕西渭北地区 25 个县（市、区）的调查，1999—2003 年，中国农业银行宝鸡市、咸阳市、铜川市和渭南市分行共从渭北地区农村撤掉分支机构 693 个；截至 2003 年底，这四个市级分行及其分支机构为渭北地区农户提供的农业贷款只有 183.75 万元，不到其贷款余额的 1%，而它们吸收的农村存款则占其存款总额的 58.4%。农业银行服务的重点对象完全不是农村地区和农业产业。[79]64 金融机构市场化改革的最终结果是损不足而补有余，资金大多流向城市，造成农村资金短缺、产业发展困难、农民消费能力下降等等。农村经济的贫困导致了农村金融基础薄弱，进而引发商业银行和其他金融机构淡化或放弃农村金融市场，农村金融机构的淡化和放弃又进一步加剧了农村金融的贫困，这又驱使本已稀缺的农村金融资源大量外流，其结果使农村经济进入了下一轮的贫困循环。[80]46 从2003年的调查看，截至该年6月末，陕西省金融机构存款余额4291.8亿元，来自农村的资金约1100亿元，占25.6%；而投向农村的贷款571亿元，占全部贷款总额的17.2%（见表4–8），仅为农村流出资金的半数。

表4-8　陕西省金融机构存贷款余额及农村贷款情况

项目 单位	各项存款		各项贷款（亿元）				
			总额（亿元）	占比%	其中		
	余额（亿元）	占比%			投向农业	农民个人	农产品收购
工商银行	936.3	21.8	773.4	23.3	0.5	—	—
农业银行	567.6	13.2	446.8	13.5	23.8	—	12.3
中国银行	386.4	9.0	272.1	8.2	—	—	—
建设银行	687.9	16.0	451.3	13.6	0.7	—	—
农业发展银行	6.2	0.2	137.5	4.1	—	—	135.4
邮政储蓄	257.5	6.0	—	—	—	—	—
农村信用社	505.5	11.8	402.2	12.1	210.3	188.0	
其他股份制银行（含外资银行）	485.3	11.3	365.3	11.0	—	—	—
其他金融机构	459.1	10.7	471.4	14.2	—	—	—
合计	4291.8	100	3320.0	100	235.3	188.0	147.7

资料来源　中共陕西省委政研室：《调查参阅》2003年第149期。

近年农村资金市场有所恢复，但远远不能满足农村经济发展需求。农村资金市场的突出问题是：

第一，农村资金供应渠道不畅，民间借贷活跃。

在正规金融渠道上，农村信用社在支持农业发展中发挥着积极作用，成为支持三农的主要金融机构。但它本身的多种问题使其支持十分有限，普通农户的贷款渠道狭窄，大量的非正规金融渠道遂成为农民解燃眉之急采取的主要方式。

对陕西省关中陕北农民民间借贷的调查显示，农户通过正规金融借入的资金仅占借款总额的22.05%，而从非正规金融借入的资金占77.95%。[81]383 对渭南市大荔县128户农民的调查显示，2005—2006年间共117户农民有民间借贷行为，发生率为

91%，然而没有一户从农业银行获得过贷款。[82]71 学者对陕西渭北地区长武县和彬县8个行政村共102个农户以及乾县“公司＋农户”产业化组织的借贷行为调查发现：2000—2003年，农户由此渠道获得贷款84.33万元，占借入资金总额的75.02%；农村信用社信贷也是农户贷款的重要来源，农户由此获得贷款19.69万元，占借入资金总额的17.52%；农户仅从农业银行和农业发展银行获得贷款8.39万元，占借入资金总额的7.46%（见表4-9）。

表4-9　渭北地区农户借款情况

借入资金渠道	2000—2002年		2000—2003年	
	借入资金金额（万元）	借入资金结构（%）	借入资金金额（万元）	借入资金结构（%）
中国农业银行	0.00	0.00	3.20	2.85
农业发展银行	4.20	5.65	5.19	4.61
农村信用社	11.14	15.00	19.69	17.52
民间借贷	58.94	79.35	84.33	75.02
合计	74.28	100.00	112.41	100.00

资料来源　霍学喜、屈小博：《西部传统农业区域农户资金借贷需求与供给分析——对陕西渭北地区农户资金借贷的调查与思考》，《中国农村经济》2005年第8期，第60页。

第二，其他正规金融机构支农力度有所提升，但远远不能满足农民需求。

近年来，农业发展银行、中国农业银行在不断加大支农力度，对农户的信贷规模明显增大。如，被调查户2000—2002年间共发生246笔借款，没有一笔来自商业银行，而2003年一年，中国农业银行就为农户提供了总额3.2万元的贷款；农业发展银行也提供了总额5.19万元的贷款，是2000—2002年间贷款额的1.24倍。但是，这似乎远远不能满足农民的资金需求。2000—2003年的四年内，被调查的102个农户共发生388笔借款，累计借款金额112.41万元。其中来自农业银行的只有5笔，仅占农户贷款笔数的1.29%；来自农业发展银行的19笔，占农户贷款笔数的4.9%；农村信用社是农户重要的融资渠道，共有67笔借款，但也只占农户贷款笔数的17.27%；民间借贷有297笔，则占到农户贷款笔数的76.55%。[79]60-61

第三，民间借贷规范性极低，而利率普遍较高。

对关中陕北地区农户的调查显示，民间借贷极不规范，且利息较高。没有任何合约的借款占到40%，仅有借条的占到50%，签订了正式借款合同的仅占10%；借款的利息普遍较高，月息超过银行利率的占到53.42%。[81]383 对渭北地区有息借款农户的调查显示，低息借贷占 39.13%，高息借贷占 60.87%。对渭南市大荔县的农户调查也发现，中高息借款占到民间借贷总额的 90.6%。[82]71

第四，农户借贷人数和资金仍持续上升，需要创新农村金融体制以满足农民需求。

渭北地区的农户调查显示，农户借贷行为发生率逐年上升，由 2000 年的 31.0% 上升到 2003 年的 61.2%，4 年内上升了 30.2 个百分点；借贷规模逐年增大，由 2000 年的 12.96 万元增加到 2003 年的 38.04 万元，年平均增长速度高达 43.25%；农户借贷次数也呈逐年增加趋势，户均每年借贷次数由 2000 年的 1.57 次增加到 2003 年的 2.29 次，四年内提高了 45.86%。[79]60 2004 年农民的借贷预期依然旺盛，89 个农户有借款预期，83 户农户存在生产性借贷预期，46 户农户存在消费性借贷预期（见表 4-10）。很明显，现有的农村正规金融市场既不能有效保障农户经济发展，也难以完全满足他们的融资投资需求。

表 4-10　渭北地区农户 2004 年借款预期

农村预期借款需求及投资领域	存在借款预期的农户（户）	存在借款预期农户的比例（%）
存在借款预期	89	87.25
存在生产性借贷预期	83	81.37
其中： 非农产业及农业相关产业投资需求及借款预期	56	54.90
高效农业项目投资需求及借款预期	58	56.86
传统农业项目投资需求及借款预期	16	15.69
存在消费性借贷预期	46	45.10

资料来源　霍学喜、屈小博：《西部传统农业区域农户资金借贷需求与供给分析——对陕西渭北地区农户资金借贷的调查与思考》，《中国农村经济》2005 年第 8 期，第 63 页。

农村资金市场还包括农业保险市场。农业保险是政府有意识地加强农业保护的举措，越来越多的国家已开始建立健全的农业保险制度，并成为扶持农业发展的重要保障。在美国、加拿大、日本、法国等发达国家中，政府对农民的保费补贴比例高达 50% ~ 80%。我国农业保险于 1982 年试办，1984 年开始壮大，到 1992 年达到最大规模，但 1993 年后又迅速萎缩。直到 2001 年，全国农业保费收入仅 3.9 亿元，仅相当于 1992 年的 46.18%。随着农业保险业务的萎缩，地方农业保险机构也普遍被撤销。[83]45 如同金融机构的市场化改革一样，农业保险也逐渐从政策性保险转向商业性保险，由此导致赔付率降低、农民参保意愿冷淡的问题，农业保险难以有力支持“三农”。“从世界农业保险发展的实践看，形成了以政策性农业保险发展模式为主导、商业性农业保险发展模式为补充的基本格局。……在世界农业保险发展史上，商业保险公司开展农业保险业务基本上是失败的。”[83]46 反思农村改革以来农业保险的历程及其变化，我们不得不说，“农业保险到底定位于商业性保险还是政策性保险，既是涉及我国农业保险发展战略的一个重大课题，也是迫切需要回答和正确对待的一个现实问题”[83]47。

近年来，政策性农业保险在各地农村重新兴起。陕西省连续三年都将农业保险列入经济改革工作重点项目，各级政府的财政支持力度也不断加大。2007 年中央财政用于陕西省的农业保险补贴达 3000 万元，省财政也拿出 400 万元进行保费补贴试点；2008 年中央财政补贴增加到 4500 万元，陕西省市两级财政的农业保险资金也增加到 5795 万元。陕西省的政策性农业保险趋于旺盛。（见表 4-11）

表 4-11　1995 — 2009 年主要年份陕西省农业保险情况　　单位：亿元

	1995 年	2000 年	2004 年	2009 年
保险金额	12.13	10.26	4.11	23.04 ★
保险收入	0.18	0.06	0.03	1.24
保险支出	0.12	0.04	0.03	1.10

资料来源　《陕西统计年鉴》（2004、2010 年）。带★数字来自中国人民银行宝鸡市中心支行课题组：《政策性农业保险发展障碍与对策探析——基于陕西省 10 市 1 区调查的思考》，《西部金融》2011 年第 2 期，第 42 页。表格为笔者绘制。

2007 年陕西省开始采用农民缴纳保费与政府补贴的筹资方式，率先在延安市洛川县和咸阳市泾阳县启动了政策性农业保险试点，分别对洛川苹果和泾阳奶牛予以投保补贴；2009 为了打造陕北、关中、陕南三大设施蔬菜产业带，又对设施蔬菜种植农户给予保费补贴。2009 年全省政策性农业保险金额共计 23.04 亿元，承保各类家畜 133 万头、各类农作物 40.6 万亩（2.71 万公顷）；政策性农业保险财政补贴共计 7397.5 万元，占保险公司实收保费的 69.5%，保险公司赔付率达 85.4%，较 2008 年增长 28.3%。[84]42 通过几年的实际运行，对农业生产和优势产业均起到了积极作用。

然而政策性农业保险的大范围推广似乎困难重重。关键问题仍是资金和市场，随着投保产业类型增多和农作物面积扩大，政府所承担的政策性投保资金数额也会猛增，由此产生政策性保险难以长期持续的问题。尤其是国家级、省级贫困县，地方财政压力更大，财政支出更显捉襟见肘。“2009 年，有 3 个国家级贫困县的宝鸡市，政策性农业保险财政补贴 901.3 万元，占当年全市财政收入的 0.3%。在国家级贫困县渭南白水县，2009 年县财政为苹果保险补贴保费 105 万元，仅一项就占到全县财政总收入的约2%。”[84]42 另外，开展农保业务的保险机构寥寥无几。以农业大市汉中为例，截至2009年底，常驻汉中且设立财产险业务的12家公司所属52个分支机构中，只有中国人民保险股份有限公司一家开办了政策性和商业性农业保险业务。[85]37 缺乏多元市场主体和市场竞争，尤其是缺乏设立农业保险的意愿，农业保险服务必然难度极大。

4.2.2 城乡商品流通市场

农村商品市场的核心是“农业生产资料和农村日用消费品供应及农产品销售，它是保证农村经济发展和城乡居民生活的物质基础”[86]389。而从城乡融合角度讲，农村也是城市工业品的消费市场。因此，本著述所称农村商品市场包括农副产品市场、工业产品消费市场和城乡商品流通市场，故称城乡商品市场。通过一体化市场中的工农产品流通，城乡居民的生产、生活需求得到更好满足。

1. 农副产品市场

改革以来，陕西农村农副产品市场大体经历了三个阶段，形成了三种形式：

第一阶段，20世纪80年代的农村集贸市场。农村改革后农副产品供应趋于充足，催生了最初的农村集贸市场。20世纪80年代的陕西农村也是如此。如前所述，这一时期除了棉花产量有所下降之外，其他各类农副产品均旺盛增长，农村集贸市场也逐年繁荣。1978—1986年的9年间，陕西农村集贸市场由860个发展到1652个，增长到1978年的1.92倍；成交额由4.15亿元增加到13.40亿元，增加到1978年的3.23倍（见表4-12）。

表4-12　改革初期陕西农村的集贸市场（1978—1986年）

	1978	1979	1980	1981	1982	1983	1984	1985	1986
集市数（个）	860	983	1025	1047	1095	1123	1368	1474	1652
成交额（亿元）	4.15	6.16	7.40	8.06	9.01	9.52	10.31	11.96	13.40
其中									
粮油类	0.44	0.95	1.14	1.22	1.34	1.53	1.37	1.43	2.25
肉禽蛋类	0.17	0.52	0.97	0.91	0.80	0.95	1.52	2.25	4.03
水产品类	—	0.01	0.02	0.03	0.03	0.03	0.03	0.06	0.33
蔬菜类	0.49	0.55	0.74	0.90	1.13	1.16	1.31	1.64	3.30
干鲜果类	0.17	0.28	0.36	0.39	0.46	0.48	0.55	0.85	2.13
农资类	0.10	0.18	0.24	0.30	0.40	0.47	0.51	0.44	0.43
大牲畜类	1.51	1.92	1.44	1.73	2.13	1.76	1.56	1.25	1.05

资料来源　陕西省统计局：《陕西商业统计资料（1952—1986年）》，第249—251页。表格为笔者绘制。

然而，当时的农副产品统购派购制度对市场贸易却是极大的束缚。农民只能在完成国家的统购订购任务之后，将剩余的农副产品卖出，而粮食、棉花等仍然不能个体买卖。为此，国家也逐步减少农副产品派购范围和数量。到 1984 年底，农产品派购品种已由最多时的 180 种减少到 38 种。1978—1986 年，农民出售农副产品收入也由 13.60 亿元增加到 31.24 亿元，增长到 1.30 倍（见图 4-5）。

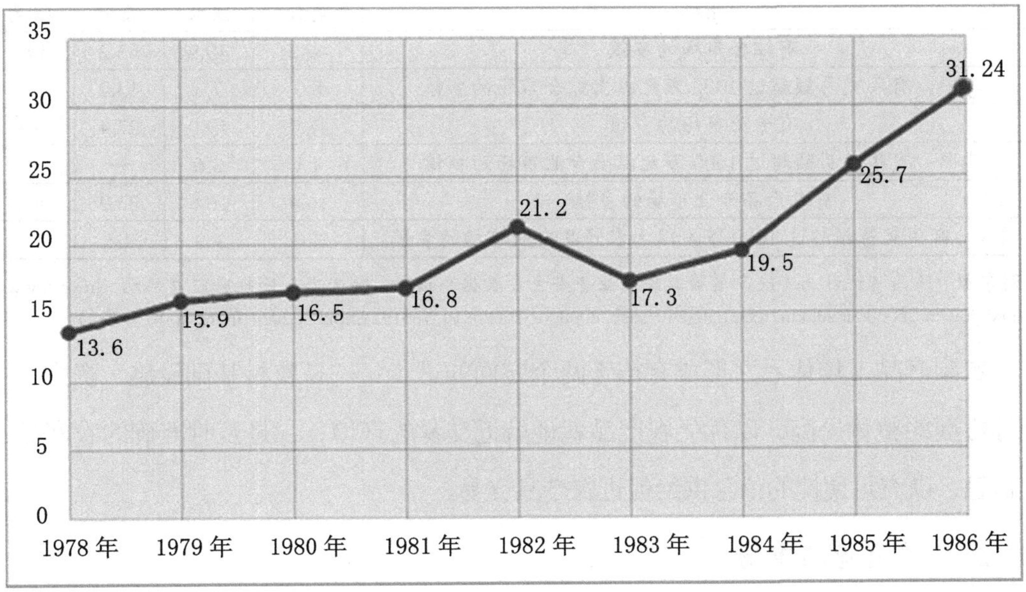

图 4-5　改革初期陕西省农民农副产品收入　　**单位：亿元**

资料来源　陕西省统计局：《陕西商业统计资料（1952—1986 年）》，第 56 页。图表为笔者绘制。

第二阶段，20 世纪 90 年代的地区性批发市场。20 世纪 80 年代中期以后，面向本乡镇的农村集贸市场已不能适应农产品流通需求，批发市场开始出现。进入 20 世纪 90 年代，随着农业生产专业化程度提高，不同区域间的贸易量激增，建立以批发市场为核心的农产品贸易网络十分必要，依靠主导产业建设一定规模的批发市场的条件也已具备。农副产品批发市场开始建立，并逐渐从乡村向城市延伸，从业人员也持续增多。以陕西省农畜产品批发市场为例，1995 年有 5568 个，从业人员 15832 人，到 2010 年分别为 4547 个和 22256 人，反映了市场规模的扩大和市场主体的增加。

第三阶段，以城市为主的大型区域批发市场。20 世纪 90 年代农村经济发展低迷，农村资源向城市单向流动，城市中农副产品批发市场旺盛发展，而作为原产地的农村地区，与市场的关联度却在不断降低。据不完全统计，2004 年陕西全省的 6 个农副产品交易重点市场中，4 个集中在西安市，1 个位于宝鸡市，位于县城的仅 1 个，农村重点批发市场比例为 1 ∶ 6；2009 年全省 14 个农副产品交易重点市场中，10 个位于大中城市，位于县城的仅 4 个，农村重点批发市场的比例为 1 ∶ 7。有一定规模的农产品交易市场比例很低，市场体系呈现断裂态势。（见表 4–13）

表 4–13　陕西农村商品市场比重　单位：%

指标	全省合计	陕北	关中	陕南
有综合市场的乡镇	48.3	49.9	55.2	39.9
其中：有年交易额超过 1000 万元以上综合市场的乡镇	8.9	7.3	13.2	5.3
有专业市场的乡镇	18.7	19.0	27.4	9.1
其中：有年交易额超过 1000 万元以上专业市场的乡镇	4.1	3.6	—	—
有农产品专业市场的乡镇	16.4	16.6	23.9	8.2
其中：有年交易额超过 1000 万元以上农产品专业市场的乡镇	3.0	2.9	4.3	1.7

资料来源　陕西省统计局《陕西省第二次农业普查主要数据公报》，陕西省人民政府门户网站，https://www.shaanxi.gov.cn/zfxxgk/fdzdgknr/tjxx/tjgb_240/stjgb/200806/t20080610_1661927.html.（2024 年 12 月 16 日查询）

农副产品市场体系之形成有待于两个方面的进步：一是农村基础设施、资金、管理等方面的整体提高，以优化农产品就地就近交易的环境；二是及时准确的农产品产地信息，以充足便捷的信息供给促进农产品交易。

2. 日用消费品市场

促进农村消费以拉动内需已成为共识。农村消费市场能否旺盛，关系到中国经济发展大局。改革以来，陕西农村消费大体情况是：

第一，城乡居民收入差距导致消费差距。前文已论及，陕西省城乡居民收入差距仅在 20 世纪 80 年代前期较小，此后长期持续拉大。与城乡居民收入差距变化大体一致，从 1985 年到 1990 年，城乡居民消费差距呈降低趋势，此后便一路上升，直到 2005 年以后才重新下降，但始终未能恢复到 1995 年的差距水平，甚至 2010 年又大幅反弹（见表 4–14）。

表 4–14　陕西城乡居民人均消费及差距　单位：元

年份	农民人均消费支出①	城镇居民人均消费支出②	城乡居民消费差距② – ①	城乡居民消费比率② / ①
1980	139	371	232	2.67
1985	233	585	352	2.51
1990	477	1117	640	2.34
1995	914	2838	1924	3.11

续表

年份	农民人均消费支出①	城镇居民人均消费支出②	城乡居民消费差距②－①	城乡居民消费比率②/①
2000	1251	4277	3026	3.42
2005	1896	6656	4760	3.51
2009	3349	10706	7357	3.20
2010	3794	16822	13028	4.43

资料来源　《主要年份农村居民家庭人均消费支出》，中国人民政府网，https://www.snzd.stats.gov.cn/article.thtml?id=43151.（2024 年 12 月 26 日查询）《主要年份城镇居民家庭人均消费支出》，中国人民政府网，https://www.snzd.stats.gov.cn/article.thtml?id=43151.（2024 年 12 月 26 日查询）消费差距和比率由笔者计算得出。表格为笔者绘制。

第二，省内城市、县城和县以下农村三类地区，农村消费市场狭小，与城市的差距一直在扩大。从 1980 年到 2009 年，陕西的社会消费品零售增加额中，城市零售额增加最为显著，县以下零售额（可视为农村居民的日用品消费额）增量最小，即使加上县城，其总额也远远低于城市（见表 4–15）。

表 4–15　1980 — 2009 年主要年份陕西省社会消费品零售总额　　单位：亿元

年份	全省零售总额	城市零售额	县城零售额	县以下的零售额
1980	43.38	17.47	12.18	13.73
1985	80.01	39.83	19.45	20.73
1990	159.67	91.21	34.29	34.17
1995	398.88	242.85	80.30	75.73
2000	725.64	454.84	135.78	135.02
2005	1322.41	868.60	230.51	223.30
2009	2699.66	1787.18	467.96	444.52

资料来源　《陕西统计年鉴》（2007、2010 年）。

从 1980 年到 1990 年，不同地区的零售总额差距尚小，而 1990 年以后这种差距就十分明显，且扩大速度很快，其原因正是城乡市场的差异。比较不同地区消费品零售额占全省零售额的比重变化，可以看到，改革后城市地区的消费品零售额比重在一直上升，县城和农村地区消费品零售额比重则持续降低。人口数量和比重都是最小的城市，30 年来，其消费品零售额比重由 40.27% 上升到 66.2%，面积庞大、人口占 70% 的农村地区，消费品零售额则从 31.65% 降低到 16.5%，降低了近 1/2（见图 4–6）。这反映了农村消费市场实际在萎缩。

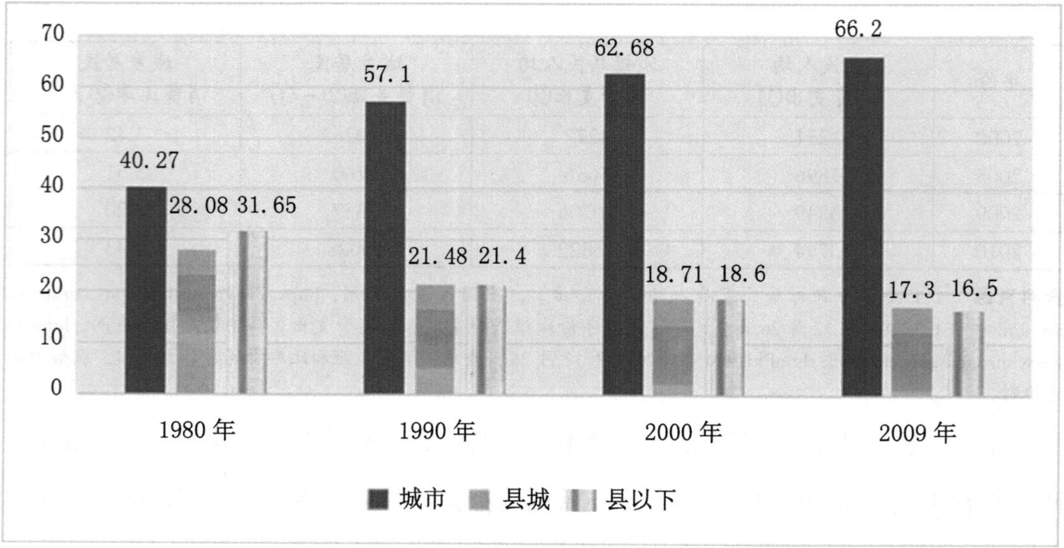

图4-6 分地区的陕西省社会消费品零售额比重（1980—2009年） 单位：%

资料来源 《陕西统计年鉴》（2007、2010年）。数据由笔者计算得出。图表为笔者绘制。

第三，通过财政补贴优化农村消费市场。进入21世纪，我国开始以多种形式对农民的工业产品消费进行财政补贴。这种积极措施在促进农村消费市场发展、拉动内需的同时，也在慢慢修补城乡的市场关联。

优化农村消费市场，主要表现为工业产品下乡和农村商业流通网点的财政补贴。对农村而言，工业产品是指农机具和家电，商业流通网点是指"农家店"。从2001年起，我国开始实施农机具购置补贴政策，补贴对象包括购买农机具的农民和直接从事农业生产、加工的农机合作服务组织。补贴资金由中央和地方政府分担。陕西省的补贴标准是：原则上按不超过机具价格的30%、最高不超过50%、单台补贴标准不超过5万元的补贴政策。近年来，农机购置和补贴资金都在逐年增加。如，陕西省的农业大市渭南市，2009年补贴各类农机具21427台，惠及农民3万余人，补贴资金总额高达1.198亿元，占全国补贴总资金额的1%和陕西省的1/4，直接拉动内需5亿多元。[87] 2001—2005年，国家每年下拨陕西省农机购置补贴200万元；2005—2009年，中央、省和地方三级每年对购机户补贴的资金总额都在1.85亿元。除农机具购置补贴外，2003年后开始实施的还有农村沼气建设补贴和农业8项补贴。截至2007年底，这9项补贴总额达16.06亿元。

我国从 2007 年开始家电下乡试点，对彩电、冰箱（柜）、手机、洗衣机 4 类产品给予销售价格 13% 的财政补贴，其中中央财政负担 80%、省级财政负担 20%。2008 年，家电下乡试点范围扩大到 14 个省市，时间跨度暂定为 4 年。陕西省还将补贴产品扩大到 10 类，个别产品补贴标准亦有所提高。（见表 4–16）

表 4–16　陕西省家电下乡产品及补贴标准

<table>
<tr><th colspan="2">序号</th><th>种类</th><th>产品限价（元）</th><th colspan="2">补贴标准</th></tr>
<tr><td colspan="2">1</td><td>彩电</td><td>7000</td><td>3500 元（含）以下，按销售价格的 13% 补贴</td><td>3500 元～7000 元，每台按 455 元定额补贴</td></tr>
<tr><td colspan="2">2</td><td>冰箱</td><td>4000</td><td>2500 元（含）以下，按销售价格的 13% 补贴</td><td>2500 元～4000 元，每台按 325 元定额补贴</td></tr>
<tr><td colspan="2">3</td><td>手机</td><td>2000</td><td>1000 元（含）以下，按销售价格的 13% 补贴</td><td>1000 元～2000 元，每台按 130 元定额补贴</td></tr>
<tr><td colspan="2">4</td><td>洗衣机</td><td>3500</td><td>2000 元（含）以下，按销售价格的 13% 补贴</td><td>2000 元～3500 元，每台按 260 元定额补贴</td></tr>
<tr><td rowspan="2">5</td><td rowspan="2">空调</td><td>壁挂式</td><td>3500</td><td>2500 元（含）以下，按销售价格的 13% 补贴</td><td>2500 元～3500 元，每台按 325 元定额补贴</td></tr>
<tr><td>落地式</td><td>6000</td><td>4000 元（含）以下，按销售价格的 13% 补贴</td><td>4000 元～6000 元，每台按 520 元定额补贴</td></tr>
<tr><td colspan="2">6</td><td>电脑</td><td>5000</td><td>3500 元（含）以下，按销售价格的 13% 补贴</td><td>3500 元～5000 元，每台按 455 元定额补贴</td></tr>
<tr><td rowspan="3">7</td><td rowspan="3">热水器</td><td>太阳能热水器</td><td>5000</td><td>4000 元（含）以下，按销售价格的 13% 补贴</td><td>4000 元～5000 元，每台按 520 元定额补贴</td></tr>
<tr><td>电热水器</td><td>2500</td><td>1500 元（含）以下，按销售价格的 13% 补贴</td><td>1500 元～2500 元，每台按 195 元定额补贴</td></tr>
<tr><td>燃气热水器</td><td>3500</td><td>2500 元（含）以下，按销售价格的 13% 补贴</td><td>2500 元～3500 元，每台按 325 元定额补贴</td></tr>
<tr><td colspan="2">8</td><td>电磁炉</td><td>1000</td><td>600 元（含）以下，按销售价格的 13% 补贴</td><td>600 元～1000 元，每台按 78 元定额补贴</td></tr>
<tr><td colspan="2">9</td><td>微波炉</td><td>1500</td><td>1000 元（含）以下，按销售价格的 13% 补贴</td><td>1000 元～1500 元，每台按 130 元定额补贴</td></tr>
<tr><td colspan="2">10</td><td>电动自行车</td><td>3500</td><td>2000 元（含）以下，按销售价格的 13% 补贴</td><td>2000 元～3500 元，每台按 260 元定额补贴</td></tr>
</table>

资料来源　陕西省商务厅。

从 2009 年正式启动到 2010 年底的两年间，陕西全省累计销售家电下乡产品 372.7 万台，累计销售额 75.5 亿元，共发放补贴 9.08 亿元，平均兑付率 97.6%，全省农户平均每户获得补贴 128.4 元。[88] 两年间，家电下乡各项指标均旺盛增长（见图 4–7）。仅 2009 年就直接带动农村消费额达 50 亿元以上，拉动全省农村消费增长 19.7%。据此做保守估计，财政补贴家电下乡实施 4 年，全省可实现产品销售 900 万台，销售额可达 100 多亿元，并增加其他消费性支出 50 多亿元，最终拉动全省消费约 160 亿元。

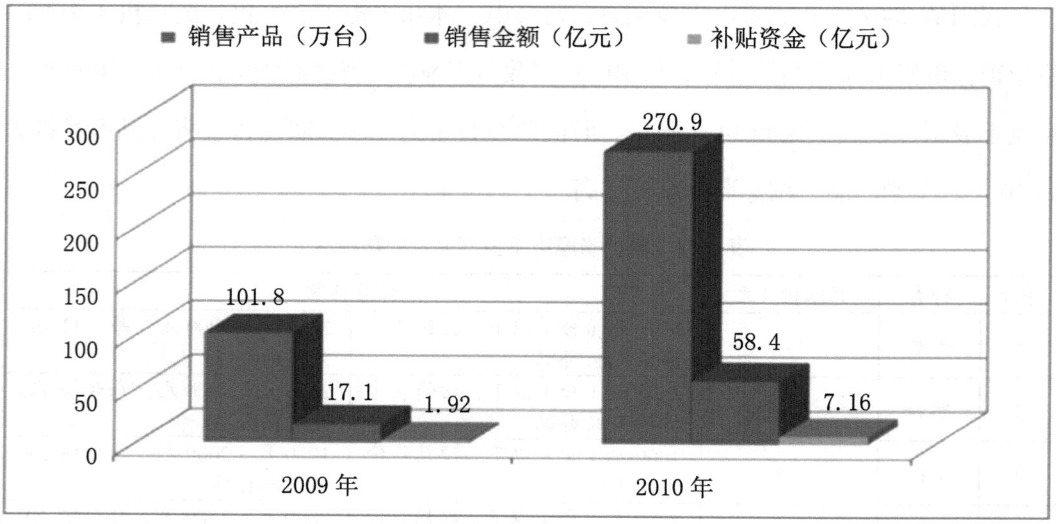

图 4-7 陕西省实施家电下乡情况（2009—2010年）

资料来源 2009年数据来自杨华：《5亿补贴带动农村消费50亿》，《陕西日报》2010年3月26日第7版；2010年数据见崔春华、范丹舸：《去年我省家电下乡产品销售58.4亿元》，《陕西日报》2011年2月9日第2版。图表为笔者绘制。

3. 农村商品流通市场

农村商品流通市场是各类生产者实现效益、进行再生产的关键载体，也是向农村和农民提供商品服务的根本支撑。然而，前些年的农村商品流通市场基本处于自发状态；市场监管名存实亡，农村成为假冒伪劣产品的集散地和各种不法商品的重灾区。近年来，农村商品流通市场的建设重新得到重视。根据商务部“万村千乡”市场工程，陕西省计划用3年时间，在省内交通设施和经济发展水平均有一定基础的县区，建成5000家“农家店”，以充实和扩大农村商品市场。“农家店”的建设主要是吸收农村现有的“夫妻店”“代销店”等商业网点加盟大型连锁企业，采用连锁经营形式降低销售成本，制定严格标准保证商品和服务质量。具体扶持政策是：每个乡镇级“农家店”补助2800元，每个村级“农家店”补助3800元。2010年，全省已建成2000家“农家店”，待5000个“农家店”全部建成后，全省农村将基本形成以连锁企业为龙头、以物流配送为核心、以乡镇店为骨干、以村级店为基础的现代商品流通网络。[89]

4.3 措施建议

农村产业结构调整和市场体系是两个重要的变量，二者之间的互相推动与建构是现代农村经济发展的根本动力。相应地，20 世纪 90 年代以后农村市场建设滞后，导致了陕西农村产业结构调整不力和经济发展缓慢。

当前阶段应从以下方面努力：一是以产业融合带动产业持续优化；二是深入推进城乡统筹和一体化的城乡市场体系，努力形成二者持续互动。

4.3.1 产业融合

第一，继续坚持政策引导，增强产业规划和政策的科学性。改革以来，农村产业结构逐渐调整并趋于合理，首先是农村政策引导的结果。这是我国农村改革的基本经验之一，也是需要长期坚持的可行办法。这要求政府产业规划和政策供给更为科学，更贴近农村现实。

第二，增强农业生产经营的绿色特征，大力发展生态农业。20 世纪 90 年代，我国农村普遍强调农产品的地域特色。21 世纪以来，绿色理念和食品安全需求增长，要求不断突出农业生产经营的绿色生态特征。当前，要继续大力推进“三品一标”农产品和农业产业集群建设，大力发展绿色生态农业。

第三，重点发展生态农产品精深加工。西部农村地区中，乡镇企业仍然具有至关重要的引领作用，其发展重点则是生态农产品的精深加工。同时，要把握农村城镇化趋势，引导乡镇企业向小城镇集中，做到非农产业与城镇化同步发展。精深加工势必会对农产品的类型、生态标准和生产技术等提出要求，从而“倒逼”农产品生产技术和质量的升级，一、二产业遂高度关联起来。

第四，围绕农产品全产业链开发的新型服务业。关于第三产业的发展，应围绕农产品进行全产业链开发，以带动农业技术服务、市场信息服务、电商服务、乡村旅游等新型服务业。

4.3.2 城乡市场一体化

第一，适度推动土地流转和增强其规范性。土地流转已成为当前农村土地制度创新的核心问题。首先，保护农民利益和提高土地效益。提高土地效益当无异议，而同时要保护农民利益，恐怕就不能只强调加速土地的流转。根据当前我国农户以家庭经营为主的现实，土地流转只能适度加速，以避免小农户利益受损。其次，实施以土地合作制为主的土地流转模式。“土地合作，是在承认农民拥有长期而有保障的土地使用权的前提下，以农户土地的承包权和使用权为基础，在土地承包人（农户）之间以及土地承包人（农户）同其他经营组织之间，为实现一定的经济目的，共同经营土地的行为。”[90]284 土地合作制是针对农村剩余劳动力数量大、转移慢的现实，提出的通过合作来扩大规模以提高效益的土地经营模式，对不发达地区的农村较为适合。再次，政府建立农地流转补贴，引导农业大户和农业企业率先示范，以绿色有机农产品为基本方向，努力提高农业现代化水平。

第二，金融制度创新，扩大农村资金供给渠道。为了扩大农村资金市场，自2006年以来，中央开始放宽农村资金市场的准入条件，进行农村资金市场体制创新。村镇银行、贷款公司和农村资金互助社三类新型金融机构开始成为新农村建设的有力帮手。陕西农村新型金融机构也逐步发展起来。随着更多民间金融组织的成立和运营，农村资金市场滞后的现状有望缓解。

第三，继续缩小城乡消费差距，优化工农产品流通市场。“家电下乡”“万村千乡”等工程，其目的在于努力改变农村日用消费品供给途径单一、产品质量低劣和监管缺失等问题，应继续坚持和扩大。对于农村日用消费品市场监管，还应明确机构和落实责任，以改善农村消费环境。

回顾改革以来陕西农村产业与市场的互动状况，可以看出：一方面，农村产业结构调整中，农业最早就由单一种植业向多业并举转变，农业现代化和现代农业在不断改变传统的农业生产方式。乡镇企业等非农产业平稳发展，自20世纪90年代以来，“二一三”的产业格局定型，非农产值和非农从业人员数量均持续大幅增加，农民收入结构得到优化。另一方面，改革之初陕西农村市场体系建设虽取得了一定成效，然而20世纪90年代农村资本市场和商品市场萎缩、土地市场机制缺失的不利后果日益呈现，农村与市场体系断裂，经济发展举步维艰。城乡统筹、一体化的城乡市场体系为二者互动再次提供了良好契机，成为当前阶段农村经济发展的新动力。

第 5 章　路径之二：乡村治理体制创新

20 世纪 80 年代，家庭联产承包责任制改革大面积推广，长期运行的社队体制很快难以为继。如，农户的自主生产经营不再由公社和生产队统一安排，包产到户后也不需要生产队进行“政治动员”，村干部也因为家庭农业生产而无暇顾及村庄公共事务，等等。这样，在农业生产恢复活力的同时，农村管理却陷入了“空壳”状态。1982 年 1 月，中央在《全国农村工作会议纪要》的批语中讲道：“最近以来，由于多种原因，农村一部分社队基层组织涣散，甚至陷于瘫痪、半瘫痪状态，致使许多事情无人负责，不良现象滋长蔓延。这种情况应当引起各级党委的高度重视，在总结完善生产责任制的同时，一定要把这个问题解决好。”[91]1061

农村改革引发了农村社会管理体制创新。这一创新起步于“政社分立”，继以“乡政村治”的治理体制，再到近年来农村社区建设。其外部特点表现为从组织结构分化到实现功能分治。可以说，这一前后相继的过程愈来愈清晰地展示出了中国乡村治理的基本走向——合作。

这里所谓合作，包括农村社会内部合作以及乡村与基层政府的合作。前者是农村基层自治的目标，后者是农村社会治理现代化的目标。自治合作虽然是农村社会的内部合作，但它始终受制于政府这一关键要素，在乡村与政府的合作中便更是如此了。就是说，“政府—乡村”关系是始终隐藏在农村现代化背后的主线，而贯穿于乡村治理的整个过程之中。

本研究虽立足“国家—社会”视角，但强调二者寻求合作而非持续对抗，以此分析陕西乡村治理现代化问题和路径，并提出“多层竞争—合作”的体制创新。

5.1 “乡政村治”体制

与农村现代化的阶段一致，自 20 世纪 70 年代末改革启动以来，陕西乡村治理可分为以下阶段：第一阶段（1978—1985）的主要内容是试点政社分设、政企分开和建立乡村组织；第二阶段（1986—2005）的主要内容是村民自治的尝试和走向规范化，探讨乡村治理体制；第三阶段（2006—2010）的主要内容是推进农村社区建设，乡村治理与社区服务并重，走向三治融合。

5.1.1 “乡政村治”体制的形成

我国村民自治应该追溯到人民公社解体。农村人民公社体制形成于1958年，当年8月毛泽东主席进行农村视察时，正式把社会主义改造时期形成的大型农业合作社称为“人民公社”。8月17日，当时的中共中央政治局会议通过《关于在农村建立人民公社问题的决议》，人民公社运动遂迎来了发展高潮，“此后短短的几个月，全国74万多个农业合作社就改组为2.6万个人民公社，参加公社的农民有1.2亿户，占总农户的99%以上”[92]45，开启了我国农村长达25年之久的“政社合一”的社队体制，农村社会由此表现为“生产管理合一”的运行模式。

人民公社体制与生俱来的“平均主义”弊端很早就被发现了，甚至在其运行之初的1958—1962年间，中央就试图以政策和制度的方式予以解决。但这个问题在后来的运行中愈发严重，对农业生产造成了极为不利的影响。

今天，人们提到农村人民公社，大多是持批评意见。这可能是一种较为片面或者是情绪化的评价。客观地说，人民公社是中国农村政治经济制度的一种有益探索，并且在20世纪六七十年代发挥了巨大的积极作用：①它摧毁了乡村社会旧的经济体制，完成了基层农村的官僚化和合理化，成为国家与乡村的重要媒介；②人民公社保证了农村稳定，并向农村提供了与城市基本平等的公共服务；③为新中国的工业化建设作出了贡献；④作为一种“公共服务型”基层政权组织，为我国今天的基层治理也提供了诸多经验。

联产承包责任制推行以后，“政社合一”的公社体制便立即显得极不适应，除非进行彻底的体制创新，否则无法适应农村经济体制改革的需求。

1980年6月18日，四川省“广汉县向阳乡人民政府”正式挂牌成立，这是第一个结束人民公社体制的地方，也是中国农村第一个乡政府。其后1983年的中央一号文件指出：人民公社体制要从两方面进行改革，一是实行联产承包，二是实行政社分设。

1983 年 10 月 12 日，《中共中央、国务院关于实行政社分开建立乡政府的通知》发布，并要求此项工作大体应于 1984 年年底前完成。到 1985 年，全国先后共有 52159 个人民公社宣告解体，取而代之的是 83182 个乡和 7956 个镇的基层政府。农村基层政权改制到此完成。

与农村基层政权形式变化相关，农村新型管理体制也逐步成型。1980 年初，广西河池地区率先产生了两个村民自治组织，后来被统一命名为“村民委员会”。大致同一时间，四川、河南、山东等地的农村也陆续出现类似组织。1982 年新宪法确认了村民委员会的法律地位，规定其为我国农村群众自治组织，村民自治是农村社会管理的基本形式。到 1985 年，我国 94 万多个村民委员会和 588 万多个村民小组正式成立，基层农村管理机构由此定型。

陕西省的政社分设和村组设立始于 1983 年 3 月，当时首先在 53 个县（市、区）的 442 个公社进行试点，1984—1985 年，全省共建立 2713 个乡（镇）人民政府，设立了 32440 个村民委员会和 14.83 万个村民小组。后来因为“撤并乡镇”和城郊农村城市化，乡镇和村委会数量均有所减少。据陕西省农业厅统计，1993 年全省共有农村乡镇 2602 个（其中镇 398 个），村委会 32402 个。[93]142—144 截至 2009 年底，全省乡镇数量为 1573 个，村委会数量为 27352 个。

5.1.2 陕西的乡村治理

1. 概况

自 1949 年新中国成立后，通过土改、农业的社会主义改造、人民公社化等大规模运动，国家力量对农村社会进行了强力整合，我国农村的社会基础发生了第一次变化：国家力量延伸到基层农村，剥削阶级被整体消灭，封建宗法观念得以清算，千千万万的农民则基于政治信仰而被有效地组织起来。20 世纪 80 年代开始，从家庭联产承包责任制到政社分设、重建乡镇基层组织等，这些举措都标志着我国农村社会基础的再次变化。第一次变化的核心是国家政权向乡村社会的强力渗透，第二次变化的核心则是通过村民自治重塑“政府—乡村”关系，即乡村治理体制的创新。

我国的村民自治，是指农村居民以行政村为单位自行组织起来，通过民主选举、民主决策、民主管理和民主监督处理村庄事务，进行自我管理、自我教育、自我服务的乡村治理方式。完成村委会与村民小组的设立后，村民自治得到高度重视，并很快进入制度化建构阶段。1986年中共中央和国务院发出《关于加强农村基层政权建设工作的通知》，1987年8月发布《关于进一步建立健全村务公开制度，深化农村村民自治工作的通知》，同年11月通过《中华人民共和国村民委员会组织法（试行）》（以下简称《村组法》），村民自治得到法律确认，并从1988年6月1日在全国试行。1998年11月4日，《村组法》正式颁布实施。到2010年，全国性的村民委员会换届选举已进行了7次，这种被誉为“草根民主”的民主政治形式完成了初期的制度设计，正在走向规范化运作。

在实际运行中，村民自治已经远远超出“参与和管理村庄事务”的范畴，成为制度、体制、组织、关系等多个层面多个问题的结点，而表现出其丰富的功能。它不但形成村民的自我治理，还“力图重新划定国家权力与社会权力、农村基层政府与农村基层自治组织的权力边界”[94]86。同时，基于我国历史文化传统尤其是新中国成立后的农村社会主义建设，厘清权力边界的基础和目标不是有意识地谋求冲突，而是努力探索新的合作，勾画农村社会治理的现代性图景。

陕西的村民自治和乡村治理也在规范化建设和艰难实践中曲折前行。

第一，规范化建设方面。①通过在省内8400个村委会进行《村民委员会组织法（试行）》试点后，1990年12月28日，制定《陕西省实施〈村民委员会组织法（试行）〉办法》。② 20世纪90年代前期，制定规范性文件，推行村民自治示范。1991年4月制定《关于在全省开展村民自治示范活动，加强村委会建设的通知》；1995年3月下发了《陕西省村民自治示范活动指导纲要》。③ 20世纪90年代后期，正式立法和制定具体事项的暂行办法。1996年6月制定实施《陕西省村委会选举暂行条例》；1998年9月制定实施《陕西省村民代表会议暂行办法》；1999年9月，正式形成《陕西省实施〈村民委员会组织法〉办法》和《陕西省村委会选举办法》。④重点推行村务公开。1998年9月制定试行《陕西省村务公开、民主管理暂行办法》后，分别于2003年、2004年和2006年制定相关文件，重点解决村民自治中的突出问题。

第二，实践推进方面。①以民主选举为核心，探索具体可行的村民自治制度。如，宝鸡市扶风县召宅村探索的民主选举制度、咸阳市正阳乡探索的村民代表议事会制度、渭南市探索和推行的村民代表监督评议村委会工作制度、宝鸡市凤翔县推行的村民自治章程、宝鸡市眉县探索的“上下延伸、四级联动”的村务政务公开经验等。②推行村民自治示范活动。从 1991 年到 1997 年，长达 7 年在全省农村推行村民自治示范活动，初步解决了不会自治的问题。1995 年起还在全省开展农村基层组织整建活动，重点整顿和建设包括村委会在内的农村基层涣散组织。③实施村委会换届选举。1989 年的第一次选举带有试点性质，首先在 8400 个村进行。1993 年 12 月至 1994 年 6 月、1996 年 9 月至 1997 年 5 月分别组织实施了第二、三次村委会换届选举，两次换届的村庄分别为 11334 个和 20866 个，村民参选率分别达到 87.7% 和 90%。第四次换届选举于 1999 年 5 月至 2000 年 3 月进行，这是首次进行村委会换届直接选举，换届村委会 27786 个，占应换届村总数的 99%。本次换届中参选村民 1400 万人，参选率达到 92%。④探索推行村务公开的有效办法。村务公开，是指村委会依照法律法规要求，对村级工作的重要事项、关系村民切身利益的事项以及多数村民关心的事项，一律实行公开以便村民了解和监督的一项村民自治制度。1991—1997 年村民自治示范活动期间，陕西各地农村普遍建立村务公开制度并于 1998 年开始在全省普遍推行。1998 年 2 月，陕西省成立了推行村务公开工作领导小组，在 1.17 万个村试点后扩大范围。到 2001 年时，全省已有 98% 的村和 85% 的村民小组都实行了村务公开。⑤在实践中不断完善村民自治的相关组织。最先建立的就是村民代表会议，“截止 1998 年底，全省已有 30210 个村建立了村民代表会议，大多数村都能坚持每季度召开一次村民代表会议，村中重大事情……都提交村民代表会议讨论，并根据多数人的意见决定”[95]。在推行村务公开的过程中，村务公开监督小组和村民民主理财小组也逐步建立起来，扩大了村民民主管理的渠道。另一个创新就是探索出了“村民监督委员会”。2003 年，陕西省渭南市澄城县罗家洼乡杨家陇村成立了一个“党员群众代表议事会”，作为村委会的监督组织，这就是“村民监督委员会”的雏形。2006 年 9 月，杨家陇村正式挂牌成立了全省第一个“村民监督委员会”。2009 年 2 月，陕西省下发《关于在全省农村开展建立村民监督委员会试点工作的意见》，决定在全省农村建立村民监督委员会。“村务公开监督小组和民主理财小组不具有很强的权威性，要使监督具有威慑力，必须建立独立于村委会的监督机构。陕西省在农村普遍建立村民监督委员会制度的举措显然有利于摆脱此种窘境。”[96]37 再次反映出了乡村治理的结构分化。⑥自 2006 年以来，大力开展农村社区建设，提升和完善村民自治功能，并着力探讨乡村治理新体制。

2. 实际运行

通过几次关于村民自治的实地调查数据，可以直观了解陕西省农村村民自治的实际运作、治理绩效和现实问题。

第一，2001 年以前的乡村治理。2001 年，陕西省咸阳市秦都区就村民自治进行专门调查后，整理了 9 个村庄共 297 份村民问卷、34 份村干部问卷和 42 份乡镇干部问卷，以及一些不完整问卷中的有效数据。数据显示，村民对选举的满意度、对决策监督作用的评价和参与村民自治的态度等方面都不理想。村民积极评价和积极参与的比率分别为 21.7%、14.9% 和 16.7%，而消极评价和参与的比率明显偏高（见表 5−1）。

表 5−1　村民自治评价及参与态度　　单位：%

项目	对选举的满意度			村民的决策监督作用			对村务的参与		
量度	满意	一般	不满意	较大	一般	不大	积极	一般	消极
比例	21.7	35.7	42.6	14.9	13.8	71.3	16.7	33	50.3

资料来源　贾明德、郑梦熊、吴克强等：《社会变迁中的治民与民治——中国农村民主制度建设研究》，西北大学出版社，2003 年，第 179—198 页。表格为笔者绘制。

从换届选举结果、选举公正性和村委会工作等方面，可以透视村民自治效果。村民对第四届村委会选举的满意度量化分布如下：9 个村均值为 2.717，高于该分值的有 5 个村，最高分值为 3.421。分值较低的村为 2.059 和 2.407。（见表 5−2）

表 5−2　村委会换届选举结果满意度（1999 年）

被调查村	很满意	比较满意	一般	不满意	很不满意	满意度
WD	0	10	9	11	2	2.844
MQ	0	7	10	6	4	2.741
CT	1	3	4	15	11	2.059
HXB	0	5	15	13	1	2.706
HZR	0	6	16	10	1	2.818
CJZ	4	14	16	2	2	3.421
PD	1	2	18	11	0	2.781
NSZ	0	4	6	14	3	2.407
DW	0	5	8	13	3	2.517
九个村	6	56	102	95	27	2.717

资料来源　贾明德、郑梦熊、吴克强等：《社会变迁中的治民与民治——中国农村民主制度建设研究》，西北大学出版社，2003 年，第 179 页。

对村委会换届选举的公正性，其数值分布与满意度的数值分布规律大体一致。9个村均值为2.724，高于该分值的有5个村，其中最高分值为3.342。较低分值的两个村为2.059和2.433。（见表5-3）其中公正性的分值较高。

表5-3 村委会换届选举公正性评价（1999年）

被调查村	很公正	比较公正	一般	不公正	很不公正	公正度
WD	0	10	8	10	4	2.75
MQ	0	8	9	7	4	2.75
CT	1	3	5	13	12	2.059
HXB	0	3	18	13	1	2.657
XZR	2	2	21	6	1	2.938
CJZ	4	13	15	4	2	3.342
PD	1	5	17	12	0	2.857
NSZ	0	5	8	1	2	2.615
DW	0	5	8	12	5	2.433
九个村	8	54	109	78	31	2.724

资料来源 贾明德、郑梦熊、吴克强等：《社会变迁中的治民与民治——中国农村民主制度建设研究》，西北大学出版社，2003年，第180页。

2001年，第四届村委会开展工作已将近一个任期，经调查，9个村的总满意度为2.3543，高于该分值的有4个村，其中最高为2.7778。2个村分值较低，分别为1.5882和2.0571。（见表5-4）

表5-4 第四届村委会工作满意度

被调查村	总满意度	经济发展	民主决策	村务公开	村民负担	村务了解
WD	2.7714	2.4571	1.7714	3.0286	2.5429	1.4571
MQ	2.5667	2.3448	1.7931	3.0667	1.8	1.8667
CT	1.5882	1.3529	1.6741	1.8485	1.8235	1.9643
HXB	2.0571	1.9714	1.8529	2.6364	2.3333	1.8485
XZR	2.2727	2.2727	1.697	3	2.2	1.8065
CJZ	2.7778	2.6111	1.8056	3.2564	1.8205	2
PD	2.5	2.0294	1.75	2.9412	1.8571	2.037
NSZ	2.2759	1.9231	1.2917	2.4583	2.16	1.96
DW	2.2414	1.7857	1.6	2.7241	1.7241	1.7931
九个村	2.3543	2.0931	1.7038	2.7931	2.0276	1.8459

资料来源 贾明德、郑梦熊、吴克强等：《社会变迁中的治民与民治——中国农村民主制度建设研究》，西北大学出版社，2003年，第183页。

根据以上数据，对2001年之前的陕西农村村民自治，可以得出如下结论：村民的积极评价总体居于中上水平，高于均值的村接近或超过半数。在经济发展和村务公开方面，农民较为满意，在民主决策、村民负担、村务了解方面，村民对村委会工作有较大意见。村民自治总体居于中等水平。

第二，2002—2005年的乡村治理。2006年，有学者对陕西省第五、六两届村委会干部选举和村民自治情况进行抽样调查，抽样样本分布于陕南、关中和陕北地区的16个自然村。调查数据反映的突出问题有两个方面：

一是某些选举程序执行不严格。选举过程中，宣传、提名候选人、公布选举事项等方面，实际履行比例都在50%以上，最高一项达到63.3%，但是在具体操作方面，符合程序的比例不高，最高的为46.4%，最低的为18.5%（见表5-5）。

表5-5 村委会干部选举情况

选举过程	频数（人）	有效百分比（%）
选举现场设立公共代写处	205	41.8
选举现场设立秘密写票处	143	29.1
发票时检验委托书	171	34.8
核实实际参加选举的人数	169	34.4
当众开箱，公开唱票，公布选举结果	228	46.4
受理有关选举工作的申诉	91	18.5
整理和建立选举档案	125	25.5
存在威胁、贿赂、伪造等不正当手段	82	16.7
宗族、家族势力插手	38	7.7
农村黑恶势力插手	26	5.3
发生恶性、暴力冲突事件	13	2.6

资料来源 邓谨、朱建春、李晓娥、张磊：《陕西村民自治现状的政治学解读——从多元均衡与程序正义的视角》，《安徽农业科学》2007年第31期，第10088页。笔者对原文表格中所列项目有删减。

二是民主决策和村务公开的程度较低。对于村级事务民主决策和村务公开六方面内容，调查数据显示，选择各项目的人数比例大体在30%～40%之间（见表5-6）。就是说，仅百分之三四十的村民参与了村庄重大事务决策和通过村务公开了解村庄事务，这个比例和我们的目标仍然相差甚远。

表 5-6　民主决策与村务公开情况

项目	民主决策情况		村务公开情况	
	频数（人）	有效百分比（%）	频数（人）	有效百分比（%）
集体经济收益的使用	191	38.9	188	38.3
集体经济项目立项和承包方案	177	36.0	192	39.1
村民的承包经营方案	158	32.2	200	40.7
宅基地的使用方案	169	34.4	199	40.5
土地征用补偿及分配	241	49.1	168	34.2
"一事一议"筹资酬劳	117	23.8	116	23.6

资料来源　邓谨、朱建春、李晓娥、张磊：《陕西村民自治现状的政治学解读——从多元均衡与程序正义的视角》，《安徽农业科学》2007 年第 31 期，第 10088 页。注：笔者对原文表格所列项目有删减，并根据所列数据合并而成。

第三，2008—2010 年的乡村治理。2010 年，笔者参与了另一项关于陕西农村村民自治的专项调研，所获数据能够反映陕西省第七次村委会换届选举以来的情况。调研在全省范围内抽样选择 16 个自然村，向村民发放问卷 750 份，收回问卷 715 份，有效问卷 650 份，有效率为 90.91%。我们从村民对选举的满意度、选举中的主要环节和村民决策监督作用的评价三个方面来观测。

一是村民对村委会选举的满意度。这可以从三个方面来观测："能否选出大家认可的人选""选举的村干部能否代表大家利益"和"您认为选举是否公平"（见表 5-7、表 5-8）。

表 5-7　村委会干部选举功能性评价

能否选出大家都认可的人选	频数（人）	百分比（%）	有效百分比（%）
能	355	54.6	59.2
不能	63	9.7	10.5
不好说	182	28.0	30.3
小计	600	92.3	100.0
缺省	50	7.7	—
合计	650	100.0	—
选举的村干部能否代表村民利益	频数（人）	百分比（%）	有效百分比（%）
能	257	39.5	41.6
基本能	207	31.9	33.5
不能	82	12.6	13.3
不好说	72	11.1	11.6
小计	618	95.1	100.0
缺省	32	4.9	—
合计	650	100.0	—

表 5-8　村委会干部选举公平性评价

您认为本届村委会选举是否公平	频数（人）	百分比（%）	有效百分比（%）
非常公平	178	27.4	29.8
比较公平	322	49.5	53.8
不太公平	57	8.8	9.5
很不公平	38	5.8	6.4
不清楚	3	0.5	0.5
小计	598	92.0	100.0
缺省	52	8.0	—
合计	650	100.0	—

对三方面肯定回答的有效百分比分别为 59.2%、75.1% 和 83.6%，否定回答的有效百分比分别为 10.5%、13.3% 和 15.9%，这反映了村民的满意度很高。2001 年的调查数据反映，“认为不公正和很不公正的占回答者的 41%，认为很公正和比较公正的回答者占 21.4%，认为一般的占 37.6%。”[97]180 而 2008 年换届选举中不公平比例降低了 25.1 个百分点，公平比例提高了 62.6 个百分点。

二是村委会选举的关键环节。从选举过程来看，在选举委员会、候选人产生以及村民参与几个关键环节上，表现出更多的积极变化。476 人反映由群众提名的民主方式产生了选举委员会，439 人反映由民主方式产生了候选人，其有效百分比分别高达 88.3% 和 81.5%（见表 5-9）。

表 5-9　选举委员会和候选人产生方式

选举委员会产生方式	频数（人）	百分比（%）	有效百分比（%）
村民大会推选	360	55.4	66.8
村民小组会议推选	70	10.8	13.0
村民代表会议推选	46	7.1	8.5
村党支部指定任命	26	4.0	4.8
上级部门指定	33	5.1	6.1
其他	4	0.6	0.8
小计	539	83.0	100.0
合计	650	100.0	—
候选人产生方式	频数（人）	百分比（%）	有效百分比（%）
群众直接提名	295	45.4	54.7
村民小组提名	86	13.2	16.0
选举委员会提名	58	8.9	10.8
村党支部提名	41	6.3	7.6
上级部门提名	53	8.2	9.8
自荐	6	0.9	1.1
小计	539	82.9	100.0
合计	650	100.0	—

注：本项调查缺省人数 111 人。

反映差额选举村干部的有效百分比占 85% 以上，反映公开计票的有效百分比达 90% 以上；仅 55.3% 的人反映，选举时设立了秘密写票处，说明这项规定执行较差。

调查显示，村民在参加相关选举会议、投票方面积极主动，人数较多，百分比分别达到 65% 和 88.2%，推荐候选人和动员其他人参加选举会议方面态度一般，不到半数；动员其他人给某人投票或不要投票、对选举表示不满或提出意见等活动的人数更少，合计比例为 41.9%。（见表 5-10）

表 5-10　村民参与换届选举的情况

	参加相关选举会议	推荐候选人	动员别人参加选举会议	动员别人给某人投票	劝别人不给某人投票	对选举表示不满或提出意见	其他	投票
频数（人）	375	233	180	56	33	111	14	524
小计	577	559	549	556	542	530	291	594
有效百分比（%）	65	41.7	32.8	10.1	6.1	20.9	4.8	88.2

三是村民对换届以来决策监督作用的评价。这里从 8 个方面来考察。村民对村民自治主要事项的评价中，除对村级财务管理持积极评价的人数比例为 46.3%、对监委会作用发挥情况持积极评价的人数比例为 49.6% 外，对其他 6 项持积极评价的人数均超过 50%。消极评价中，对村级财务管理状况意见最大，比例达到 23.3%；对监委会作用和村干部表现的消极评价比例分别为 19% 和 17.4%，其他 5 个方面都没有这么突出。（见表 5-11）

表 5-11　村民自治评价（有效百分比）　　单位：%

项　目	很好	比较好	一般	不太好	很不好	频数（人）
村委会工作	22.0	30.8	36.3	6.4	4.5	598
村“两委”关系	30.0	44.4	22.9	1.7	1.0	516
监委会的作用发挥情况	21.4	28.2	22.5	11.3	7.7	426
村干部处理村务的表现	23.9	58.7	—	10.6	6.8	545
村民代表会议处理村务的效果	19.4	32.5	36.2	7.6	4.3	578
一事一议的效果	31.6	35.6	27.4	3.8	1.6	551
村级财务管理状况	17.6	28.7	30.5	12.9	10.3	443
村规民约或自治章程执行情况	35.0	30.9	29.0	3.8	1.3	314

与 2001 年咸阳市秦都区的调查数据相比，村民的积极评价普遍提高了 30% 左右，而消极评价则降低了 50% ~ 30%；村民对于选举结果满意度、村委会工作满意度和村民监督决策作用满意度均有一定提高（见图 5-1）。这反映了最近 10 年来陕西农村村

民自治的进步和积极成效。同时可以看到，满意度增长较大的是村委会工作和村民决策监督，分别增长 1.08% 和 0.96%；而村民对村委会选举的满意度只增长了 0.33%，仅为前两项的 30.56% 和 34.38%。这也说明，直至目前乃至以后很长时期，村民自治的矛盾始终集中在村委会选举这个关键环节。

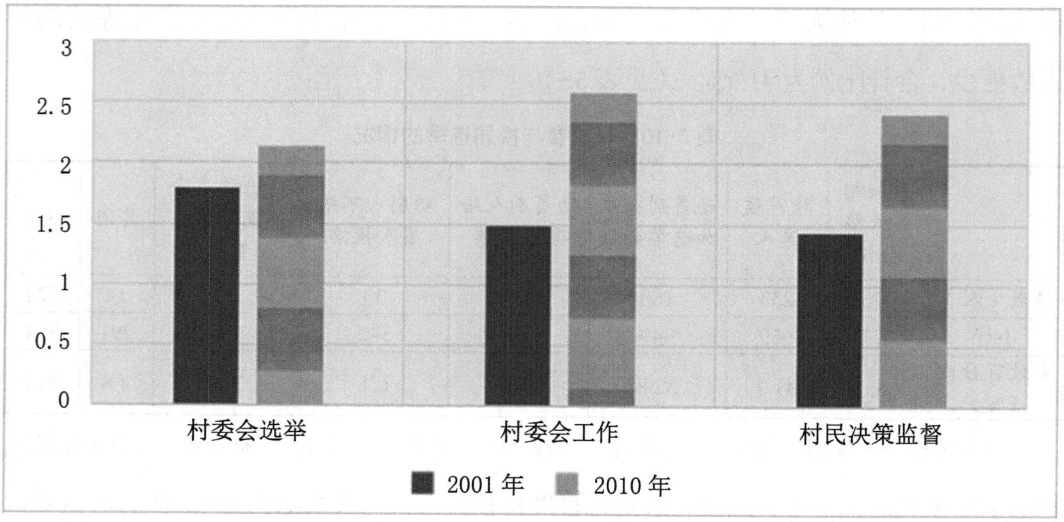

图 5-1　对村民自治的满意度比较（2001、2010 年）

注：图表为笔者绘制。

通过上述分析，笔者认为，当前阶段陕西农村村民自治较突出的问题有：

第一，个别民主程序还没有得到严格执行。第四次村委会换届选举前，乡镇政府任命村干部较为常见，全省推行村委会直选以后，这种情况仍时有发生。2001 年咸阳市秦都区的一项小范围调查发现，在确定候选人时，因为怕村民提意见，有的村不召开村民大会而只开村民代表会议。能够参会的村民仅占 33.94%，参加村民会议的只有 16.96%。对于村民代表，20% 的村民不知道是怎么产生的，42% 的村民认为是由村干部指定的。[97]169 笔者的调查数据显示，反映指定“选举委员会”的村民有 59 人，有效百分比为 10.9%；反映指定“候选人”的村民有 94 人，有效百分比为 17.4%。（见表 5-9）与村民访谈时发现，对村干部的有效监督仍远远不够。如，村务开支由村委会主任或者村党支部书记单独审批的高达 55%，由“两委”共同审批的占 22.7%，“三委”共同审批的仅有 14.6%。

第二，规范执行还远远不足。1990 年民政部发布的《关于在全国农村开展村民自治示范活动的通知》中，就肯定了村民代表会议制度，后来的《中华人民共和国村民委员会组织法》也规定，村民（代表）会议是农村村民自治的最高权力机关，享有村中重大事务的最终决策权。但仍有 16.6% 的村民反映，直到上次选举时，村里还没有村民代表会议。2009 年监督委员会制度已在陕西全省农村开始试点，调查中发现有 64.5% 的人知道村里有监委会，15.5% 的人反映还没有建立该机构。村委会选举中亦有大量拉票行为，具体如下（见图 5-2）。

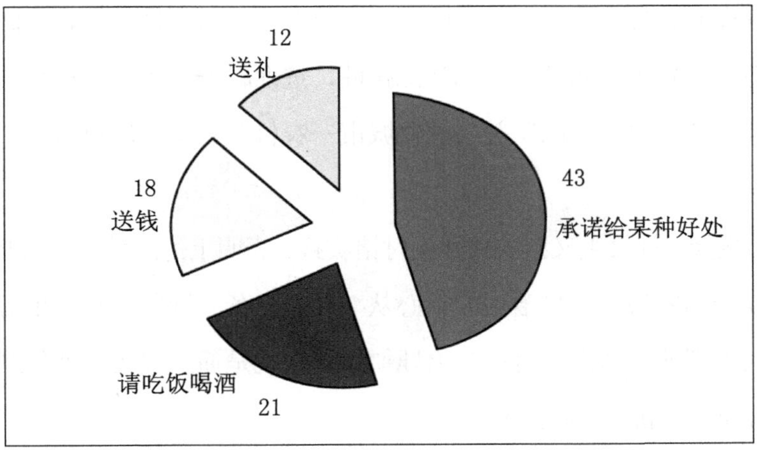

图 5-2　选举中遇到拉票行为的人数　　　单位：人

第三，村民自治还受到多个实际问题的影响和困扰。如，村“两委”的矛盾影响村务工作的正常开展，对村集体和村民都直接产生了不利影响；村民自治陷入瘫痪的情况也时有发生。这或者因为村干部得不到有效监督，导致村民对村务完全冷淡；或者因为选不出大家一致认可的村干部，造成村里事务无人负责；或者因为选举中的派系围绕村务管理而形成了极其复杂的矛盾；等等。（见表 5-12）

表 5-12　影响村民自治的因素

事项	上级干预	宗族、家族势力	遗留经济问题	派系	两委矛盾	拉选票
频数（人）	104	101	88	84	76	69
百分比（%）	16.0	15.5	13.5	12.9	11.6	10.6

这些问题有些逐步减轻，有些则趋于严重，反映了农村社会的复杂性，也说明了一个基本事实：短期内难以解决农村社会的深层次问题，村民自治依然艰难。

5.1.3 乡村治理逻辑

从 20 世纪 80 年代的乡村管理到 20 世纪 90 年代的乡村治理，再到 21 世纪的农村社区建设，在“政府—农民”关系和“城市—农村”关系的格局演变中，乡村治理也经历了功能变化。

始于20世纪90年代的整体凋敝和不断加剧的社会分化，使得原本只是承接农村社会管理“真空”的村民自治，越来越要承担起农村社会整合的重任。这意味着，它要以完善农村管理体制为基础，同时在农村经济发展、秩序稳定、社会事业完善乃至乡村关系调整、乡村现代性建构等多个方面发挥作用。显然，这与基层政府的职能日趋一致，基层政府、村委会、农民之间遂形成复杂的乡村治理关系；而因为基层政府的支配性，造成了村委会角色不清和功能扭曲，进而村民自治存在边缘化风险，乡村治理遭遇困境。“政府—农民”关系、“城市—农村”关系格局重新调整，这种情况才可能改善。

城乡统筹发展、社会主义新农村建设付诸实践，表明上述两种关系新格局的出现，乡村治理得以走出困境。乡村治理的重心从“政府任务”回归“村落事务”，从忙于提升政府现代治理能力转向乡村社会治理绩效，也就是通过现代治理体系与农村社会传统有机融合而开始新的体制探索。

5.2 乡村治理的根本问题

与全国情况大体一致，影响陕西乡村治理的问题有二：其一，乡村社会的内部冲突问题，包括村干部的角色冲突、村“两委”的矛盾、村民与村干部的利益矛盾、村民自治组织与乡村民间组织的矛盾等；其二，乡村社会的外部冲突问题，最关键的就是村委会与政府的矛盾，表现为村委会行政化、基层政府与乡村利益博弈等。这两类冲突产生于乡政村治体制运行中发生的“畸变”。

5.2.1 研究视角

自20世纪90年代“乡村治理”概念被广泛接受以来，关于乡村治理的研究著述相当丰富，并形成了如下几个基本视角：

第一，“国家—社会”视角。一些学者认为，当代中国乡村所经历的社会转型中，始终存在两种不同性质和向度的力量：一是以国家强制力为后盾的自上而下的政治和行政控制力量；二是乡村自身的内生秩序控制力量。[98]79 鉴于这一分析思路存在过于注重国家而忽视社会的不足，李友梅提出了“制度—生活”的分析思路，强调国家和乡村之间相互渗透、相互建构和相互矛盾的动态演变，使得这一视角更贴近我国乡村社会变迁的历史演进和现实状况。

第二，社会关系视角。持此视角的学者们都将研究指向乡村社会的“人情”“关系网”等范畴。他们通过乡村社会典型特征和人际关系形式，来发现乡村传统变化及其多元后果。

第三，社会流动视角。这一视角主要集中于对两个问题的研究：一是当代中国农村的社会分化，包括职业分化、阶层分化等；二是“农民工”流动中的城乡关系演变，包括城乡要素互动、农村凋敝、农村生活重构等。

第四，社会文化的视角。该视角主要用于研究农村宗族势力复活及其活动对乡村秩序的影响。[99] 30–33

实际研究中，大多数学者都不会完全运用单一的分析视角，而是综合运用不同研究视角。有学者就指出，自推行村民自治以来，观察乡村治理问题时需要注意三条线索，“即成本—收益线索，权力—权利线索，传统—现代线索，三条线索构成了一个影响（推进或阻碍）乡村治理进程的作用框架。任何试图以单一模式涵盖中国乡村治理问题的努力都将是不全面的”[100] 90。

在本著述关于乡村治理内在问题的分析中，也综合运用多视角的考察方法，以求客观全面地展示问题，得出较为中肯的结论。本著述的分析视角有：

第一，“国家—社会”视角。徐勇教授自2005年起就大声疾呼要突破既有分析模式，从“发现社会”走向“回归国家”。这是对中国乡村社会变迁根本特征和规律的真知灼见，是乡村治理研究中的返璞归真，也是我们解决农村问题的努力方向。

第二，社会关系视角。乡村治理涉及两个方面的关系：一是乡村社会内部的关系及其变迁，包括村干部与村民、权力精英与经济精英、村“两委”关系等；二是乡村社会的外部关系，重点则是村委会与乡镇政府的关系。这些关系都是影响村治的现实因素，在乡村研究中是不容忽视的。

第三，“竞争—合作”视角。乡村治理的大部分问题都围绕利益而展开，不可避免会形成利益竞争而产生矛盾，然而，传统乡村对中央政府服从的历史传统，尤其是新中国成立以后农村的社会主义建设实践，使得农村对国家的认同和支持不会改变。这是各种利益竞争的底线，也是主导矛盾走向的基本立场。因此，“竞争—合作”视角不容忽略。

5.2.2 乡村治理的内部关系

1. 村“两委”关系

“‘乡村关系’和‘两委关系’成为现阶段村民自治进程中的突出矛盾，也是村民自治进程中理论上争论最多，实践中难点最突出的问题。”[101]57之所以如此，是因为它们都根源于农村社会管理和乡村治理体制，是体制性矛盾的直接表现。

人民公社时期，村党支部的领导地位不会遭遇大队长职务的挑战。实行村民自治以后，就产生了一个实际问题：村委会经过村民选举产生，而党支部经党员选举产生，相比全体村民，党员是少数，于是问题就出现了：全体村民选举产生的村委会，若干党员选举产生的党支部，究竟谁应在村庄事务中“说了算”？一部分村民的顺口溜更能真实地反映这个问题：“村民选干部，不要党支部；支书管党员，村长管村务。”

“这种二元权力结构的基本特征之一在于权力来源上的两重性：村级党组织的权力实质上来源于上级党组织授予；而村民委员会的权力则来源于村民的委托。权力来源上的分野不可避免地会对两委关系产生重要的影响。”[102]128显然，这种认识绝不限于普通村民，在村委会干部中也大量存在，所以得到了普遍关注。2003年陕西省委所调查的一个市中，共有3236个行政村，其中，“两委”关系处理得好的村1392个，占43%；较好的村938个，占29%；一般的712个，占22%；差的或班子处于瘫痪状态的194个，占6%。2010年笔者所参与的调查中，村民对“两委”关系评价为“好”的384人，“一般”的118人，评价“不好”的14人，分别占评价人数的74%、23%和3%。（见图5-3）

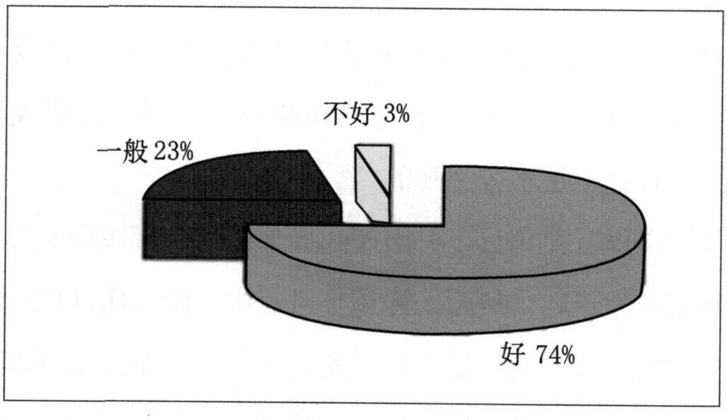

图5-3 对村“两委”关系的评价

对于党支部与村委会的关系，《陕西省实施〈村民委员会组织法〉办法》与我国《村组法》做了完全相同的规定：中国共产党在农村的基层组织，按照党的章程进行工作，发挥领导核心作用；按照宪法和法律、法规，支持和保障村民开展自治活动、直接行使民主权利。该规定是党支部领导地位的依据，也是对村庄事务和村民自治享有领导权的法律渊源。但这种抽象规定还不能完全清晰地划定双方在村庄事务上的权限。对此，目前大体有两种解决方法：

第一，更具体地划定党支部发挥作用的途径或行使决策权的范围。

1999 年 2 月 13 日中共中央公布《中国共产党农村基层组织工作条例》，其中第九条就专门规定了村党支部的主要职责。该条强调了三个方面：①讨论决定本村经济建设和社会发展中的重要问题。②领导和推进村级民主选举、民主决策、民主管理、民主监督，支持和保障村民依法开展自治活动。③负责村、组干部和村办企业管理人员的教育管理和监督。对于村庄重大事务的决策权、对村民自治组织的领导权和对村社组织的监督权，确立了“两委”权力运行的基本模式。

陕西省民政厅编写的《村民自治法律法规知识读本》中，对于《陕西省实施〈村民委员会组织法〉办法》第三条关于“两委”关系的条文释义，同时也就党支部领导核心作用提出了四条：一是改进工作方式，掌握教育村民、组织村民、领导村民的主动权；二是发挥决策作用，主要是通过建立党员议事会制度，对于村里经济社会发展目标、思路和措施以及其他重大事项，经党员议事会讨论后，向村委会提出建议；三是旗帜鲜明地抵制和纠正违反法律法规、自治章程、村规民约等不正当行为；四是及时发展党员。

第二，在实际做法方面扩大党支部的群众基础，增强和突出其领导地位。

具体做法有以下三种：

（1）“两推一选”“两票制”和“公推直选”。“两推一选”就是通过党员和全体村民两个渠道推荐支部书记候选人。乡镇党委首先根据多数群众和党员意愿确定正式候选人，再经全体党员选举来确定。“两票制”其实是“两推一选”预选环节之一种，就是初步确定候选人后，党员投推荐票，群众投信任票，据此确定正式候选人。“公推直选”是经党员和群众公开推荐候选人后，直接由党员大会选举产生支部书记。

这些做法的共同点是：扩大了支部书记的群众基础，使得他们的“腰杆”更硬。

（2）党支部书记参加村委会选举。推选符合条件的党支部书记作为村委会主任候选人，经选举后两个职务“一肩挑”，实现权力的“一体化”。同时，村“两委”干部也要尽可能实行交叉任职。在2002—2003年的第五次村委会换届选举中，陕西省支部书记和村委会主任实行“一肩挑”的村已经有1680个，占村总数的5.9%，比第四届选举提高了3.6个百分点。前期陕西省委就提出，到2010年村支书兼任村委会主任的比例要达到50%，村“两委”成员交叉任职比例要达到80%。

（3）党支部书记兼任民主理财小组组长或村民代表会议主席。这是西安市雁塔区在村民自治中探索出的解决问题的办法。以支部书记为首的民主理财小组和村民代表会议，在发挥民主监督村委会作用的同时，党支部的核心作用也得到了落实。

这三种方法在村民自治实践中的共同应用，使得村“两委”矛盾得到一定缓解。据我们的调查数据反映，当前陕西农村党支部的作用明显增强。以最敏感的“村务开支审批”为例，109人反映是党支部审批，128人反映是村委会审批，两者数量上接近；90人反映是村“两委”或“三委”共同审批，另有9人反映为乡镇干部审批。三者各自的比例是32%、38%、27%和3%（见图5-4）。

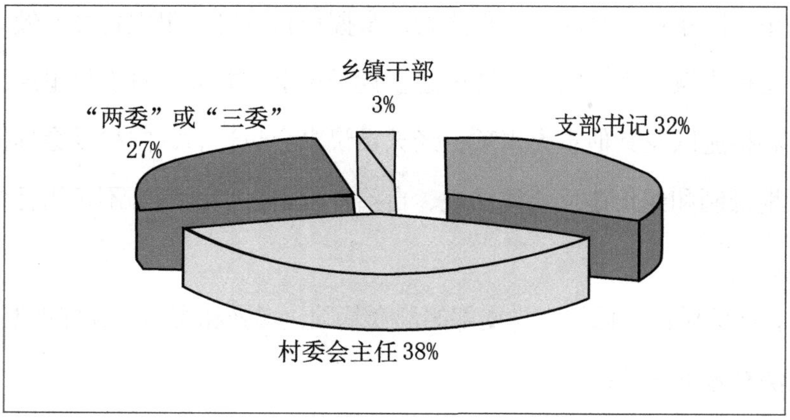

图5-4　村务开支由谁审批

作为后发现代化类型，中国农村现代化始终离不开国家的强大作用，弱势的乡村社会不可能仅仅依靠自治就能实现发展和缩小城乡差距。国家也必须承担农村再造和推动乡村社会发展的责任，这是由现代国家的职能所决定的。但是推行村民自治又必然要求国家行政权力上收，行政力量不能继续直接掌控村庄事务，尤其是在国家三令五申基层乡镇政府不得非法干预村庄事务时，基层政府对下辖村庄的管理便可能处于无因状态，并潜存着管理合法性问题。这时，村党支部就成为一个极为有效的体制内资源。“在乡村两级体制中，中国共产党的基层组织是一个可以利用的体制条件。……在社会主义新政权介入乡村的过程中，一直延伸到自然村落的党组织，在农村基层替代了国家政权的组织功能。通过政党内部的管理体制，使国家政策在党内层级关系中得以向基层传递。”[103]259 党支部不但是村庄与国家之间的联系通道，更是国家贯彻其意图和进行农村管理的体制性途径。总之，党支部对农村事务的领导必要且关键。

2. 村民与村干部的关系

在村民自治的制度安排中，村民与村干部之间属于委托代理关系，即村干部受村民委托管理村庄事务和集体经济财产等。从逻辑上讲，他们之间可能会因为村干部行为不当而导致代理关系结束，但不会形成关系恶化和矛盾尖锐对立的局面。然而，20 世纪 90 年代的村庄生活场景中，村干部与村民之间关系恶化和矛盾对立的程度极为严重，这在全国各地农村中都较为普遍。矛盾产生的焦点是经济利益问题，首先是农村的税费征收，其次是村集体经济管理和村务开支等。

上述矛盾与村落中其他类型的民间矛盾有两点根本不同：

第一，这种尖锐矛盾曾一度严重到彻底违背传统乡村“人情—面子”交往规则的程度。“人情—面子”规则是传统乡村社会中人际交往的基本规则之一，人们都不会轻易违背，否则会给个人和家庭成员带来严重后果。而 20 世纪 90 年代中期，不少村干部甚至毫不顾忌这一基本规则，不惜将自己置于全体村民的对立面。

第二，这种尖锐矛盾的根源，在于村干部“角色异化”。税费改革前的村民自治中，村干部既是村民的代理人，也是基层乡镇政府的代理人，从而形成具有“双重代理”身份的居间牟利者。这里的重要原因在于基层乡镇政府作用不当，村干部的角色和行动被扭曲为似乎具有某种“体制性”特征，或者说，是一种体制的“支配性”所致。这深刻反映出，乡村治理和乡村社会变迁的重大事件始终受制于“政府—乡村”关系格局这个根本要素，其中各种主体——基层政府、村干部、村民、其他村社组织等的行动，都应该从这个整体格局所派生出的社会运行体制中去理解。

5.2.3 乡村治理的外部关系

我国乡村治理中的外部关系，主要就是乡村与国家的关系，为了论述方便，笔者将农民与国家的关系简化为乡村与政府的关系。

实际上，只有基层乡镇政府会直接与农民和村庄打交道，既要执行具体政策，也要直接面对农民和处理各种乡村事务。行政层级最低和权限最小的基层乡镇政府，反倒成了农村事务的实际操作者乃至棘手问题的决策者，由此不得不承担大量的工作任务，如农业技术推广、农田水利建设、农业结构调整；乡村桥梁道路维护、农村校舍安全、计划生育、社会治安和社会稳定；夏粮收购、税费收缴、富民工程、乡镇企业发展；等等。总之，表现出了权限与管辖事务严重不对称的现象。

因此，农民与国家、乡村与政府的关系，在乡村社会中真实地表现为村庄与基层乡镇政府的关系。而农村改革以来的体制挤压，导致了乡镇政府行为异化，与中央政府和农民的期望均相差甚远，使自身经常遭受来自两个方面的共同责难。

1. 乡政困难

因为职能权限与管辖事务严重不对称，20世纪90年代的乡镇政府遭遇三种体制挤压，并对政府行为产生了根本性影响，进而导致了村民自治和乡村治理的困窘。

第一，“分税制”的财政管理体制。

1994年的“分税制”改革是中央和地方关系的重大调整，而调整的核心就是财政管理体制。一方面，“分税制”赋予地方政府对预算外资金的支配权，为地方政府注入了强大动力，增强了地方发展的积极性。另一方面，“分税制”存在不利影响，层级越低，税收越少；最低层级的乡镇政府资金最为短缺，农业税费征收就成为最主要和最重要的途径。

乡镇和村组向农民收取的税费包含三个部分：①国家税收，包括农业税和农林特产税。②“三提五统”。“三提”，即村提留，包括公积金、公益金和管理费；“五统”，即乡镇统筹，包括教育附加费、计划生育费、民兵训练费、民政优抚费和民办交通费。③乡镇自行确定的收费项目。“三提五统”的标准分别由村和乡镇自行确定，财政吃紧时，提高金额便成为普遍选择；但即使如此，财政仍然入不敷出，于是乡镇政府就另行设置和收取各种名目的杂费。由于这些杂费既没有严格规定，也不像农业税收那样有次数限制，所以收取杂费就成为乡镇政府最经常采取的手段。

在前些年的研究中，人们大都把农民负担加重的原因简单归结于乡镇和村组干部，认为这纯粹是违法征收的结果。很少有人看到，除了上述“三提五统”加重和杂费增多之外，农民所承担的税赋增长也相当惊人（见表 5-13）。

表 5-13　陕西省农民负担情况（1990 — 1999 年）

项目	单位	1990 年	1991 年	1992 年	1993 年	1994 年
1. 税金	亿元	—	8.73	10.47	12.35	15.75
其中：农业税	亿元	—	2.48	2.65	2.71	4.21
农业特产税	亿元	—	0.82	1.03	1.22	2.05
人均纳税	元	—	35.52	38.8	45.57	57.9
占上年收入	%	—	7.84	8.44	8.84	9.43
2. 提留统筹总额	亿元	6.47	7.47	8.34	6.44	7.4
人均提留统筹	元	24.27	27.68	30.67	23.58	27.01
其中：村提留	元	—	—	—	—	—
乡统筹	元	—	—	—	—	—
占上年收入	%	6.4	6.67	6.67	4.57	4.4
3. 社会负担	亿元	3.79	3.21	2.12	1.08	1.53
人均负担	元	14.2	11.96	7.84	3.98	5.62
占上年收入	%	3.8	2.88	1.71	2.77	0.92
农民负担总额	亿元	10.26	19.41	20.93	19.87	24.68
项目	单位	1995 年	1996 年	1997 年	1998 年	1999 年
1. 税金	亿元	19.31	23.94	26.41	27.68	27.45
其中：农业税	亿元	4.71	6.19	6.56	6.5	6.22
农业特产税	亿元	3.29	4.4	4.98	5.6	6.16
人均纳税	元	70.62	87.56	96.38	96.57	101.93
占上年收入	%	9.66	10.3	9.36	8.61	8.03
2. 提留统筹总额	亿元	8.04	8.89	9.86	10.3	9.96
人均提留统筹	元	29.22	32.29	35.8	37.66	36.97
其中：村提留	元	—	13.25	14.77	15.26	15.2
乡统筹	元	—	19.04	21.03	22.4	21.78
占上年收入	%	4.01	3.8	3.47	3.36	2.91
3. 社会负担	亿元	2.83	4.08	3.9	2.93	2.2
人均负担	元	10.35	14.93	14.2	10.7	8.17
占上年收入	%	1.42	1.75	1.38	0.95	0.64
农民负担总额	亿元	30.18	36.91	40.17	40.91	39.61

资料来源　刘亚军：《陕西省农民负担问题研究》，硕士学位论文，西北农林科技大学，2000 年，第 26 页。

自农村改革以来，农民的纳税额逐年增加，“由1991年的8.73亿元，增加到1998年的27.68亿元，各年分别比上年增长19.93%、17.96%、27.53%、22.6%、23.98%、10.3%、4.8%。农民人均纳税……由35.52元增加到1995年的70.62元，……1999年增加到101.83元”[104]25。比较农业税金、提留统筹和社会负担可以发现，从1991年到1999年，农业税金增长到3.14倍；提留统筹从1990年的6.47亿元增长到9.96亿元，增长到1.54倍；社会负担1990年为3.79亿元，其后最高时达到4.08亿元，最低时1.08亿元。农业税金增长幅度最大。（见图5-5）

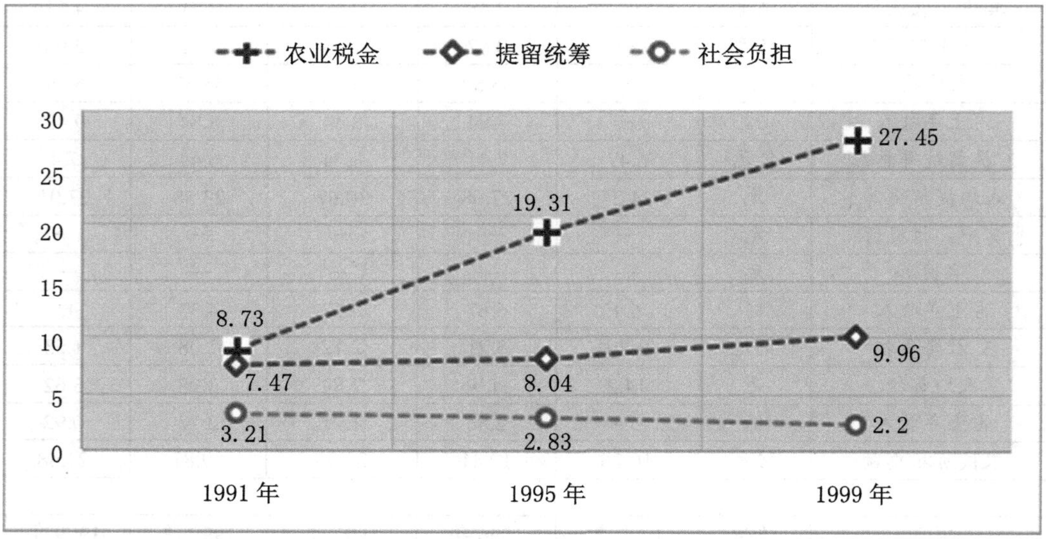

图5-5 陕西省农民负担总额变化（1991—1999年） **单位：亿元**

资料来源 刘亚军：《陕西省农民负担问题研究》，硕士学位论文，西北农林科技大学，2000年，第25页。图表为笔者绘制。

1991—1999年，农业税从占农民负担总额的45%增长到69%（见图5-6），而据1995年统计，仅中央部门制定的与农民负担有关的收费、基金、集资等各种文件和项目就有93项之多，在农村要农民出钱、出物、出工的各类达标升级活动还有43项，而地方各级政府制定的向农民收费的项目更多达269项。[105]153这样算的话，在农民负担中，村提留、乡镇统筹和杂费的实际比例要相对更低一些。

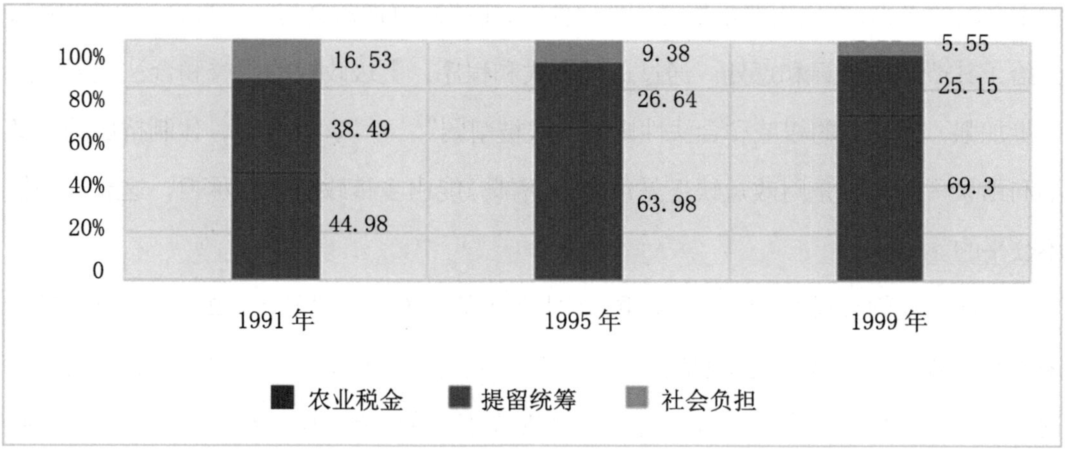

图 5-6　陕西省农民负担比例变化（1991—1999 年）　　单位：%

资料来源　刘亚军：《陕西省农民负担问题研究》，硕士学位论文，西北农林科技大学，2000 年第 25 页。图表为笔者绘制。

然而，乡镇政府极力获取的预算外收入并没有使其财政状况得到改善，仅仅是勉力支撑而已。预算外收入主要用于四个方面：①首先和最重要的就是填补农业税收的“尾欠”。这是乡镇政府领导的首要工作目标。农业税收必须全额如数上缴县财政，如果不能完成，乡镇的财政拨款就会被县政府扣减，并直接影响其工作考核。因此，如果数额实在不足，就只能将预算外资金“调入”预算内来弥补差距；如果这还不够，就只能通过借债来补足差额了。②发放各种补贴和福利。乡镇政府工作人员的工资中，都不包括地方政府规定的各种工资补贴、津贴，而需要乡镇自己解决；另外，为了确保税费征收“滴水不漏”，乡镇还需大量聘用临时工作人员并向他们发放补贴。收费越多越难收，就越需要更多的人力，补贴开支也就越大，于是陷入了机构膨胀和农民负担增长的恶性循环。③用于维持乡镇政府日常运转。大多数县级财政下拨给乡镇的办公经费根本不够用，也只能靠预算外收费来弥补。④乡村的公共服务和公共开支费用。前三项开支之后，其实已经所剩无几，因此乡村公共设施和公共服务长期陷于停滞。[106] 12-13 总之，“分税制”的财政体制对最低层级的乡镇政府挤压最大，造成其财政极度困难。

在农民负担问题上，各级政府显然扮演了截然不同的角色。上级政府无一例外地强调要坚决降低农民负担，并不时对乡镇提出批评。这“使得农民直观地认为上级组织是和自己站在一起来对付基层的，而基层政权所采取的禁止集体越级上访的规定和行动则使农民进一步确信基层政权是站在自己和中央政府的对立面上在胡作非为。……

出于策略的考虑，在出现严重的群体性事件时，上级政府通常会与基层政府‘划清界限’，会给予其严厉的批评和惩处。通过这种方式和程序，上级政权的声誉和合法性得到进一步加强，而基层的权威和合法性则又一次被削弱”[4]204。就是说，体制挤压的全部不利结果——无论是财政短缺还是声名狼藉都只能由乡镇政府独立承担，这显然是极不公平的。

由此，我们看到了农民负担加重的体制性原因。有些学者认为，20世纪90年代以来的乡镇政府日益从“代理型政权经营者”转变为“谋利型政权经营者”，笔者以为这种看法并不确切。乡镇政府努力扩充财源乃是财政体制挤压的结果，也主要用于勉强维持这一级政府运转而已，并非为乡镇干部带来了更高的经济收入，难以称为“谋利型经营”。后文关于乡镇债务的论述会更清楚地看到这一点。

第二，“目标责任制”的政府管理体制。

20世纪90年代以来，经济改革中分级负责的“目标责任制”逻辑，很自然地被引入到干部管理体制中，并形成“压力型”体制。“所谓压力型体制，指的是一级政治组织（县、乡）为了实现经济赶超，完成上级下达的各项指标，而采取的数量化任务分解的管理方式和物质化的评价体系。为了完成经济赶超任务和各项指标，该级政治组织（以党委和政府为核心）把这些任务和指标，层层量化分解，下派给下级组织和个人，责令其在规定的时间内完成。然后根据完成的情况进行政治和经济方面的奖惩。由于这些任务和指标中一些主要部分采取的评价方式是‘一票否决’制（一旦某项任务没达标，就视其全年工作成绩为零，不得给予各种先进称号和奖励），所以各级组织实际上是在这种评价体系的压力下运行的。”[107]17 在我国多层级的政府体系中，层级越低，其实际工作的任务和目标就越多，乡镇政府因而彻底成为一个疲于完成上级任务的机构，其压力可想而知。陕西省的调查显示，乡镇政府承担的职能有65项，涉及农村基层组织建设和精神文明建设、发展经济和农民增收、基础设施建设和社会公益事业、环境保障、维护农村稳定、社会事务等方面，其中“一票否决”的有社会治安综合治理、安全生产、计划生育、信访、环保等；地方确定的“高压线”还有党建、党报党刊征订、农民负担、基金会清欠等。

其实，压力较少来自这些任务本身，而主要来自“官员晋升锦标赛”的过程。在任务不断增多、事权不断加大的考核方式下，在“压力型”体制和激烈的“晋升锦标赛”中，乡镇政府疲于应付，其诸多的行为变异就难以避免了。

第三，“条块分割”的基层农村管理体制。

在计划经济时期，基层农村社会管理体制中就有“七站八所”等与乡镇政府并列，它们是上级政府部门的派出机构。这些派出机构虽然常驻乡镇，但只接受上级部门的垂直管理，乡镇非但没有管理指挥权，而且对这些“钦差大臣”们不敢得罪，于是在很多农村事务上毫无发言权。这些派出机构的“条条”与乡镇政府的“块块”之间形成严重的“条块分割”，使得乡镇政府的实际管理权难以行使；乡镇政府在具体事务管理中往往处于矛盾状态，一旦管理就涉嫌越位，撒手不管又是不作为。“理论上，乡镇政权是一级完整的政权体系。然而，现实中的乡镇职能与权力受到上级政府下派机构的掣肘，整体功能遭到严重削弱。这种垂直管理和属地管理相交叉、职能权限划分不科学的体制导致基层社会弊端丛生。”[108]146

上述三种管理体制挤压的结果是乡镇政府财政紧张、压力巨大和力不从心，无论是政府运行还是行使管理职能，都显得非常艰难。“自上而下的行政任务型管理和财政体制上的分级包干之间的矛盾非常突出，乡镇一级事权大财权小，加上乡镇机构、人员、办公费用的恶性膨胀，使乡镇财政处于破产的边缘。”[108]146

债务是乡镇政府经济困窘最有力的证明。陕西省这方面的问题也极为严重。据调查，截至 2004 年底，全省乡村债务共计 124.97 亿元，其中，乡镇政府债务 76.85 亿元，占乡村债务总数的 61.5%。全省除西安市三城区外，其余 104 个县区均有负债，平均每个县 7389.7 万元，每个乡镇 440.7 万元。关中地区的 293 个乡镇，截至 2005 年底，乡村两级负债总额高达 22.64 亿元，其中乡镇一级负债 13.3 亿元。按县计算，负债规模最高的县达到 3 亿元以上，最少的县也在 8000 万 ~ 9000 万元；按乡镇计算，最高达到 5000 万 ~ 6000 万元，最低的乡镇为 280 万元。“陕西是西部经济欠发达的农业省份，县、乡、村财力短缺，债务沉重，基层无力发展公益事业。以合阳为例，合阳县 16 个乡镇截至 2005 年底累计负债 6100 万元。其中，负债最多的乡镇达 1050 万元。”[109]18

1999 年，中央就提出把清理乡村两级不良债务作为农业和农村工作的一项重要内容，国务院办公厅还专门发布了《关于彻底清理乡村两级不良债务的通知》。但直到

2005年后，债务化解力度才有所增大。2007年陕西省化解农村“普九”债务6.4亿元，占总债务的21%；2008年化解18.4亿元，占债务总额的60%；2009年化解5.8亿元，占债务总额的19%。乡镇至此才卸下了沉重的债务包袱。

2. 村治变异

农村税收始终是乡镇政府完成预算内收入和扩大预算外收入的根本途径，但是，面对数以万计的农户，尤其是农民对不合规定税负的抵制，仅靠乡镇政府根本无法应对。很自然地，通过村组干部来完成就是最简便易行且成本最小的方法，那么，对村组干部的控制就至关重要，这个逻辑最后导致了村组干部角色异化。

怎样使村民选举的村干部能够听命于乡镇呢？乡镇的控制手段也经历了前后不同变化。最初是控制和干预选举，以推出自己满意且愿意配合的人选，而使那些不能配合甚至极力维护村民利益的人落选。这样产生的村干部从一开始就主要是乡镇政府的代理人，其次才是村民的当家人。认识到了这一点，这些村干部谋求私人利益的倾向也逐渐滋长，他们开始利用职权为自己谋取好处。乡镇则可能予以默许，以换得他们继续代替自己完成“催粮派款”的任务。于是，村干部成为基层政权的代理者，形成对基层政权的依附关系，而基层政权则以手中的强势资源及其自身权威性，制约村庄公共权力，将利益获取限定在一定范围内。[45]110这就是村干部“营利型经纪人”角色形成的机理。

乡镇政府还要采用多种手段来保证村干部完全服从。一是设立经济奖励和提供政治待遇，如参加培训，推荐担任省市县党代表、人大代表和政协委员候选人等；二是有权决定是否清理村级财务，是否接受村民上访来审查村干部、村干部的行为是否违纪违法和是否查处等。结果，即使能够真正落实民主选举村委会干部，但“很多地方的农民发现，无论选举多么真实，选举上来的村干部却与以前的村干部没有差别：他们依然唯乡镇命令是从。……只要有人被选为村干部，乡镇就有办法让其做乡镇希望的事”[110]7。就是说，村民和乡镇地位严重不对等，使得村干部更容易成为乡镇政府的附属而非村民的委托人。

与前述乡镇债务相关，乡镇为了完成各种达标项目而举债时，村干部也不得不为了完成乡镇分解的达标项目而举债，因此，乡村债务同根同源又休戚相关。截至2003

年，陕西省咸阳市礼泉县村级负债 7735 万元，涉及 369 个村，占全县村总数的 83%，最多的村达 600 万元，全县农民人均负债 232 元；关中地区的 3677 个村直至 2005 年共负债 9.34 亿元，占乡村债务总额的 41.3%；按村计算，最高的达二三百万元，最低的也有十几万元。

村干部角色的变化必然影响其职务行为。通过对比免除农业税前后村干部职务行为的变化，可以更清晰地反映村干部工作的重心。出于研究需要，有学者把村干部的职务行为分为以下三类：①为完成国家任务的职务行为；②为管理村集体资产的职务行为；③为组织农村公共产品供给的职务行为。他们于 2003 年和 2006 年两次就此展开调查，分别作为免税前和免税后的数据。两次调查均包括陕西农村的村干部。其中 2003 年的调查对象中，陕西占到 1/3；2006 年的调查对象中，陕西占到 67%。

对比发现，免税前村干部职务行为的重点是完成乡镇任务，其努力程度超过了后两类行为的合计（见表 5-14）。村干部对乡镇安排的任务，是无论如何都要完成的，就像乡镇会不惜一切代价完成县级政府的任务一样。

表 5-14　免除农业税前村干部各类职务行为的努力程度

类别	村干部努力程度	数据归一化
行为①	2.0050	0.524
行为②	1.3473	0.352
行为③	0.4748	0.124

资料来源　王征兵、甫永民：《村干部职务行为研究》，中国农业出版社，2009 年，第 86 页。

免除农业税后，村干部职务行为的重点变为管理村集体资产（见表 5-15），努力程度变化明显。

表 5-15　免除农业税后村干部各类职务行为的努力程度

类别	村干部努力程度	数据归一化
行为①	1.918	0.277
行为②	3.150	0.455
行为③	1.854	0.268

资料来源　王征兵、甫永民：《村干部职务行为研究》，中国农业出版社，2009 年，第 87 页。

从投入的时间和努力看，免除农业税前作为“国家代理人”的行为占到全部工作的 53%（见图 5-7）；免除农业税后，真正作为村民“委托人”而完成国家任务的行为投入大大降低，仅占到全部工作的 28%（见图 5-8）。

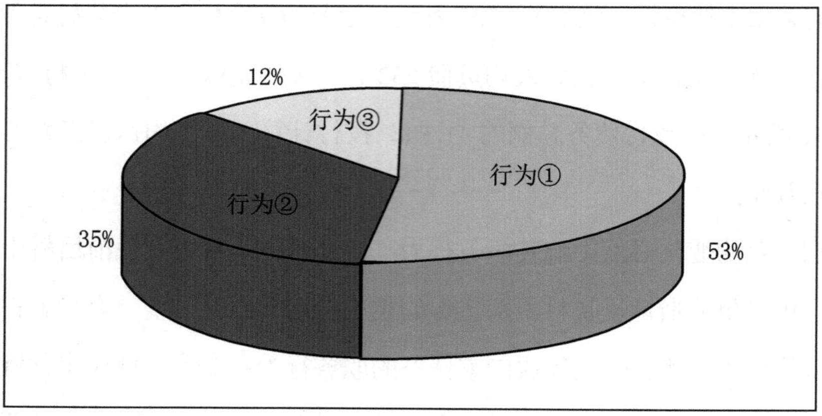

图 5-7　免除农业税前村干部各类职务行为比例

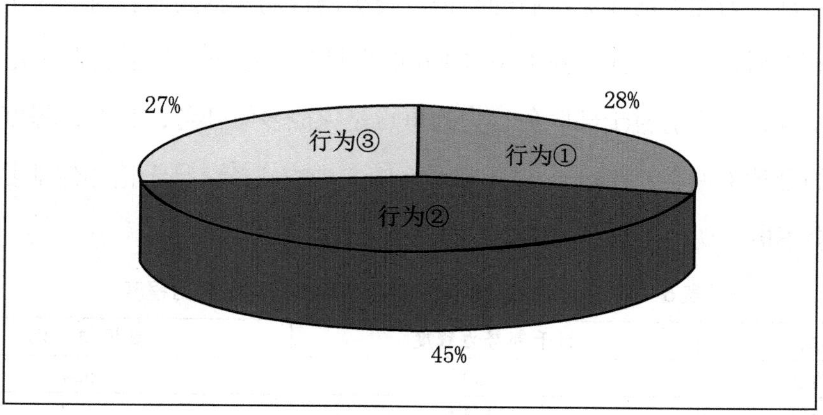

图 5-8　免除农业税后村干部各类职务行为比例

资料来源　王征兵、甫永民：《村干部职务行为研究》，中国农业出版社，2009年，第86—87页。

有学者指出，国家认为，只要基层政权还有“权益性行动”的空间和机会，其执行的政策就一定会走样，损害农民利益而谋取自身利益，而只有使其根本没有能力去进行“权益性行动”，才能彻底解决问题。[111]109 因此，对于税费改革和全面免除农业税的原因，大多数学者认为是中央政府越来越清晰地认识到：第一，农民负担日益严峻所潜藏的危险后果，尤其是可能带来的政治风险；第二，农民负担问题暴露出基层乡镇政府行为日益失控。于是，中央政府决心从根本上将基层政府的征税权拿掉，彻底恢复农民对“国家”的信任。

对此，笔者不敢苟同，这种理解也潜藏着更大的危险。税费改革和全面免除农业税，不应被理解为是要彻底斩断基层乡镇政府与村庄的关联。“税费改革和社会主义新农村建设从长远意义上讲必须要依靠基层干部与农民的配合与协作，而不是以牺牲基层的合法性为代价换取高层和中央合法性水平的提高。合法性的下降会产生‘倒逼效应’，基层合法性水平的下降必然连锁性地倒逼到高层和中央，这是一种带有相当大危险性的趋势。”[4]242 农民负担问题的根源是体制挤压，如果简单将其归结为基层乡镇政府的自我牟利，既不符合事实，也不利于建构合理的乡村关系。

国家、基层政府和乡村之间的纠葛值得我们深思。村民自治制度的初衷，是稳定乡村社会秩序和探索农村社会治理的有效模式。要实现这一目的，必须依赖村庄内部和乡村外部两个方面的良好合作。内部合作，就是村庄内部不同主体间的支持和制约；外部合作，就是村民自治组织与乡镇政府间的支持与制约。然而，乡村治理实践过程却呈现出这样的事实：两个方面的合作均不理想。就村庄内部而言，村委之间、村干部与村民之间的矛盾冲突，还可以被理解为乡村变革时带有的某种必然性的现象；那么，村民自治组织与乡镇政府间完全变成领导与服从、支配与被支配的关系，就是一种极为不正常的现象。

20 世纪 90 年代乡村治理的实际状况表明，村庄和乡镇间形成了实质性非常扭曲的关系，但表面上却没有表现出太多矛盾；村庄内部的合作极为艰难，存在着普遍的关系紧张、情绪对立和利益分化，因而表现出经常性的矛盾冲突。

众所周知，自古以来中国乡村就是以合作维持良好自治的典范。近代以来的国家政权建设下乡摧毁了合作的基础，传统自治遂难以为继。改革以来，国家在持续推进现代治理体系的同时，也全力推进村庄内部合作，农村发展走向和实际形态被“政府—乡村”的关系格局所决定。随着这一格局调整，农村社会合作基础增强，现代治理体系与乡村社会结构融合的条件也得以优化，于是，乡村治理体制需要再度创新。

5.3“多层竞争—合作”体制

5.3.1 研究综述

关于我国的乡村治理体制，理论界先后提出了以下几种认识：①“乡政村治”。这是张厚安教授于 20 世纪 90 年代初所提出的，也是此后 20 多年来乡村治理实践的基本模式。近年来，有学者指出，这种自上而下的行政化治理体制已不再适应农村社会发展，因而导致其治理成本急剧加大和农民负担不断加重，从而加剧了乡村社会的离散性。[112]29 而从二20多年来的实际运作中可以发现其突出问题，即“村治”存在形式化风险、“乡政”合法性不足、乡村治理陷入困局等。对其进行适当改革是当务之急，学者们亦就此提出了新的体制设想。②“乡治、村政、社有”。乡治就是实行乡镇自治，村政就是将政府组织延伸至行政村，设立村公所作为乡镇政府的派出机构。“社有”是指构建农村社区，明确农村土地所有权属于社区，并专门行使土地管理和土地收益分配职能。[113]25-27 这是走向高度自治的体制，村社分开、土地归村社所有具有极大的合理性，但是将地方自治升级的设想，显然不符合国家政权建设目标。③“县政、乡派、村治”。徐勇教授认为，随着我国市场化、现代化和民主化所带动的乡村社会转型，乡村治理也应该进行结构性转换，实行“县政、乡派、村治”的体制。“县政是指县成为国家在农村的基层政权，……县以下的乡成为县的派出机构，……由于政府任务主要由乡派出机构处理，村民委员会只是协助政府工作，其主要任务是搞好村民自治，从而使村民委员会真正成为群众性自治组织。”[112]30 这种体制希望取消乡镇一级政府，以彻底解决目前乡镇政府“责”“权”“能”不统一的问题，在保证县政和村民自治良性互动的基础上推进乡村治理。在目前村民自治还存在诸多问题和乱象的情形下，如果上收乡镇决策权而仅行使执行职能，那么县级政权将直接决策海量而差异突出的农村具体问题，巨大的时间成本必然会降低政府效能，村庄事务也难以及时处理。④“强县政、精乡镇、村合作”。在依然保持“县乡村”三级组织基本设置的前提下，根据县域经济一体的思路，有学者提出“强县政、精乡镇、村合作”的设想。这种体制的优点在于，“利用三者之间的经济协同作用，发挥落后农村的后发优势，推动农村经济和社会的发展”[114]128。显然，这是希望着力突出“乡政村治”体制的应有功能，或是回归其设计初衷。尤其是着眼于“县乡村”经济协调和农村城镇化而促进城乡统筹，完全符合我国农村现代化目标，同时，保持原有治理结构也有利于体制创新的连续性。⑤“官、民合作体制”。这是一种在政治体制内部构建乡村治理秩序的设想：首先，“以自然村落为基础进行社区建设……在村落社区自治的基础上，自然生长出公民社会力量”；其次，构建新的乡镇制度，即通过“乡镇权力结构的重构，建构一种全新的‘官’‘民’

二元的治理结构，在体制内通过权力重构达致国家与乡村社会之间的合作”。[115]7 但这种构想失之笼统，具体途径不够明确，对基层政府和乡村关系的处理似乎也没有涉及。

可以看到，学者们对于后税费时代的乡村治理普遍抱以乐观态度，认为只是一个强化的问题，而争论的焦点则集中于当前乡村治理的核心要素——乡镇政府的去留。多数学者主张仍然保留乡镇一级政府，但必须加强其权能和转变职能，才可能避免其行为异化和对村民自治的“入侵”。这种思路与当前我国政治体制改革的总体构想一致，也符合乡村发展的客观需求。相反，如果取消乡镇一级政府，则可能会带来两个问题：第一，被剥离殆尽的乡派机构仅仅处理乡村行政事务，虽然有利于村民自治健康发展，但是否会造成村庄与国家的断裂？审视当前村民自治尚未成熟的现实，基层政府的“撤出”是否会使得当前农村各种乱象更加严重？第二，每个村庄都会有一些特殊事务需要直接和基层政府打交道，如果乡镇失去政府资格，如此众多的村庄都去直接和县政府打交道，“县政”可能就会完全沦为“村政”。因此，笔者认为，取消乡镇政府的构想不合理，对其进行改革才是可取的办法。

本研究拟从合作主义的角度，结合村民自治中已经形成的民主协商雏形，提出当前乡村治理的体制创新。

5.3.2 “多层竞争—合作”体制

1. 理论基础

前述体制设想虽然各有不同，但对于村民自治与国家治理目标的一致性，在认识上并无异议，目标一致在实践中就表现为合作。现有研究更多关注的是从县到村的宏观治理结构，对于村庄和基层政府间的具体合作则关注不够。既然乡村治理的关键问题是乡村关系，笔者拟从乡村关系处理层面提出“多层竞争—合作”的乡村治理体制。其理论渊源是“合作主义”，直接理论基础是“竞争—合作主义”。

“合作主义”，亦称“法团主义”“社团主义”“统合主义”，“是一种关于社会结构性冲突及秩序的学说，其关注的核心问题是社会不同利益如何得到有序集中、传输、协作和组织，并用各方同意的方式进入体制，以便使决策过程有序吸收社会需要，将社会冲突降低到不损害秩序的限度。”[116]21 “合作主义”的主旨就是通过体制化形成不同利益团体间的平衡，从而在稳定秩序中实现利益均衡。因此，它以利益协调为核心，以实现秩序为目标。这种秩序不是依靠国家权威而强加的，而是依靠各团体间既竞争又协商的互动生成的。

“中国正处于社会转型期，政府职能的转变、公共权力向社会的回归、社会组织的兴起等等，都为‘合作主义’在中国的运用提供了契机。”[117]19 这也是20世纪90年代以来“合作主义”在国内备受关注和大力提倡的根本原因。从执行政企分离、推行村民自治、呼唤市民（民间）社会、提出善治理念到实行政府职能转变、倡导社会建设、推进城乡社区建设等，都有着浓厚的“合作主义”背景。

乡村治理首先是不同利益主体与国家合作的过程。“乡村治理实际上体现着多个利益主体的利益博弈，它是国家政权、乡村社会、原子化村民等不同参与式治理主体的博弈互动过程，在实践中有其自身的演进逻辑。”[45]108 但这种博弈必须遵守一个基本前提：国家权威和秩序。自晚清以来，前后相继的政权下乡、政党下乡和意识形态下乡，使得国家力量已经渗透到最底层的乡村社会，乡村早已成为国家权力必须掌控的重要部分。村民自治释放了农村政治空间，但国家权威必须始终保持和强化，只是这种权威的社会认同基础更为强大。乡村治理的“各参与治理主体必须在国家允许的制度变迁范围内进行制度实践突破。在博弈规则运行中，各参与主体必须承认国家的统治权威性，博弈过程是建立在国家权力具有最高权威仲裁权的基础之上，这便是各参与治理主体对乡村治理权力分配的共识之处”[45]111。“合作主义”是“多层竞争—合作”体制的思想渊源。

乡村治理也应该是竞争与合作同时并存的过程。针对中国社会治理中的国家垄断问题，徐勇教授别具匠心地提出了“竞争—合作主义”，即在竞争中实现合作，在合作中引入竞争。竞争是为了打破垄断，而合作则是为了减少冲突。“就现阶段中国权力格局和治理模式的转型来说，多元主义的竞争仍然是不可或缺的。这主要在于，多元主义所强调的竞争是建立在强化公民社会，防范国家权力扩张和无节制运用国家权力基础上的。”[118]31“竞争—合作主义”对于村民自治、社区居民自治、民间组织发育等具有普遍适用性，对于“善治”意义重大。因此，它也是本著述所提“多层竞争—

合作”体制的直接理论基础。

2.“多层竞争—合作”体制

不同主体参与乡村治理并展开利益竞争，是国家与社会分离的必然结果。任何旨在互利的合作中，如果没有适度互争，互利合作也必然难以持久；而国家权威和秩序又构成了竞争的“底线”，维持这个“底线”的根本条件就是合作。实际上，我国参与乡村治理的不同利益主体也一直在通过制度创新而扩大竞争型合作。村委会选举中、村“两委”之间、村委会组织与村落其他组织之间，均以竞争合作来制衡和相互促进；在农村公共设施建设、公共服务供给等方面，通过市场机制所促成的民间组织与政府组织合作，也表明了在乡村社会和乡村发展中，正形成着越来越多的“竞争—合作”关系。据此，本著述提出“多层竞争—合作”体制，所谓“竞争—合作”包括三个基本层面：

第一个层面是不同利益团体与国家间的发展型竞争合作，主要围绕村庄发展形成。当基层乡镇政府受体制挤压而必须将自身压力转嫁和分解到村庄的时候，竞争合作的基础十分脆弱；后税费时代和乡镇政府职能转变，促使合作基础大大增强。

第二个层面是多个利益团体间的谋利型竞争合作，主要围绕团体利益而展开。不同利益团体参与乡村治理虽然经常表现为竞争，但“零和博弈”的后果是两败俱伤，形成一定合作才能“共赢”。农村社区建设也将使不同组织的“分类治理”倾向更为突出，“共赢”也将成为共识和共同需求。

第三个层面是个体间的参与型竞争合作，主要围绕参与村庄事务而展开。现代社会中，个体只有通过形成组织才能更好地实现自身价值。随着乡村现代化以及村民自治的熏陶，农民个体在参与村庄事务时的竞争行为已屡见不鲜。

笔者以为，后税费时代乡村治理的基本走向，就是形成了这三个基本层面的合作与竞争，它们围绕村级公共服务而展开，并在此过程中同时实现国家秩序、团体利益、乡村发展与个体价值四个基本目标（见图 5–9）。当前，在国家、基层政府和村庄关系格局不断优化的情况下，这种体制具备了充足的实现条件。

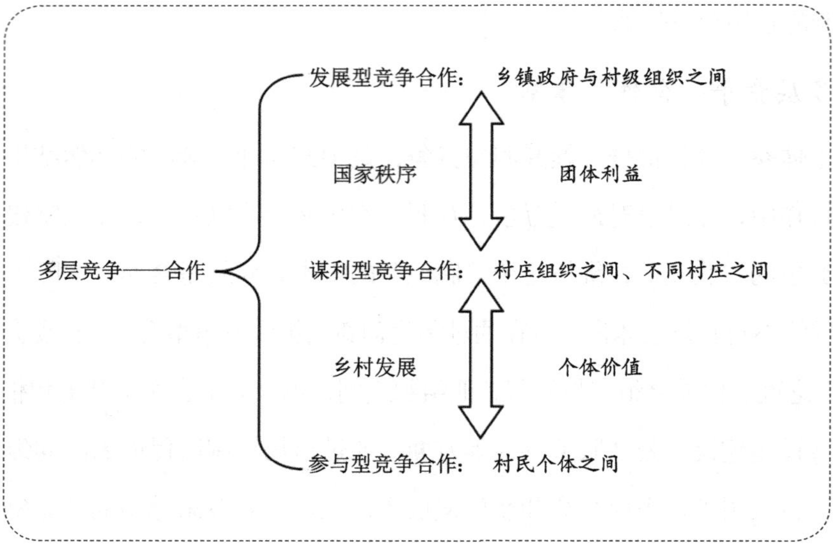

图 5-9 “多层竞争—合作”乡村治理体制结构图

20世纪80年代形成的“乡政村治”是当代中国农村社会治理体制的第一次重大变革，代表国家与农民关系的新格局。但由于体制挤压，“乡政村治”在实际运行中发生了畸变，表现为乡政困难和村治行政化，这种体制未能完全实现预期功能。进入21世纪后，国家、基层政府与村庄的关系格局再次调整，直接推动多元主体参与乡村治理，从而带动乡村治理体制创新。“多层竞争—合作”体制具有现代治理理念和结构，将实现现代治理体系与乡村社会结构的全面对接，将更好地实现治理目标和推进农村现代化。

第 6 章　路径之三："乡土特质"的农村社会建设

今天的"社会主义新农村建设"，其实已经是新中国成立以来第三次提出了。此前的两次分别是：1956 年《高级农业生产合作社示范章程》中首次提出"建设社会主义新农村"的目标；1981 年《当前的经济形势和今后经济建设的方针》中提出为"建设社会主义新农村"而奋斗。

2005 年 10 月党的十六届五中全会再次提出"社会主义新农村建设"的建议；2006 年 1 月 16 日我国制定的《"十一五"规划纲要》中，提出新农村建设的五点意见和五个重点方面；同年 2 月 21 日，《中共中央国务院关于推进社会主义新农村建设的若干意见》公布，用农民熟悉的"中央一号文件"的形式，出台了涉及 8 个方面共 32 条支农惠农的具体措施。

前后三次提出"社会主义新农村建设"的不同背景和目标，反映了我国的城乡关系的变化。经历了 20 世纪 90 年代的结构调整、"三农"问题的严重和 21 世纪初的税费改革之后，2010 年新农村建设重点突出了全面布局。它"在完整性、系统性和深刻性方面远远超过前两次，非常清晰而具体地指出了在新的历史条件和社会背景下中国农村发展的方向、动力以及保证目标实现的政策措施"[4]112。因此可以说，当前的新农村建设指向农村生产生活整体形态，是全面的社会建设。

2004 年党的十六届四中全会首次提出"社会建设"后，围绕这一概念，学界形成了民生事业论、社会管理论、社会重建论和社会结构论四种代表性观点。总结不同认识，著名社会学家陆学艺先生将其概括为："按照社会发展规律，通过有目的、有规划、有组织的行动，构建公平合理的社会利益关系，增进社会全体成员共同福祉，优化社会结构，促进社会和谐，实现社会现代化的过程。"[119]18 该概念坚持社会学视角，着眼于社会现代化变迁过程，把社会公平、民生事业、社会结构、社会和谐等内容整合其中，完整阐明了社会建设的基础、内容、实质、过程等基本方面。基于这一概念，本研究提出如下认识：作为社会建设举措，通过对主体、资源、基本领域、目标等进行全面布局，新农村建设旨在缔造农村社会新结构。

“步入新世纪之后的非西方国家，在展开社会建设的过程中……对传统与现代关系的重写，是其中一个最为关键的环节。”[120]36 农村是传统要素聚集之地，是传统社会结构的根本载体，传统与现代的关系处理在此也更具典型性。可以发现，从改革之初的“乡政村治”阶段到当前的新农村建设阶段，农村社会建设的基本趋向是：“现代性”与“乡土性”并行不悖。“现代性”是农村现代化的实质，但又必须努力彰显乡村因子和乡村特色，其目标是重塑乡村社会形态，而非继续弱化或消灭乡村。现代发展理论早已指出，“现代性”在传统要素基础上形成，很多传统要素也具有潜在的现代功能，因此，现代与传统是相辅相成和互相汲取的关系。我国农村社会建设要实现现代性与乡土传统的深度融合，在农村社会结构现代化的同时，乡土特质也要不断彰显。中共十九大提出实施乡村振兴战略，这意味着农村现代化的新阶段，也要求更好地推进农村社会建设。“必须把社会建设作为乡村振兴的首要内容和头等大事。乡村振兴，必须社会建设先行。”[121]8

6.1 社会主义新农村建设

6.1.1 内涵和外延

对社会主义新农村建设的内涵和外延，学界亦有不同理解。

经济学家温铁军教授认为，新农村建设就是要做到“三新”：城乡间的良性互动；农村各项制度完善与农村和谐社会构建；农村人文传统和自然环境的全面恢复。[122] 林毅夫先生认为，新农村建设的要义，在于加强农村公共基础设施、改善农民生活消费环境、启动农村需求市场以及进行农村劳动力转移等。[123]

贺雪峰教授认为，建设新农村实质是建设一个能够与城市良性互动、农民可以出得去回得来的农村生活共同体，即消除了二元体制差异的农村新社区。[124]16 这里，将农村社区作为新农村建设的基本单元和重点。

中央农村工作领导小组办公室主任、农业经济学家陈锡文认为，新农村建设包括四个方面的内容：发展农村生产力；完善农村经济社会管理体制；解决农民最关心的切身利益问题；让农村有个新面貌。[125]19-20

高淑桃、谢彦明认为，城乡统筹发展是社会主义新农村建设的主线，而当前城乡之间的关联是城乡统筹的充分条件。因此，新农村建设就是要形成城乡之间的密切关联，实现二者的良性互动。[126]25 在现代城乡关系格局变迁中，始终交织着农民与国家、市场间的关系，因此王立胜认为，新农村建设是中国农村社会基础再造的过程，即重构农民之间及其与国家、市场之间的关系模式，以实现国家目标和农民利益的过程。[4]113

王爱莲、张凡勇提出："新农村建设……不但涵盖了以往我国在处理城乡关系、解决'三农'问题方面的政策内容，而且还赋予了全面建设小康社会、加快推进社会主义现代化建设的时代特征；同时，它还是一个包含了经济建设、政治建设、文化建设、社会建设和组织建设在内的综合性概念。"[127]17

从社会学理念出发，陆益龙先生指出了新农村建设的三个方面，即新结构、新功能和新主体，而每个方面都有其具体内容和过程（见图 6-1）。

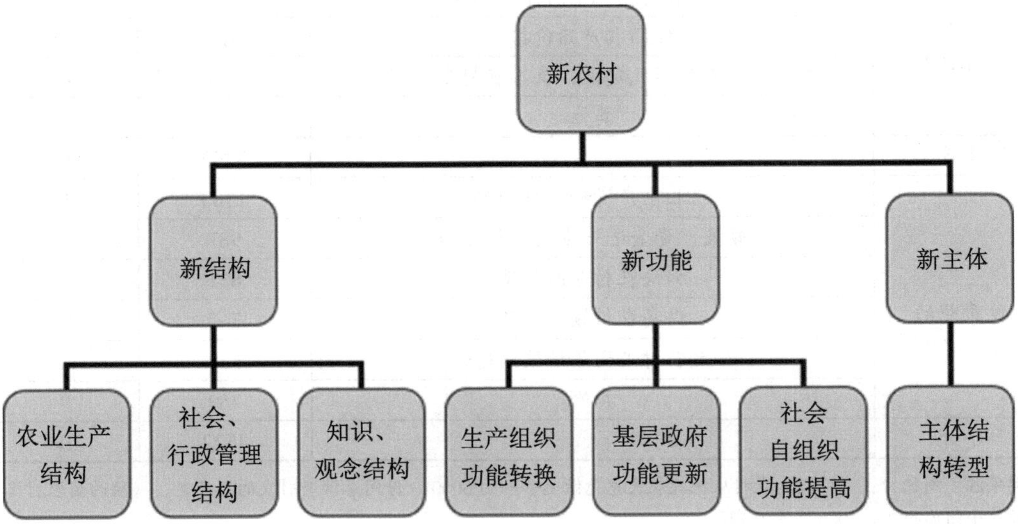

图 6-1　新农村建设"新"在哪里

资料来源　陆益龙：《农民中国——后乡土社会与新农村建设研究》，中国人民大学出版社，2010 年，第 340—341 页。图表为笔者根据原文内容绘制。

分析比较学者们的认识，本著述认为，新农村建设是涉及农村各个方面的系统行动，是城乡统筹阶段全面形成我国农村新结构和推进农村整体建设的过程。该概念既强调新农村建设的总体性特征，也着眼于农村社会形态的整体性，因此，将其理解为截至2010年我国农村社会建设的基本举措。

6.1.2 新农村建设的出发点

农民需求是新农村建设的出发点和现实依据。陕西省汉中市汉台区2006年的5704份农村问卷调查，大体反映了当前阶段农民所关心和期盼的事情（见表6-1）。

表6-1　农民最关心、最需要、最希望的事情

问题	项目	频数（人）	比例（%）
最关心的是什么？	增加农民收入	1723	33
	稳定农村政策	1170	23
	改善农村水利设施	901	17
	改善农村道路设施	851	16
	务实、合格的领导班子	452	9
	其他	102	2
小计		5199	100
最需要的是什么？	农业科技入户	1279	25
	加大农业投入	1185	23
	建立农村最低生活保障制度	885	16
	提高农产品价格	779	14
	加快实施农村沼气建设，改善农村生活环境	514	10
	其他	620	12
小计		5262	100
最希望的是什么？	农业生产资料价格稳定	1160	26
	政策、资金进一步向农村倾斜	987	21
	加快农村电网改造	881	19
	提高农村教育质量	567	13
	加大农村文化基础设施建设	538	12
	其他	389	9
小计		4522	100

资料来源　刘德力：《建设新农村从把握农民意愿做起——由5000余份问卷调查引发的思考》，《陕西省农村工作领导小组简报》，2006年第9期。

农民和乡村干部关心的问题中，农村设施占33%，农村政策占23%，收入水平占33%。农民最怕的问题是政策不稳定、假农资、农民负担、因病返贫和增产不增收（见图6-2）。他们迫切需要解决的问题有：改善农村基础设施和条件、建设和规范农村市场以及转移就业，其比例分别为48%、34%和9%（见图6-3）。

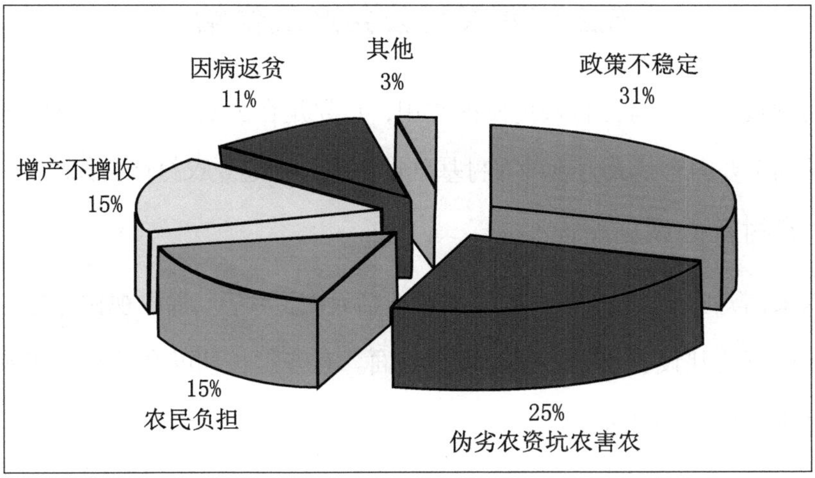

图 6-2　农民最怕的问题

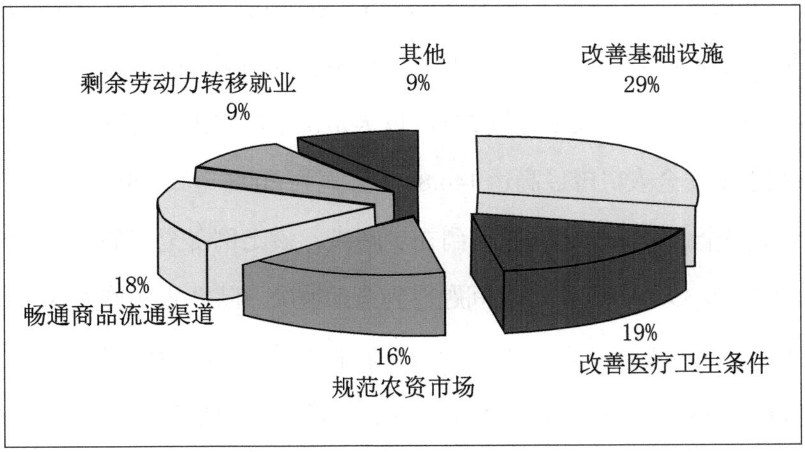

图 6-3　当前农村急需解决的问题

资料来源　刘德力：《建设新农村从把握农民意愿做起——由 5000 余份问卷调查引发的思考》，《陕西省农村工作领导小组简报》，2006 年第 9 期。图 6-2 调查对象为 5333 人，图 6-3 调查对象为 4678 人。

上述情况表明，粮食增产和农民增收不能解决农村问题，必须通过全面的社会建设来提升农村形态，才能根本解决"三农"问题。随着城乡统筹的推进，农村也逐渐走出凋敝状态，农村社会建设的条件已经具备。

借鉴陆益龙先生的观点，本研究认为，在农村社会建设中，政府机构和农民组织是新主体，增加农村供给是政府的新功能，二者持久互动将形成农村新社会结构。因此，这里从政府和农民着手，分析陕西农村社会建设的基本情况与现存问题；政府方面集中探讨农村公共产品供给，农民方面则重点分析农民的组织化。

6.2 陕西农村公共产品供给

新农村建设要求政府更积极地发挥作用，首先是在公共产品供给方面实现城乡一体化。当前的主要内容是大力改善农村基础设施建设和建立农村社会保障。

6.2.1 农村基础设施建设

改革以来，陕西农村基础设施建设主要包括人饮工程、广播电视村村通、三通（水、电、路）、电气化建设、信息入村工程等方面。有些是长期以来就坚持实施的项目，有些则是近年来开始启动的。

1. 长期实施农村人口饮水工程

自1981年以来，陕西累计投入建设资金60多亿元，建成各类农村饮水工程3万多处，共解决了2000多万人的饮水困难和饮水不安全问题，占全省农村总人口的70%以上，2010年农村自来水普及率超过57%。以人畜饮水严重困难的陕北榆林地区为例，饮水困难和饮水不安全人口曾经高达144.88万。直到2008年底，58.4万饮水困难人口、87.45万饮水不安全人口的饮水问题得到初步解决，该比例占全市的60%，饮水极度困难的白于山区的39.33万人饮水困难问题得到全部解决。陕西省实施人饮工程分为三个阶段：①1981—1991年，重点实施世行贷款农村改水项目。利用世行贷款9112万元和国内配套资金11952万元，截至1991年底，解决了渭北地区875个行政村149万人的饮水问题。②20世纪90年代，重点实施"甘露工程"[①]，共完成投资13.69亿元，建成各类农村饮水工程1.54万处，解决了674万人的饮水问题；逐步推行城乡供水一体化，越来越多的农村开始使用自来水。③2000年以后，大幅度增加投入，彻底解决农村人口饮水问题。2000—2005年，利用国家"农村饮水解困工程"资金8亿多元，建设农村饮水工程7630处，解决了393万人的饮水困难；利用国家专项资金1.824亿元，建设农村饮水工程1506处，保证了84.6万人的饮水安全。2005—2009年，再投入资金34.32亿元，新建饮水工程1万多处，解决了723万人的饮水问题，农村自来水普及

---

①"甘露工程"，是陕西省于1996年提出的解决农村人畜饮水困难的三年短期规划。主要内容是：把解决人畜饮水的范围从陕北白于山区扩大到全省农村和县城以下乡镇；三年投资10亿元，于1998年底彻底解决全省412万人口的饮水困难。

率超过了 55%。到 2012 年，解决了全省农村剩余的 500 万人饮水安全问题，农村饮用自来水人口达到 1940 万，自来水普及率达 65% 以上。[128]

2. 1995 年以来坚持实施水电路"三通""广播电视村村通"等工程

1995 年省政府作出了优先发展陕南、陕北"三通"建设的重大决策，全省农村"三通"工程正式开启，此后中央和省上还先后启动了改善农村基础设施的多项工程建设。据《陕西日报》，20 世纪 90 年代以来，陕西省坚持实施面向农村的多项便民工程，10 多年来取得了显著成效。①农村公路建设。1995—2005 年，农村公路建设共投资 115 亿元，全省农村公路里程超过 10 万公里，其中乡村两级公路里程达 9.23 万公里；通公路的乡镇达到 100%，通路的行政村达到 95%。全省农村公路班线已有 1866 条，投放客运班车 7988 辆，乡镇通班车率达到 99.7%，行政村通班车率达到 77.9%。2006 年，作为全省"八大民生工程"之一，陕西开始重点提升农村公路的等级和质量。2006—2009 年新改建农村公路共计 6.9 万公里，其中新增通村油（水泥）路 4.8 万公里，是"十五"期间的 3 倍多；行政村通班车率提高 10 个百分点达 87%。②"村村通"工程。1998—2005 年，我国启动了第一轮的广播电视"村村通"工程。截至 2005 年底，陕西共完成 8180 个行政村和 4010 个 50 户以上自然村的通广播电视任务，基本实现行政村通广播电视。2006 年第二轮"村村通"工程启动，陕西省将其列为"八大民生工程"重点项目，并于 2008 年取得显著成效（见表 6-2）。③农村电气化建设。2001 年，陕西开始实施农村小水电建设、电气化县建设项目试点，截至 2005 年，13 个试点县农用水电设施新增装机 22.45 万千瓦，实现乡镇通电率 100%，农户通电率达到 99%，35 万农户实现"以电代燃"，"以电代燃"户率达到 30.9%。按照新农村建设的思路，2007 年又开始新农村电气化建设试点，累计投入资金 2 亿多元，建成 14 个电气化县、109 个电气化乡和 972 个电气化村，提前两年并超额完成了"十一五"规划目标。根据陕西省发改委的发展规划，到 2012 年全省完成 60 个县、400 个乡和 4000 个村的电气化建设目标。④电话村通工程和信息入村工程。1984 年改革初期，陕西农村未通电话的行政村有 23571 个，占总村数的 72.2%。2007 年开始实施"村村通电话"工程之时，陕西全省仍有 6438 个行政村、832 个自然村未通电话，工程实施两年后的 2009 年，行政村通电话率提高到 91%，自然村通电话率达到 100%。2007 年启动的信息入村也是“民生八大工程”的重要内容，是农村步入“信息高速路”的关键项目。到 2009 年底，累计建设 20517 个农村信息服务站，接入互联网的行政村达到 76.71%，接入宽带的行政村达到 74.63%；全省 20 多万农户装了宽带，超过百万农户享受语音包月信息服务；各类涉农信息服务平台每年为农民发布信息 20 万余条。

表 6-2　有各类设施和公共服务机构的村比重　　单位：%

指标	陕西	陕北	关中	陕南
交通设施				
通公路的村	89.5	88.6	88.1	93.1
通公路的自然村	4.3	78.4	71.9	73.7
村内有车站、码头	2.4	22.9	25.5	20.6
按进村公路路面类型分				
有水泥路面的村	22.1	2.4	34.0	27.2
有柏油路面的村	24.6	28.3	30.0	11.3
按村内主要道路路面类型分				
有水泥路面的村	17.9	1.6	30.6	17.7
有柏油路面的村	6.6	8.1	7.7	3.0
村内主要道路有路灯的村	8.2	2.4	15.9	2.8
电力、通讯设施				
通电的村	99.2	98.5	99.6	99.3
通电话的村	96.9	94.5	98.4	97.2
通电的自然村	97.6	94.3	99.0	98.6
通电话的自然村	91.3	86.7	94.2	91.8
文化教育、电视节目				
村内有小学	35.4	25.5	43.9	33.9
村内有中学	5.2	3.6	6.2	5.3
有幼儿园、托儿所的村	20.9	6.5	34.5	16.9
有体育健身场所的村	4.5	1.2	8.2	2.6
有图书室、文化站的村	7.1	5.6	9.9	4.6
有农民业余文化组织的村	13.8	5.4	24.6	6.9
能接收电视节目的村	97.5	96.2	98.8	96.9
安装了有线电视的村	38.6	22.9	50.9	38.3
能接收电视节目的自然村	94.9	92.5	96.5	94.7
安装了有线电视的自然村	30.4	18.2	40.1	29.0
医疗卫生机构				
村内有医院、卫生院	6.7	5.4	7.0	7.6
有卫生室的村	65.0	29.4	81.3	83.0

续表

指标	陕西	陕北	关中	陕南
有行医资格证书医生的村	67.2	35.3	83.3	80.9
有行医资格证书接生员的村	18.3	8.3	21.6	25.4

资料来源　陕西省统计局：《陕西省第二次农业普查主要数据公报》，陕西省统计局网站，https://tjj.shannxi.gov.cn/tjsj/ndsj/tjgb/qs_444/20080612_1614187.html.（2025 年 1 月 6 日查询）

3. 农村医疗卫生体系建设

在新农村建设中，陕西省启动农村"三级医疗卫生体系建设项目"，完善村卫生室、乡镇卫生院、县中心医院三级体系。到 2008 年底，全省共有县级医院 301 所、妇幼保健院 79 所、疾病预防控制机构 80 个，乡镇卫生院 1706 个，70% 的村有卫生室；共有床位 7.9 万余张，卫生技术人员 9.2 万人。基层农村卫生网络基本成型，基层医疗机构的服务能力得到了极大提高。[47] 据 2006 年陕西省第二次农业普查数据，当前各类基础设施和公共服务机构对农村广泛覆盖，而文化教育设施和卫生医疗机构仍显不足。

6.2.2 陕西农村社会保障

长期以来，农村缺乏基本的社会保障体系。对农村特困户和五保户国家仅提供基本生活救济而已，其他农民只能依靠土地和家庭作为生活保障。1991 年开始中央就提出发展农村社会保障事业，直到 2010 年才得以大力推行和取得显著成效。当前农村社会保障的重点是新型农村合作医疗制度与新型农村养老保险制度的建设。

1. 新型农村合作医疗制度

自改革以后，我国计划经济年代的农村合作医疗体系几乎解体，农民看病医疗依靠自费解决。1993—1997 年，中央提出要在农村发展和完善合作医疗制度后，农村合作医疗覆盖率有所提高，但没有从根本上解决问题。

2003 年，国家出台《关于建立新型农村合作医疗制度的意见》，新型农村合作医疗制度建设正式启动。按照要求，陕西省当年就在商洛市镇安县、咸阳市彬县、延安市洛川县展开试点，2005 年、2006 年试点县（区）数量分别扩大到 11 个和 43 个。到 2007 年上半年，除西安市三城区外，其余 104 个县（区）已实现全面覆盖，能够享受合疗的农业人口达 2765.4 万，提前三年完成了全省覆盖目标，也成为全国第三个实现全覆盖的省份。在此过程中，参加合疗的农村人口增长迅猛，从 2004 年的 65.5 万增加到2434.95万，参合率虽在2005年、2006年有所下降，但2007年旋即上升，2009年已达到93%（见表6-3）。

表6-3 陕西省新农合概况（2004—2010年）

年份	2004	2005	2006	2007	2008	2009	2010
试点县、区（个）	3	11	43	104	104	104	104
参合农民（万人）	65.5	231.6	1046.7	2435.0	2495.5	2565.1	2581
参合率（%）	92.9	82.0	87.2	90.1	91.6	93.0	95.0

资料来源 2004—2006年数据见孟宏斌《陕西农村合作医疗三十年回顾与展望》，见杨尚勤、石英、江波《陕西社会发展报告》，社会科学文献出版社，2009年，第320页。2007—2010年数据见《陕西统计年鉴—2011》。

实践证明，农村合作医疗能为农民有效提供医疗保障，从根本上解决他们的看病贵问题，使他们看得起病、住得起医院，农民因病返贫现象得到有力缓解。在这项制度的具体运行中，陕西省进行了以下几方面改革：

第一，从住院统筹到门诊统筹。合疗的初衷是解决农民看大病时产生的高额医疗费用，而常见病、多发病的概率远远超过严重疾病，却没有被纳入合疗范围，于是导致绝大多数农民实际无法享受合疗的情况。这也是2005—2006年农民参合率降低的根本原因。对此，根据参合人数和合疗筹资总额的增长，陕西省逐渐将普通门诊费用纳入补偿范围，为农民提供更大的医疗保障支持，农民参合率也随之不断上升。如，针对部分农民患慢性疾病无需住院又需要反复进行门诊治疗的情况，实行“门诊慢性疾病年度定额补助”制度，每年给予800元左右的补助。2009年《陕西省人民政府关于巩固和发展新型农村合作医疗制度的通知》进一步提出，全省的新农合补偿将逐步统一到以住院补偿为主、兼顾门诊补偿和门诊特殊慢性病定额补偿的模式，并将在三年内实现全省覆盖。

第二，不断提高政府的费用统筹标准和补偿比例。2004年新农合试点之初，3个试点县获得中央、省、市、县四级财政补助总额占筹资总额的71%，2007年这一比重上升到88%，三年间增长了17%。[129] 2009年全省新农合筹资水平提高到每人每年100元，其中中央、省市县财政各补助40元，农民个人筹资额也提高到20元，仅比之前增加10元。2010年起，合疗筹资水平再提高到每人每年150元，其中农民个人缴纳费用增加到30元，中央、省市县补助均提高到每人每年60元。因此主要是政府统筹额度增大，没有加大农民负担。农民的看病费用补偿比例，不同地区因经济差异而有所不同，但总的趋势是逐年提高的。最初试点时是根据医疗费用进行分段补偿，近几年则主要根据乡镇卫生院、县（区）市二级医院、市二级医院和省级医院设置统一补偿比例。如，2008 年西安市未央区就此确定的补偿比例分别是 65%、50%、45%和 40%；西安市户县分别是 80%、65%、65% 和 50%；汉中市略阳县则统一都是 50%。2009 年之前，全省确定的补偿封顶线是每人每年 2 万元，2009 年提出要逐渐提高封顶线，即以人为单位达到本地农民人均纯收入的 6 倍以上，这给农民带来了更大实惠。

第三，通过三项制度创新，简化程序，减轻农民负担。其一，在合疗定点医院实行“直通车”报销制度。最初农民看病后需要到县级合疗中心去报销，2005 年开始在县内医院专设合疗经办机构，患者出院当日就能得到补助。其二，在全国首创和推行“单病种定额付费”模式。近几年，农民住院时只需缴纳定额中自己负担的部分，其余部分由合疗中心与医院直接结算，超额费用由医院承担。这样一来，县外就医的农民也无需出院后再到合疗中心办理补助，农村外出务工人员也可以在务工地方便就医。其三，实行无审批转诊转院制度。为方便农民就诊转院，省上规定农民在各级定点医院范围内可自由选择就诊、住院，转诊、转院亦无须技术和行政审批。这三项制度创新，不仅最大限度地减轻了农民负担，还有效遏制了医疗费用不合理上涨，是制度创新的经典之作。

第四，严格控制合疗定点医院不必要的医药费用。按照规定，二级医院药品费用不能超过住院总费用的 45%，三级医院不能超过 38%，使用自费药品需经患者本人同意并不得超过药品总费用的 10%。超过上述标准费用的，患者拒付，合作医疗不补，由医院负担。实际证明，此规定成效明显，有力遏制了胡乱用药现象。

总体来看，截至 2010 年，新农合实施中较为突出的问题尚有：

第一，县乡两级定点医院的医疗条件和医疗水平问题。为了鼓励农民就近看病就医，各地对在县乡级医院就医设置了最高的补偿比例，但目前县乡定点医院的医疗设施和专业人员非常缺乏，影响其整体医疗水平，因此农民不愿意就近看病。如果到高等级医院就医，不仅各项成本增加而且补偿比例还会降低。

第二，补偿起付线差别很大，限制了农民自由就诊。各地对不同等级的医院都设置了补偿起付线，基本特点是医院等级越高，补偿起付线也会越高。如，根据 2009 年西安市户县的规定，乡镇卫生院起付线为80元/人次；县级及二级医院为200元/人次；对在县外的省市医院就医设置报销基点，市二级医院为500元，市三级医院为1000元，省二级医院为3500元，省三级医院为5000元。针对农民出远门看病，补偿的门槛更高而比例反而更低。

第三，普通门诊补偿的数额太小。自2009年起，全省大部分农村都开始报销门诊医药费，但数额都很低。西安市周至县的报销金额为每人每年20元，汉中市略阳县为26元。较之农民实际支出的门诊普通医药费用，这实在是九牛一毛。

2. 新型农村养老保险制度

1991年，国家民政部在全国选择了20个县进行农村养老保险（老农保）试点，1992年1月下发《县级农村社会养老基本方案》，市场体制下的农村养老保险探索提上议事日程。根据中央部署，1992年陕西省在全省98个县（区）开展了此项工作。但和全国一样，陕西农村养老保险实施情况极不乐观，从1998年到2006年基本停滞。2000年全省农村社会养老保险参保人数116.5万人，2002年降至89.7万人并保持到2006年，2007年进一步降至83万人。[130]58

在农村养老保险方面，陕西先行一步，在全国率先探索出可行模式，积累了推广新型农村养老保险（新农保）的宝贵经验。自2007年7月1日起，陕西的新农保制度在宝鸡市麟游、太白等县的216个村开始试点；2008年，凤县和陈仓区西部山区所有乡镇，以及其他8个县区各一个乡镇也被纳入试点范围。通过对老农保进行更新完善，新农保“最重要的成功之处表现在：增加了政府在制度中的责任；紧密结合了当地经济和社会发展现状；缴费客观合理，享受待遇直观实惠；便于群众的理解和支持”[131]87。经陕西省同意，2009年7月在宝鸡市全面推行新农保。

宝鸡新农保的基本特征是：①参保对象广泛。宝鸡市年满18周岁且未参加其他形式社会养老保险的农村居民、乡镇企业职工和进城务工经商人员，均可自愿选择是否参保。60岁以上农民只参保不缴费，每月还能领取最低60元的基础养老金（政府养老补贴）。[131]86 ②保费筹集和管理。采取个人缴费、集体补助、财政补助相结合的筹资方式；每人每年按当地农民人均纯收入的10%～30%缴费，市县财政按每人每年60元进行补贴；保费和补贴均进入个人农保基金专用账户，在12个县区健全完善“农村社会养老保险管理中心”，实行财政专户管理；利用邮政储蓄银行“村村通邮”的优势，负责基金归集和保费代收代发事项。③“两头补”的运行模式。对于 18 ~ 59 周岁的农村居民，农保基金账户收益大于银行利息，能实现保值增值；年满 60 岁以上，每月可以按“60 元基础养老金＋个人账户金额”领取养老金，缴费时间越长，政府补贴、银行利息越多，领取的养老金也越多。④社会养老与家庭养老义务相结合，实行“捆绑缴费”。年满 60 岁的老人虽然只参保不缴费，但为了促使家庭成员履行义务，其具有宝鸡市农村户籍的家庭成员，如配偶、儿子、儿媳、上门女婿及其配偶，凡符合参保条件的必须参保缴费，否则该老人不能领取基础养老金。⑤养老金计算方式实现城乡一体。根据规定，现在参保的农村居民，年满 60 岁时领取养老金的计算方法是：养老保险金额＝政府财政养老补贴＋个人账户积累总额 ÷139 元。这个计算方法与城镇职工养老保险计算方法完全一致，实现了城乡居民的同等待遇。[132]

新农保“宝鸡模式”为全国首创，是陕西对全国农村养老事业的重大贡献。2008 年 11 月，国家人力资源和社会保障部部长尹蔚民专程到宝鸡市调研后，给予了高度评价，认为宝鸡“新农保”为全国积累了良好经验。2009 年 8 月，国务院通过的《关于开展新型农村养老保险试点的指导意见》，即以宝鸡模式为参考。

宝鸡试点初步成功后，陕西省于 2008 年及时总结，明确了现阶段新农保实行县级统筹的基本原则，并决定在西安市和延安市志丹县开展试点。截至 2008 年底，全省参加农村养老保险人数为 135 万人，比上一年末增加 51 万人。全年共有 10 万名农民领取了养老金，比上一年增加 7 万人。全年共支付养老金 0.43 亿元，比上年增加 141.7%。年末农村养老保险基金累计结存 1.74 亿元。[133]

2009 年 8 月，全国新农保工作会议召开，陕西省已有宝鸡、榆林、西安、渭南、延安、商洛 6 市 23 个县实施了新农保试点，有 15 万农民开始领取养老金。从 2009 年 12 月起，陕西省的试点范围扩大到 45 个县（市、区），其中 11 个属国家试点，34 个属省级试点。同时还明确了对农村残疾人的特别扶助政策，确保他们能够从中受惠。试点县区的参保农民，享受每人每年 30 元 ~ 50 元的财政补贴，其中省和市县财政各承担 50%。[49] 截至 2009 年底，全省参加新农保的人数共计 192 万人（参保缴费人员 142.2 万人，领取人员 49.8 万人），比上年末增加 57 万人。全省农村社会养老保险基金收入 3.35 亿元，其中政府补贴收入1.78亿元；基金支出0.41亿元，比上年增长了24.24%，年末基金累计结存3.03亿元。[134]

以完善基础设施和普及社会保障为重点的农村公共产品供给，使广大农民开始真正共享发展成果，社会公平程度显著提高，城乡一体化格局逐渐显现。同时，也需要看到，在农村公共产品供给中完全是政府在发挥作用。这虽是政府职责所在，但也暴露出一个严重缺陷：民间力量参与农村社会事业严重不足。社会力量通过市场参与公共产品供给，被普遍认为是资源配置的最佳机制。从长远来看，农村公共产品供给也应该形成这样的机制，才能更有效地提高公共产品质量，从而减轻政府压力。

"政府在为市场、社会提供运行的制度基础，补充和匡正市场、社会失灵之外，它还必须重视对市场、社会能力的培育和发展。"[135]101 在继续扩大农村公共产品供给服务的同时，基层政府还应尝试转变供给方式，鼓励和引导民间力量参与，促进公共产品供给主体多元化和产品服务市场化。政府之外的其他主体如社区、非营利组织、民营企业乃至私人等，都可以且应该发挥更大作用，而政府则主要提供制度规范和加强监管。"农村公共产品供给制度的变迁现象，还体现在农村公共产品的民间供给和公共产品的私人化等诱致性变迁上，这是农村财产权私人化和农村经济市场化的一个必然结果。"[8]427

6.3 陕西农村扶贫

在我国，农村扶贫始终是党和政府常抓不懈的重要任务。扶贫事业发展状况不仅显现了各级政府的能力，更昭示着社会主义的价值伦理和制度正义。如果说公共产品供给是政府职责的话，扶贫就是党委、政府与农民摆脱贫困的共同目标。

陕西省地处西部不发达地区，农村贫困人口在全国范围相当突出，政府扶贫显得更为重要。1978年，陕西农村贫困人口共计1200万，贫困发生率高达50%。到2000年，全国18个集中连片贫困地区中，陕西占到3个；全省还有扶贫开发工作重点县50个，居全国第二位；因贫困线调整，又产生贫困人口817万人，居全国第三位。到2009年，全省农村贫困人口减少到313万（见图6-4），贫困人口发生率降低到14.7%。从陕西的实践来看，农村贫困人口数量、贫困发生率下降速度均明显快于全国平均水平，扶贫的努力和绩效都值得肯定。

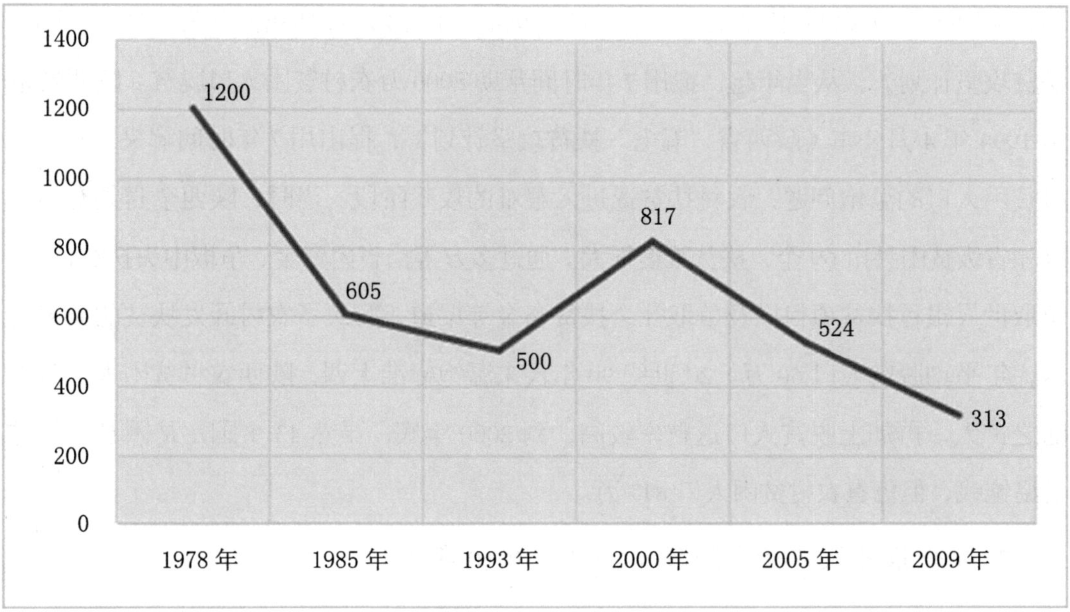

图 6-4　1978—2009 年主要年份陕西农村贫困人口　　　　**单位：万人**

资料来源　陕西省扶贫办、《陕西日报》等。图表由笔者绘制。

6.3.1 扶贫实践

我国的扶贫事业始于 1986 年。当年，鉴于发展不平衡所导致的农村贫困人口增多，党和政府开始采取多项扶贫措施，如成立专门的扶贫工作机构、安排专项扶贫资金、制定专门的优惠政策、从贫困救济转向开发式扶贫等，我国由此进入了有计划、有组织的大规模扶贫开发时期。30 多年来，陕西省积极落实中央精神，制定和实施了具体有效的扶贫规划，形成以下三个典型阶段：

1. 大规模开发扶贫阶段（1986—1993 年）

这一时期，主要是与中央举措相对应，建立扶贫开发领导小组和专门机构，增加扶贫资金投入，优化农业生产条件和培育主导产业，以带动贫困地区发展。到 1993 年底，农村贫困人口从 600 万下降到 500 万，绝对性减少 100 万人。

2. 扶贫攻坚阶段（1994—2000 年）

进入 20 世纪 90 年代，农村贫困特征呈现明显的地域性特点：经济落后和自然环境恶劣地区成为农村贫困的集中发生区域。1994 年 4 月 15 日，国务院印发《国家“八七”扶贫攻坚计划》，从当年起，拟用 7 年时间帮助 8000 万农村贫困人口脱贫。陕西省也于 1994 年 4 月公布《陕西省“五七”扶贫攻坚计划》，提出用 7 年时间解决 500 万农村贫困人口的温饱问题，农村扶贫遂进入艰难的攻坚阶段。当时，陕西全省共有国家级和省级贫困县市 69 个，扶贫难度很大。通过多方筹措省内资金、争取中央扶贫资金、争取世界银行扶贫项目以及争取社会扶贫资金等渠道，解决了农村开发扶贫的关键问题，年平均脱贫人口 60 万。20 世纪 90 年代末温饱标准上调，陕西农村贫困人口范围随之扩大，再加上脱贫人口返贫率较高，到 2000 年底，虽然 43 个国定贫困县整体越过温饱线，但仍有农村贫困人口 817 万。

3. 综合推进扶贫开发阶段（2001—2010 年）

2002 年 6 月《陕西省农村扶贫开发规划（2001—2010 年）》颁布，标志着陕西农村扶贫进入下一阶段。该规划在坚持开发式扶贫的同时，强调了全面发展、可持续发展、综合治理和动员社会参与的扶贫新方针，明确了新世纪扶贫开发的思路和措施，体现了扶贫工作全面综合推进的特点。此后 9 年中，通过资金捆绑、生态扶贫、重点扶持、整村推进等多项措施，扎实落实新型扶贫战略。到 2009 年，共有 504 万人成功脱贫，全省农村贫困人口减少到 313 万（见图 6-4）。在秦巴山区等集中连片贫困地区，脱贫成效尤其显著。①

6.3.2 扶贫模式

陕西农村反贫困过程中逐渐形成以下基本模式：

① 如，位于秦巴山区的商洛市，其 6 县 1 区均为国家扶贫开发重点县（区），是全国集中连片贫困地区之一。实施综合扶贫开发以来，全市共投入财政扶贫专项资金 7.03 亿元，农村扶贫取得显著成效。2000 年，重新划定贫困线后该市确定贫困人口 90 万人，占全市人口的 38%，占农业人口的 41.8%；到 2010 年，全市贫困人口减少到 15 万人，占全市人口的 6.2%，占农业人口的 9%。10 年扶贫开发，累计脱贫 75 万人。见国家统计局商洛调查队：《漫漫扶贫路 而今变坦途——商洛农村扶贫开发情况的调查与思考》；国家统计局陕西调查总队：《陕西国家统计调查市县优秀报告集萃（2006—2015）》（上），陕西人民出版社，2017 年，第 370 页。

1. 扶贫方式多元化。20 世纪 80 年代的主要方式是向农村贫困地区"输血"的救济式扶贫，因而存在较大弊端。从 20 世纪 90 年代开始，开始转向产业开发式扶贫，即以促进产业发展为目标，在贫困地区兴办产业基地，开发优势资源和大力发展投入少、见效快的种养业项目，以支撑本地经济发展和实现脱贫。仅 2000—2005 年，全省贫困地区"形成特色产业化基地 1800 多万亩，扶持产业化龙头企业 1628 个，共带动贫困农户 160 万户，覆盖贫困乡村、贫困农户达 70% 以上"[136]5。产业开发被证明是一种具有可持续性的扶贫措施，从 1997 年到 2000 年，全省 50 个国定贫困县中，已有 43 个越过温饱线。到 2010 年，扶贫方式更加多元，根据不同地区和贫困户的致贫因素，产业、劳务输出、生态、教育、搬迁等方式并用；仅产业扶贫一项，除传统种植养殖外，电商、乡村旅游、金融等新的扶贫方式作用更加显著。

2. 基础建设与社会事业并举。多年来，在贫困农村基础设施建设和社会事业发展方面，陕西省的扶贫资金投入不断加大。除了水、路、基本农田、窖灌工程等基础设施建设外，还大力开展科技培训、修建改建村级小学和卫生室、整顿村容村貌等，努力改善贫困农村生产生活形态。以贫困人口集中的商洛地区为例，20 世纪 90 年代中后期，依靠扶贫资金每年新修基本农田 10 万余亩，累计解决了 60.8 万人、15.8 万头牲畜的饮水困难，使 2814 个村通了公路、2843 个村通了电。到 2001 年，全地区 108 个贫困乡、923 个贫困村、112 万贫困人口脱贫。[137] 再以技能培训为例，2003 年陕西省启动"扶贫开发劳动力转移培训"项目和"雨露计划"，3 年共建立 38 所扶贫培训学校，对全省扶贫开发重点县的农村劳动力进行培训。除每年完成 150 万人（次）以上的农业实用技术培训外，还有针对性地提供劳务输出技能培训。[136]5-6 据统计，每培训输出一名贫困户劳动力，每年就可以为贫困家庭增加收入 5000 元 ~ 6000 元。

3. 大力开展生态扶贫。陕西是生态致贫的典型省份。农村贫困人口主要集中在五大区域，即陕北白于山区、黄河沿岸土石山区、秦巴中高山区、渭北"旱腰带"地区和秦岭北麓山区。这些区域生存环境恶劣，旱灾、洪涝、冰雹等自然灾害频发。全省 50 个国定扶贫开发重点县，山区农户占到 72%。20 世纪末，陕西省生态扶贫正式开始并取得显著成效。①退耕还林成果丰硕。1999 年，全国率先启动退耕还林还草工程试点，列入试点的四川、陕西、甘肃三个省中，陕西占到全部试点任务的 63.4%，是此项工程的关键部分。陕西省把生态环境建设与农村扶贫相关联，把农村脱贫与建设西部经济强省相关联，积极部署完成退耕还林还草任务。工程实施 10 年，全省退耕还林 6236 万亩，退耕面积居全国第一。生态环境得到明显改善的同时，农村产业结构也得到有力调整，第一产业从业人数比 10 年前减少 8.7%，非农产业从业人数增加 58.2%；全省 230 万户 915 万人享受退耕还林政策补助，累计人均受益 1912 元，退耕户开始从事多种经营或外出务工，拓宽了增收渠道，贫困率明显降低；产业发展转型，粮食生产由广种薄收向少种高产转变，畜牧业由自由放牧向舍饲养畜转变，生产结构由以粮为主向多种经营转变，生产方式由小农经济向产业化转变。[138]生态环境和贫困农村产业同时形成了可持续性发展，生态致贫现象得到了一定缓解。②移民搬迁规模持续扩大。整体搬迁是生态扶贫的另一种有效方式。陕西省从 20 世纪 90 年代就开始对边远高寒山区的特困人口实施移民搬迁。“五七”扶贫攻坚期间，就异地搬迁 11 万户 30 万人。从 2001 年到 2005 年，5 年共搬迁贫困人口 45 万人，2006—2010 年又累计搬迁贫困人口 57 万。大体估算，目前已搬迁农村贫困人口 132 万人左右。根据《陕西省“十二五”农村扶贫开发规划》，此后 5 年，将继续对 118.6 万农村贫困人口实施移民搬迁。[139]2018 年全省生态脱贫政策受益贫困人口达 44.4 万户 144.7 万人，人均增收 1750 多元。

4. 实施整村推进。相比于单个农户扶贫中存在资金分散、产业难以发展和脱贫速度慢、易于返贫等问题，整村推进能够集中资金和助推优势产业，是一条更有效的扶贫路径。2001 年，陕西省把 10700 个条件较差、经济发展滞后的贫困村确定为全省扶贫开发重点村，实施整村推进，形成连片开发、综合治理、整体推进的格局。按照“政府统筹、资金捆绑、整村推进、综合开发”的思路，对这些重点村进行综合扶持；对于生态环境恶劣的重点村，则进行整村整组搬迁和相对集中安置。2001—2009 年，全省累计扶持建设扶贫重点村共计 10222 个。[140]

5. 动员多方参与，持续推进社会扶贫。进入 21 世纪以来，陕西省开始树立政府负责、社会各界广泛参与的“大扶贫”理念，积极动员社会组织和各类团体参与农村扶贫。为此，陕西省制定“两联一包”（联县、联乡、包村）计划，省级各单位每年派出扶贫干部 1900 多人，投入各类扶贫资金 1.2 亿元，捐赠物资价值 500 万元，实施扶贫开发项目 1300 多个。多年来，省内企业团体都积极参与扶贫事业，延长集团累计投入上千万元，帮助子洲县改善基础设施；陕煤集团每年投入 20 万元，在永寿县的帮扶村发展设施蔬菜；宝钛集团通过组织劳务输出，帮助陇县贫困村群众增收 30 万余元；在户县草堂镇杨家坡村，金花集团向村民提供了 300 多个就业岗位，还培训了一大批"农业工人"，使其月收入达到 3000 元；陕西法士特集团公司投入 120 万元，扶持平利县大贵镇半边街村发展农业产业化。2010 年，陕西省又启动了"千企千村扶助行动"，动员全省 2620 家实力较强的企业，结对帮扶 3000 个低收入村，计划用 3 年时间，使这些村的人均纯收入在自然增长的基础上再多增收 1000 元。[141]

从多年反贫困的实践看，影响扶贫效果的主要原因有三个方面：

第一，返贫率高。由于扶贫开发工作重点县百分之七八十都处在生态脆弱区，农民脱贫后的生活也很不稳定，自然灾害、重大疾病、子女上大学、农产品市场价格波动等因素都极易导致返贫。据调查，全省正常年景的返贫率在 10% 左右，灾年返贫率会达到 15% 以上。如果再加上致贫人口，一些地方的返贫现象更加突出。2003 年华阴市、华县遭受特大洪灾，当年致贫人口达 15 万人。

第二，资金缺口大。扶贫资金投入不断加大，仅 2007—2010 年，在扶贫开发重点村建设方面，每村补贴 30 万元扶贫资金，补贴近 15 亿元；贫困人口搬迁投入近 14 亿元；每年完成 5 万贫困人口的劳动力转移技能培训，投入约 2 亿元。以上三项平均每年需投入资金 7.75 亿元。因为贫困地区绝大多数市县财政困难，地方资金十分有限，所以主要依靠中央和省上的扶贫投入。资金缺口还会不断增大。

第三，整体搬迁中的土地问题。除资金扶持外，整体搬迁的根本问题就是移民安置所需要的土地问题。大量人口搬迁和集中安置，对土地的需求量也会不断增大。在山区县实施易地搬迁时，占用耕地或基本农田的现象也较为普遍。

政府对农村公共产品供给的增加，促进了农村经济发展和社会事业进步；反贫困使边远和落后山区农村的现状逐渐发生改变。党和政府、社会组织、农民等多种主体的共同努力，对新农村建设推动巨大。

6.4 陕西省农民组织化

“农民的组织化，是指农民为了更好地实现、保护和促进自身的经济利益而联合起来形成各种经济和政治组织的行动和过程。”[142]13 农民组织化首先表现于农村民间组织的发展。

20世纪90年代，随着我国农村“三农”问题的突显、村民自治的艰难推进和农村凋敝状态趋于严重，农村新型组织应运而生并迅即得到广泛关注。这些组织是在农村商品化和市场化程度不断加深的背景下形成的，从一开始就具有了现代社会组织的某些新型特征；同时它们又显著不同于党支部和村委会，而具有民间组织的典型特点。

农村民间组织总体上分为两类：一类是主要从事或服务于农业生产经营活动的专业合作社、基金会和专业协会，它们都直接或间接地与农业生产经营活动发生联系，是承担着不同市场功能的经济组织；另一类是非经济性质的老年协会、红白理事会、庙会组织、文体活动组织等，它们主要从事不同的社会活动，是承担着不同功能的社会整合和模式维持组织。

对于各种合作经济组织产生的原因，学者们多从农村市场化与农民“原子化”的矛盾方面去分析。一般认为，农民及其家庭作为单个的生产者，在农村市场化中处于明显的弱势地位，通过一定的利益联结形成合作组织，则有助于增强他们的市场谈判和抗御风险的能力，以保证他们的农业生产经营收益，农民合作经济组织由此产生。对于农村非经济类社会组织之形成，有学者也看到了市场化对乡村社会的解构和整合作用。市场力量介入乡村的后果之一，就是乡村社会结构由科层制特征逐渐转向网络化结构特征，而“这种社会结构的演化，在体制上的主要表现就是社团组织的成长发育。……改革以后乡村基层社团组织得到发育，就是社会基层的横向联系和网络结构在体制上的表现，社团组织提供了社会网络的制度性保障”[103]285-286。

由此而言，乡村社会组织的出现既是乡村社会网络化结构的现实表现，也是网络化结构的依托。笔者认为，除了农村市场化这种新因素，还需要从乡村社会的特征去理解。中国传统乡村是一个有着浓厚地缘观念的亲情伦理社会，各种传统民间组织发挥着不同社会功能，以家庭为单位的小农生产经营方式则使其得以强化和承传，乡村遂成为一个能够独立运行的自组织社会。以各种乡村精英为代表的乡村民间组织，就是这个自组织社会的子系统。新中国成立后，国家权力向基层乡村延伸以及紧跟其后的集体化和公社化运动，一度改变了乡村社会的组织方式，形成了农村对国家的高度依附性和自身运行的行政化。20 世纪 80 年代农村家庭生产经营方式恢复，无疑再次激活了传统乡村运行方式，这些乡村组织遂再次出现。

组织起来的农民代表着新农村建设的新主体。从陕西农村的情况来看，自 20 世纪 80 年代农村改革以来，尤其是 90 年代农村市场化和村民自治的迅速推进，农民组织化程度也随之逐步提高。仅从专业合作经济组织看，据统计，2008 年底陕西省农村专业经济组织有 9800 多个；2010 年底已发展到 10980 个，入社成员 71.8 万人，带动农户 182 万户。[143]

陕西农村民间社会组织对农民的实际影响力怎样？农民对其评价和参与情况如何？这些农村组织还面临着哪些困难？在 2010 年的陕西农村村民自治的专项调查中，我们也同时设计了农民组织化的内容，这里的分析数据均源于此项调查。

调查共发放问卷 600 份，收回有效问卷 501 份，有效率为 83.5%。被调查者基本情况如下：男性 324 人，占 64.7%，女性 177 人，占 35.3%；最小年龄 19 岁，最大年龄 76 岁，35 ~ 60 岁的共 347 人，占总人数的 69%；文化程度集中于初中阶段，占 51.7%，小学文化程度占 19.4%，高中水平占 17.4%。

6.4.1 组织化现状

简而言之，农民组织化包括两个基本方面：外观上表现为农民组织的发展状况，实质上表现为农民的参与状况、参与评价和参与意愿三个方面。而实质的方面更能反映农民组织化的实际状况，故本著述着重考察这个方面。

1. 组织参与状况

农民的组织参与状况包括实际参加情况、参加的组织类型两个方面。

首先，调查中，农民选择参与不同组织的为 333 人，没有参与的为 23 人，不清楚、未回答的分别为 54 人和 91 人。不同参与情况的比例分布如下：参与组织的人数占被调查对象总数的 66%；明确表示未参与任何组织的人数占 5%；不清楚和未回答的人数占 29%。（见图 6-5）

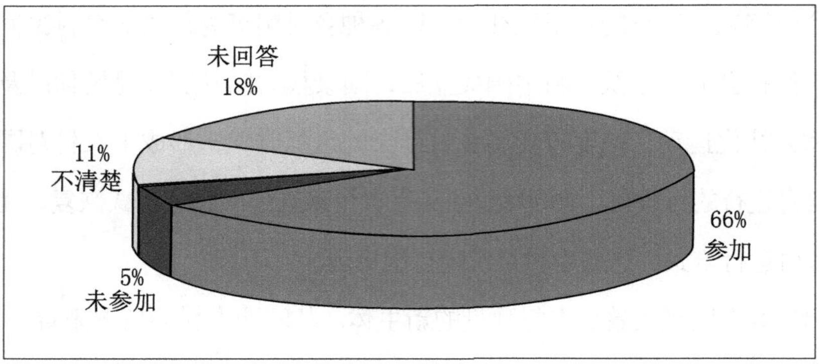

图 6–5　农民参加组织的情况

其次是所参加组织的种类。在几类主要的农村组织中，参加人数较多的是文体组织、红白理事会和老年协会，各自的比例为 28%、25% 和 14%；处于中间水平的是其他组织、专业合作经济组织和庙会组织，比例分别为 10%、9% 和 8%；参加人数最少的是宗教组织和中介组织，仅占 4% 和 2%。（见表 6–4）

表 6-4　几类主要组织的参加人数和比例

组织名称	参加人数（人）	比例（%）
文体组织	94	28
红白理事会	83	25
老年协会	47	14
专业合作经济组织	30	9
中介组织	6	2
庙会组织	28	8
宗教组织	13	4
其他	32	10
合计	333	100

2. 组织效用性评价

农民是否参与农村民间组织以及参与哪一类组织，均取决于他们对组织的效用性评价，即这些组织对他们的有用性。调查反映，农民的组织评价与其参与情况基本一致。问及“你觉得哪类组织对你最有用”时，居于前几位的依次是老年协会（123 人）、文体组织（121 人）、红白理事会（104 人）和专业合作经济组织（103 人），选择人数都在百人以上，其人数比例也都在 20% 以上，而选择其他四类组织的人数则不到 50 人，合计比例也只有 9%。（见图 6–6）

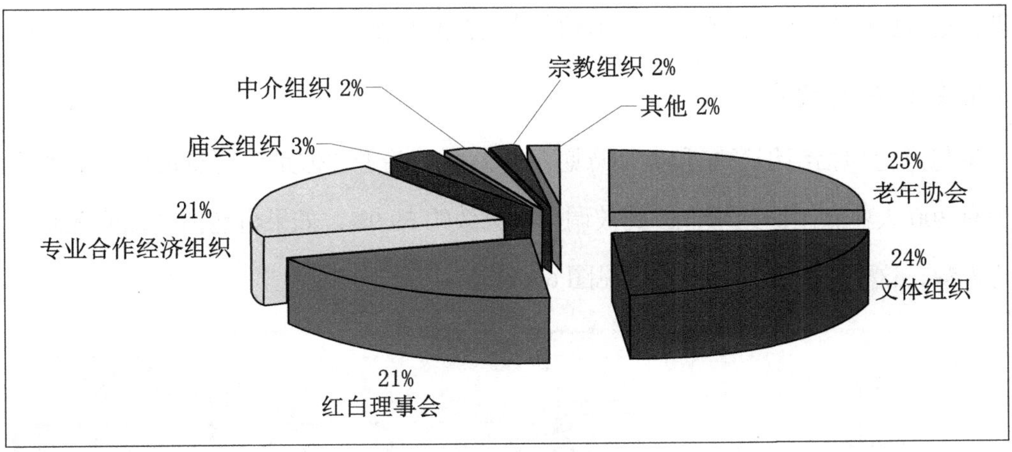

图 6–6　各类组织的效用性评价

对比农民实际参加组织的情况，可以发现，农民对合作经济组织的评价较高而参加不多。经访谈发现原因有二：其一，陕西的农村合作经济组织专业经济合作社的数量仍偏少，很多农民无法参加；其二，加入专业合作经济组织需要一定的条件，而专业协会、合作基金会的条件更高，限制了农民的参加。

目前的这些组织能否满足农民的需求呢？被调查对象中有 50.3% 的人认为能够满足自身需求，35.1% 的人认为不能满足需求，14.6% 的人尚不清楚。（见表 6–5）

表 6–5　现有组织能否满足实际需求

选项	频数（人）	百分比（%）	有效百分比（%）	累计百分比（%）
能	235	46.9	50.3	46.9
不能	164	32.7	35.1	79.6
不清楚	68	13.6	14.6	93.2
缺省	34	6.8	—	100
合计	501	100	100	—

从以上数据看，当前这些组织对农民需求的满足程度并不高。笔者认为，除了现有组织活动较少之外，组织数量少是根本原因。仔细分析，可供农民选择的组织其实不多。合作经济组织本身数量少而又有一定入门条件，大量农户无法加入；老年协会虽然几乎每村都有却不适合中青年；中介组织要依靠成熟市场和繁荣的市场活动，当前陕西农村市场化距要求仍有很大差距；宗教组织也只符合极少数人。大量农民能选择的就只剩下文体组织、红白理事会及庙会组织这几类。从这些组织的活动看，农村庙会都有固定时间，不可能随时活动；老年协会、文体组织等一旦活动较少就会形同

虚设，对农民的凝聚力不够，也远远不能满足农民的参与需求。

3. 组织参与意愿

参与意愿包括组织意愿和参加意愿两个方面。关于“你是否愿意担任组织者”，至少有300人愿意出面组织，占到被调查者总数的59.9%，如果再包括“视情况而定”中的人数，这个比例会更高一些（见图6-7）。

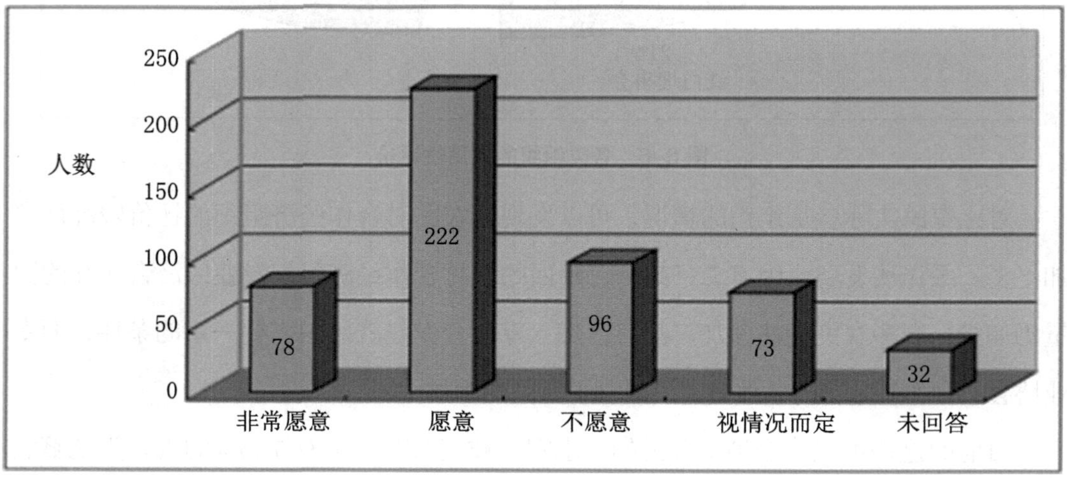

图6-7 是否愿意担任组织者

关于农民的组织参加意愿，明确表示“愿意参加”的为363人，占到被调查人数的72%（见图6-8）。如果再加上“视情况而定”中的部分人，粗略估计，这一比例至少应该在80%左右。这表明陕西农民组织化意愿强烈。

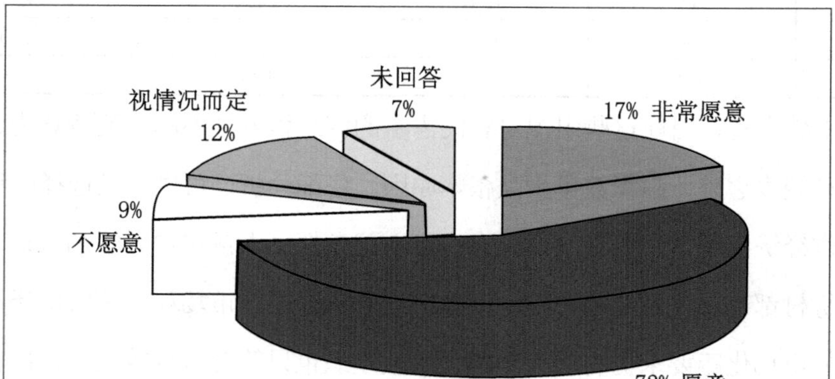

图6-8 是否愿意参加组织

6.4.2 农民组织化的特点和问题

1. 特点

第一，农民组织化程度处于中下水平。据调查数据反映，农民参与不同组织的比例达到 66%，庙会和宗教组织不属于新型社会组织的范畴，照此计算的比例是 54.5%，但实际的组织化程度达不到这么高。以农民专业合作社为例，目前我国农户的平均入社率约 10%，一些省份更高，如河北为 12%，山东高达 16%。本调查数据所反映的陕西省的入社农户仅占被调查农户总数的 3.4%，接近全国水平的 1/3。非经济类组织大都结构松散，成员并不固定，农民所谓的"参加"则可能只是参与了一两次活动而已，这与"组织化"的内涵也存在较大差距。

其他学者抽样调查也发现，陕西农村非经济类社团数量少，大多数村庄只有 1 ~ 2 个，在抽样调查的 6 个省中位于第四；农民的参加率为 3.87%，在抽样调查的 6 个省中位于第三，而全国的平均参与率为 4.94%。① 这与我们的结论基本一致。综合判断，陕西省农民的实际参与率处于中下水平。

第二，合作经济类组织的效用性评价不高。究其原因，一是数量太少以致许多农民根本不了解，全省现有 1 万多个专业经济组织，平均每村则不到 1 个；二是作用不明显，按照 2010 年底的数字计算，平均每个合作社仅有成员 65 人，规模小且市场作用不明显，带动社员增收能力不强。

第三，非经济类组织有多方面积极作用。非经济类组织具有模式维持和整合功能，个别组织还具有间接的经济功能。红白理事会在帮助农民处理婚丧嫁娶这些重大事件的同时，还提倡节约、移风易俗，大大降低了农户的经济费用，所以深受农民欢迎。如咸阳市"淳化县城关镇城关村红白理事会成立以来，半年时间共帮助办理丧事 60 余件，平均每户节省开支 2000 元～ 4000 元"[144]。渭南市白水县各村，红白理事会参与丧葬事宜，大大缩短了殡葬时间，还为事主节约开支，平均每户达到七八千元，仅

① 刘明兴等学者在相关研究中计算农民组织参与率时，包括了 8 个庙会和宗教类社团，占社团总数的 72.7%。但如果按照该文关于新型农村社团的理解，则其数量仅为 3 个，以此计算，参与率则更低。刘明兴、刘永东、陶郁、陶然：《中国农村社团的发育、纠纷调解与群体性上访》，《社会学研究》2010 年第 6 期，第 183 页。

为原来花费的一半左右。[145] 老年协会不仅维护传统美德，而且往往承担着调解矛盾纠纷的职责。调查发现，陕西农村红白理事类、文体健康类组织都具有调解纠纷的功能，数量也略高于四川、江苏两省。[146] 184

由此来看，农民对农村社会组织的评价，充分体现了他们的社会理性。① 就是说，目前农民对乡村社会组织的选择和评价标准，是包括经济效益、社会效益的综合标准。符合这个标准的组织，才对他们有足够的吸引力。

第四，农民组织化的意愿强烈。从前文数据看，至少有59.9%的农民愿意担任组织者，至少有72%的人愿意参加这些组织，反映出陕西农民的组织化意愿强烈。这说明了农民主体性显著增长，既是农村组织发展的强大动力，也是陕西新农村建设和全面建设农村小康社会弥足珍贵的人力资源。

2. 问题

第一，农村新型组织数量少，对农民的利益促进和利益维护作用不强。从全省范围看，合作经济组织数量太少，农民在农业生产方面的问题依然突出。非经济类组织数量更少，如维权、公共治安维护、村庄环境维护等组织甚至稀缺。现有的各种组织中，可供农民选择的其实很有限。合作经济组织有一定的入门条件，老年协会仅限于老年人参加；中介组织以较为繁荣的市场活动为依托，而陕西农村的市场化目前显然还达不到这样的程度。农民所能选择的就只剩下文体组织、红白理事会及庙会组织这几类，而这些组织活动普遍较少，远远不能满足农民需求。

第二，村集体和农民家庭收入低，是农民组织化的最大障碍。关于农村组织少的原因，不同选项的具体人数和比例分布如下（见表6–6）。

表6–6　村内组织少的原因（可多选）

原因	频数（人）	占被调查者的比例（%）
经费不足	261	50.8
没人出面组织	153	29.8

① 人的理性可分为生存理性、经济理性和社会理性。其中，社会理性是最高形式的理性选择动因，它以经济理性为基础，既追求经济利益的最大化，也追求社会及其他效益的最大化。文军：《从生存理性到社会理性选择：当代中国农民外出就业动因的社会学分析》，《社会学研究》2001年第6期，第25页。

续表

原因	频数（人）	占被调查者的比例（%）
挣不到钱	47	9:2
出力不讨好	41	8.0
其他	11	2.2

其中认为“经费不足”和“挣不到钱”的比例高达 61.5%，说明这是农村组织发展面临的首要问题。前文所述，红白理事会大大节省了农民的时间投入和实际花费，对此农民评价极高；老年协会的经费因有村委会保障而能开展活动，也能说明这个问题。根据 257 名知情者的反馈数据，村内组织经费的来源很不乐观（见图 6–9）。

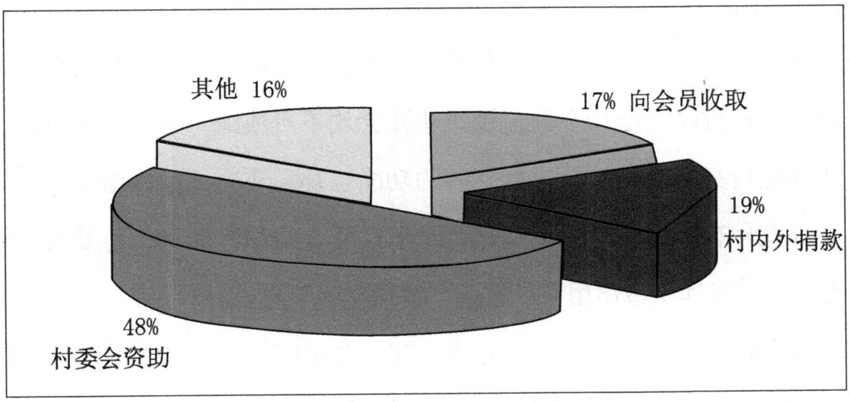

图 6–9　组织经费来源

第三，现有组织规范性差，公信力不强，影响农民参加。在农村现代化中，科层制、合法化、规范性等现代性要素不断渗透于乡土社会之中，农村组织也不自觉地进行着自身的现代性建构，从组织形式、组织结构到资金和利润分配等方面，越来越多地依靠组织章程和制度化运行。然而，农村组织的现代性特征尚远远不足。农民专业合作经济组织尤为典型，2007 年我国《农民专业合作社法》及大量地方法规的颁布，标志着农民专业合作社已经进入法治化阶段，而实际运行中的规范性却很低。有调查发现，陕西的农民合作社“运作极不规范，没有固定的办公、培训场所，章程、制度和相应的组织管理机构不健全、不完善，……村民对其认可和信赖程度较低，参加热情和积极性不高”[147]199。就以数量最多的老年协会来说，大都缺乏组织章程，对农村传统维护有余而推进农村法治化不足。通过本次调查也发现，农民加入组织时，有书面协议的仅占 13%。

6.4.3 措施建议

农民组织和农民之间是一种互构关系。农民的组织观念转变催生着不同的农民组织，这些组织的运行情况又重构着农民的组织观念。因此，推进农民组织化的另一含义就是发展农民组织，即“主要是由农民自发组织的，或者是农民在政府的推动和支持下组织的，但参与主体主要由农民构成，目标在于更好地实现农民的政治、经济利益或完成某种社会保障功能而组建成的民间社团”[142]25。

农民组织是新农村建设的新主体，有助于农村形成新结构新局面。我们应着重从以下方面推动农民组织发展，提升农民组织化。

第一，重视全面发展，形成功能互补。在农村社会建设中，各种新型农村组织对于农村发展、完善村民自治和全面建设小康社会均不可或缺，应予以多方面支持。各类组织也要强化自身功能，并形成彼此间的功能互补。庙会、宗教组织是乡村社会的特有产物，一直具有较深厚的社会基础，对于这两类组织的活动，村委会需要加强思想引导，力促它们发挥积极作用，以推进“乡风文明”建设。

第二，区别对待，采取不同扶持方式，解决关键问题。保护农民权益、促进农民增收、丰富农民生活、让村民老有所养，是农村民间组织扮演的四种角色。① 因此，在全面发展上述农民组织的同时，亦要根据不同组织的地位和作用，针对关键问题采取不同的扶持措施。对于农民合作经济组织，关键是提升资金扶持和市场化能力。2009年陕西省《关于加快发展农民专业合作社的意见》中提出，要从登记服务、项目倾斜、资金扶持、信贷支持、用地用电和人才支撑等方面，为合作社发展提供更多更好的支持。除政策扶持外，目前还要增强其市场能力和管理水平，优化内部治理结构。截至2010年，农村社区建设项目和资金投入持续增加，要利用这种有利时机，发展多种社区服务组织。老年协会的活动完全符合农村公益事业性质，其经费也多来自村委会资助，可考虑将其活动直接纳入村级公益事业之中。红白理事会应该逐渐转向非盈利性的服务型组织，即参照市场服务标准，根据服务事项，收取合理的服务费用。

第三，促进规范性建设，有效满足农民需求。规范性普遍不足、组织章程和相关

① 这些角色既蕴含着民间组织的行为方式，也构成了它们的发展路径。见谢菊：《中国西部农村社会变迁中民间组织的发展理路》，《甘肃行政学院学报》2005年第4期，第49页。

制度缺乏等，都是制约组织发展和农民参与的重要因素。所以，应促进各类组织的规范性建设，实现从初级群体到次级群体的转换，提高组织公信力，以适应组织发展和农民参与的双重需求。首先，各类农村组织要重视登记注册。农民专业合作社应率先示范。2004 年陕西省《关于加快发展农民专业合作经济组织的意见》中要求，各地依法成立的农民专业合作经济组织，要在县级以上农业行政管理部门审核备案；非营利性而具备社会团体法人资格的，要在县级以上民政部门进行法人登记；营利性并具备企业法人条件的农民专业合作经济组织，要在县级以上工商行政管理部门注册登记。其他组织也应参照此办法，重视和做好登记注册。其次，要加强对各类农村组织的培训。县、乡（镇）和村也要加强对组织负责人的培训，推进农村组织对内部治理工作的不断强化，以探索满足农民组织化的有效途径。

6.5 陕西农村社区建设

从空间社会学视野来看，农村社会建设的载体就是农村社区。如果把农村社会建设视为宏观的农村社会空间重构，社区建设就是微观的村落空间重建，是社会空间重构的具体表现。

社区建设是指在党和政府领导下，依靠社区力量、利用社区资源、强化社区功能、解决社区问题，促进社区全面、协调和健康发展，不断提高社区成员生活水平和生活质量的过程。2003 年 10 月，党的十六届三中全会通过的《中共中央关于完善社会主义市场经济体制若干问题的决定》中，就提出了加强“农村社区服务”“农村社区保障”的要求。2006 年 10 月，《中共中央关于构建社会主义和谐社会若干重要问题的决定》中，首次完整提出了“农村社区建设”思路。这反映了当前阶段城乡关系的新走向，“它不仅旨在实现乡村社区和社会的整合，也是旨在实现城乡一体和整个社会的融合”[148]65。

2007 年 5 月，陕西省下发《关于开展农村社区建设试点工作的通知》，最初在旬邑、千阳、石泉、丹凤等 10 个县（区）确定了 39 个村，随后即扩大到 245 个村，开展农村社区建设试点。为了更好地将其纳入新农村建设的总体规划之中，陕西还先后制定了《农村社区服务中心项目建设实施办法》《农村社区服务中心管理办法》《城乡社区建设资金管理使用办法》《农村社区服务中心项目审批和资金管理细则》等规范性文件，围绕建设规划、项目申报和审批、资金投入和使用、项目建设与监管、社区服务管理等重点内容，形成了制度化体系。

农村社区建设还被纳入陕西省2008—2012年“民生八大工程”的10个重点建设项目中，给予优先保障。对于农村社区建设，全省财政计划投入27.6亿元，其中省级投入20.2亿元，市县配套7.4亿元。仅2008年当年就投资4796万元，实施完成了218个农村社区服务中心项目建设。[149]8 截至2009年底，已累计投入资金5.5亿多元，建成了2000多个农村社区服务中心。

针对农村社区建设涉及的多方面关系，陕西省还提出以下处理思路：①在新农村建设与农村社区建设的关系上，坚持“两个结合”，农村社区建设与新农村建设相结合、与发展农村社会事业相结合。②在农村社区建设内部关系处理上，突出“四个重点”，推进全面建设。即以发展农村经济为中心，以服务群众为主线，以丰富农村文化生活为保证，以创造优美人居环境为基础，实现全面进步。③正确处理农村社区服务中心与村“两委”关系。原则上实行“一村一社区”，在行政村设立社区服务中心，社区接受村党支部、村委会领导，并努力形成充满活力的村民自治机制。④在社区与村民的关系方面，强化服务理念，着眼服务设施，完善服务功能。普遍建立基本设施齐全的多功能社区服务中心，基本设施包括：党群和自治组织活动阵地、科技服务室、文体活动室、卫生计生室、警务调解室、图书阅览室、便民超市等，使农村公共服务基本配套。

通过农村社会建设来构建我国农村社会新形态，这是政府的目标，也是农民的期盼。为此，政府需要发挥积极功能，农民需要形成新的连接方式，通过农村公共产品供给、农村扶贫、农村社区建设等重大活动，形成和巩固农村社会新结构。

第7章　路径之四："地方性"的农村城镇化

如果说现代化是农业文明向工业文明的演进，那么代表农业文明的传统因素便更多与乡村相关，城市则成为工业文明诸要素的汇聚之地。于是，现代与传统首先表现出的是一种最直观的空间形态——城乡景观差异。城市中高楼林立、四通八达、人流穿梭，五彩斑斓之中尽显一派繁华；乡村中矮墙瓦舍、道路狭窄、老弱留守，四野空荡之下如许萧条。这种景观差异背后则是更深的社会鸿沟——城乡差别。现代化长期以来寄托着人们对幸福公正的强烈追求，因此，就其应有的公平原则和伦理价值而言，农村现代化的重要内容之一就是城市化。就是说，农村应该彻底摆脱凋敝落后的状态，而达致与城市相近的先进状态，这个过程往往被称为"农村城镇化"，推动和贯穿于这个过程的核心理念则是"城乡融合"。

恩格斯最早提出"城乡融合"思想，并认为这是全体社会成员全面发展的路径之一。通过消除旧的分工，进行生产教育、变换工种、共同享受大家创造出来的福利，进而实现城乡的融合，使全体成员得到全面发展。资本主义在早发现代化进程中，简单粗暴地视农业文明和农村社会为落后，于是通过强力改变乃至消灭农村形态来实现所谓的进步，制造了现代社会中的二元对立和城乡隔离。"城乡融合"思想是对这种片面认知和做法的批判，更是以公平公正理念解决城乡差别问题的科学思路。很早就有学者指出，城市化的实质是"城市和乡村融合，改变乡村落后状态，乡村和城市协同发展的过程。其科学内涵是：乡村人民和城市人民共同创造和分享经济增长的利益；共同享用人类数千年来积累起来的科学、文化宝藏；无论在什么地方居住其生活都是无差别的"[150]35。即使从城市化的外在表现看，也并非只是让农村人口全部集中到城镇，而是促使城乡之间的交往和联系增多。"都市化并非简单地指越来越多的人居住在城市和城镇，而应该是指社会中城市与非城市地区之间的来往和相互联系日益增多这种过程。"[151]103-104 交往联系增多，是城乡之间走向融合的第一步，也是农村自主选择发展道路和模式的基础。

根据城乡融合思路和当前我国城乡差异的现实，本著述将农村城市化理解为“对接”，即乡村对城市要素的大量汲取，以及因更多吸纳乡村要素所带来的城市变化。城乡“对接”之目的是实现融合并同步发展，“对接点”则是农村与城镇。

7.1 农村城镇化

很长时间以来，“城市化”“城镇化”“乡村城镇化”等概念在国内学界研究中共同使用且所指极不一致。有时“城镇化”与“城市化”同义，包括大中城市和农村城镇发展两个方面；有时则仅指农村地区的城镇发展，这样就与“乡村城市（镇）化”所指相同。而“农村城镇化”这一表述本身就带有一种含混的意味：到底是城市化，还是城镇化？二者是同一关系，还是并列关系？因此，首先需要明确这一概念。

7.1.1 农村城镇化释义

“城镇化”一词源于“城市化”概念，这一点已无异议。在强调某些方面或某个阶段性特征时，城市化概念也十分多样。有学者将其分为三种类型：传统型概念重经济和人口向城市集中的过程，现代型概念突出生活方式转变和都市文明扩散的特点，后现代型概念则更加强调价值观念、社会结构的变化。[152]59–61 虽然具体内容存在诸多差异，但学界对城市化本质的认识基本一致，即城市现代性要素辐射传统乡村的过程。“所谓城市化，是落后的农业国在工业化、现代化过程中全面制度创新的结果，是一个国家内部人口、资源与产业在市场机制作用下以城市为主导重新进行空间配置的过程，其间伴随着全社会生产、生活方式的根本性变化。”[153]138

长久以来，国内学者往往都是以“城镇”来具体阐释“城市化”。如：“城市化通常是指人口向城市或城市地带集中，即农业人口向非农业人口、乡村人口向城镇人口的集中。这种集中过程既表现为城镇数目的增加，也表现为城镇的人口规模的不断扩充。”[154]91 再如：“所谓‘城市化’，即由现代工业体系的社会和经济力量将农民逐步导入城镇的过程。”[155]109 因此带来的问题是：城市和城镇的关系是怎样的？市、镇的区别怎样才能更明晰地反映于概念之中？直到“城镇化”概念提出并得到普遍认可时，这一问题才得以解决。

“城镇化”概念是我国学者根据中国农村小城镇数量和功能而提出、用以强调中国城市化特色的一个思路创新。辜胜阻教授于 1987 年首先提出用“城镇化”来代替“城市化”概念，进而于 1995 年又提出城市化、农村城镇化的二元发展构想。这一创新性思路得到越来越多的学者的赞同。他们认为，“城镇化”与“城市化”提法并没有本质区别，但“从涵义上讲更符合我国的实际。我国农村需要转移的农村人口数量巨大，如此庞大的转移大军仅靠大中城市吸收是有较大难度的，因此我们必须……走一条适合我国国情的大中城市和小城市协调发展的城镇化道路”[156]541。

“城镇化”概念提出之时，就有意识地区分了大中城市与农村小城镇两种“同质而不同类”的发展过程。“城市化是指人们向城市的集中过程。农村城镇化、非农化是农村人口向县城范围内的城镇集中和农业人口就地转移为非农业人口的过程。”[157]63 这里清晰指出了城市化在我国农村地区的表现，故称为“农村城镇化”。城市化和农村城镇化是两个层面同时推进的过程，它们分别以大中城市和县域农村城镇为载体。此后，随着“城镇化”概念的广泛使用，专业著述中“城市化”的出现频率便逐渐降低了。

决策部门的提法对此则产生了决定性影响。1998 年 10 月党的十五届三中全会再次肯定了“小城镇，大战略”，小城镇战略逐渐被认为是我国农村现代化和城镇化的必由之路。2000 年 7 月，国务院发布《关于促进小城镇健康发展的若干意见》，重点聚焦小城镇建设；2007 年党的十七大报告进一步提出，“走中国特色城镇化道路，按照统筹城乡、布局合理、节约土地、功能完善、以大带小的原则，促进大中小城市和小城镇协调发展”。在党和国家的一系列表述中，不但坚持沿用“城镇化”的提法，而且其内涵也更加完整。

如果说“城镇化”是关于中国城市化战略、道路和过程的表述，“农村城镇化”就是该过程在农村地区的具体表现。“农村城镇化是指在市场机制和政府宏观调控作用下，农村分散的人口、非农产业、资本要素向城镇集中的社会经济过程，在这一过程中，城镇物质文明、精神文明、政治文明向农村扩散，城镇数量增加、城镇规模扩大、城镇功能优化，衍生出新的生产力发展空间形态。”[158]541

从城乡融合理念出发，本著述所称“农村城镇化”，是指在城乡地位平等的基础上，城镇引领乡村，乡村支持城镇，乡村生活形态和城镇体系同时发生变化而逐渐实现融合的过程。城镇引领乡村，是指城镇要素向乡村社会辐射，以促进乡村生活方式不断城镇化；乡村支持城镇，是指乡村产业、人口、文化等资源更好地支持城镇发展，并影响城镇要素的构成和城镇体系的布局。“农村社会”是这一概念的基本语境，也是其发展过程所依存的实体环境。

7.1.2 农村城镇化研究

国内学界对农村城镇化的研究很早就已开始了。改革以来，以经济学为主的多个学科均就此展开探讨，大体可以分为两个方面：

1. 关于概念和道路的争论。概念研究就是从最初的“城市化”逐渐形成具有包容关系的“城镇化”与“农村城镇化”。改革以来我国关于城镇化道路的不同认识，即大中小城市孰为核心的争论，都自觉以“城镇与农村的关系”为背景，围绕着“怎样带动农村非农化”问题而展开，所以它本身就是农村城镇化的争论焦点。

2. 对农村城镇化研究的深化。20世纪90年代起，农村城镇化研究更为细致，并在多学科领域展开。主要包括以下三个方面：

①影响城镇化的因素。内容集中于产业、土地、资金、市场、技术、人口等。人口要素方面，认为农村城镇化是农村剩余劳动力的出路所在，农村人口向县域城镇集中是大势所趋（辜胜阻，1993），而城镇体制、户籍、农村土地流转等制度创新及移民建镇等都是促进人口聚集的重要途径（辜胜阻，1994；刘传江，1999）。农村产业发展方面，认为产业是农村城镇化的重要依托，农村城镇化要与农业产业化、集约化协调同步（沈维凤、吴立新，2002；陈耘、李辛，2003），还要强化产业机构聚集效应（肖万春，2003）。农村工业化对农村城镇化必不可少，乡镇企业应向县域城镇适度集中（李纯英，2001；李秀萍等，2007）。另外，制度、土地、金融也是农村城镇化的重要因素（厉晓华，2006）。近年来，学界又开始探讨农村工业化和城镇化的联动模式、耦合发展问题（张建军，2008；彭妮、姚永鹏，2010）。

②农村城镇化动力机制、制度创新、测评体系的研究。有学者认为其有四个动因，包括基于信息化、产业基础培育、人口素质提高和城镇化管理体制（辜胜阻、郑凌云，

2003）。另有学者指出，城镇化动力系统包括推力系统和阻力系统，它是由利益动力、产业动力、制度动力和农民排斥力形成的综合体（李世泰、孙峰华，2006）。移民建镇、农村城镇、县域经济、农民集中居住等都是农村城镇化的重要途径（刘传江，2000；曹玉华，2005；辜胜阻、李华、易善策，2008；吴业苗，2010）。城镇化的制度创新重点包括四个方面，即提升城镇功能、城镇产业发展机制创新、人口流动机制创新和城镇管理制度创新（辜胜阻，1993）。还有学者从人口结构、经济发展、基础设施、生活质量和社会发展四个方面构建了 12 个指标，用以对农村城镇化发展进行评估（聂苏、陈东明，1996）。

③对农村城镇化的整体认识。很早就有学者提出了四个基本认识：农村小城镇是城市化过程而非目标，农村产权制度改革是前提，农村城镇化水平应该是质与量的统一，以及对"农民造城"不能一概而论（郭振宗，2001）。从整体视野审视，农村城镇化的普遍性问题主要有：滞后于非农化、空间失衡、各方面水平低、缺乏规划、功能不全、相关制度不健全等（旷联合，2002；袁宁，2002；杨平平，2004）；为此，推进农村城镇化需要多种措施相互配合，包括做好产业布局、户籍制度改革、空间协调、整合资源、坚持以"经济可持续"为核心、科学规划等（刘洪彬，2004；武魏巍，2008）。这些整体认识扩大了观察视野，把农村城镇化置于农村社会转型和中国社会现代化的宏观背景中加以理解，所提出的对策措施也有利于农村整体发展和形成公平协调的城乡发展格局。

依据学界对我国农村城镇化研究的分析逻辑和重点内容，本著述拟针对陕西农村城镇化过程来分析实际问题，形成关于这一地域农村城镇化的理论认识。

7.2 陕西农村城镇化

长期以来，陕西农村城镇化基本状况与全国大部分农村地区相似，没有表现出很强的地方特色，直到 2002 年开始聚焦重点镇和城镇体系建设，农村城镇化的"地方性"才逐渐显现。

7.2.1 发展阶段

以小城镇数量为主要依据，兼顾发展特点，以建制镇为代表，陕西县域农村城镇化可分为以下四个阶段，各阶段间的变化非常明显。

第一阶段，1980—1983年的小镇恢复期。农村改革使城乡联系增多，具有地利优势的农村城镇也获得发展契机，但是较东南沿海得风气之先的农村城镇，中西部地区显然慢了一拍。从1980年到1983年，陕西的农村城镇发展非常缓慢，仅从78个增加到89个，“乡头城尾”的城镇优势尚未显现。

第二阶段，1984—1994年的平稳增长期。陕西省于1983年开始进行“政社分设”并于1984年全部完成，乡镇被确立为农村基层政府组织。这对农村城镇发展起到了关键作用，当年建制镇就达到327个。另外，陕西乡镇企业也在这一年有了巨大突破，企业数量突破10万个，从业人员一年间猛增50多万人而突破100万。行政因素和经济等因素耦合，遂使1984年在陕西农村发展中具有里程碑的意义。农村建制镇在此后的10年中持续增加，到1990年增加到394个，1994年又突破了400个，10年间共增加73个。

第三阶段，1995—2001年的小镇迅猛扩张时期。20世纪90年代中期开始，尽管已有不少学者看到前10多年间农村城镇遍地开花的弊端，并开始提出质疑，但中西部农村城镇仍在快速增长。陕西也是如此。在20世纪末的几年间，农村小城镇数量迅猛扩张，每年增长均在200个左右。具体地说，全省建制镇从1995年的415个增加到1997年的668个，1999年已有858个。从2000年起，开始适当控制盲目扩张和撤乡并镇，当年就减少到820个，2001年为824个。（见图7-1）这一时期，陕西农村建制镇共增加409个。

此后几年间，农村建制镇数量仍时有变化，2003年减少为719个，到2007年又增加到907个，2010年为922个（见图7-1）。

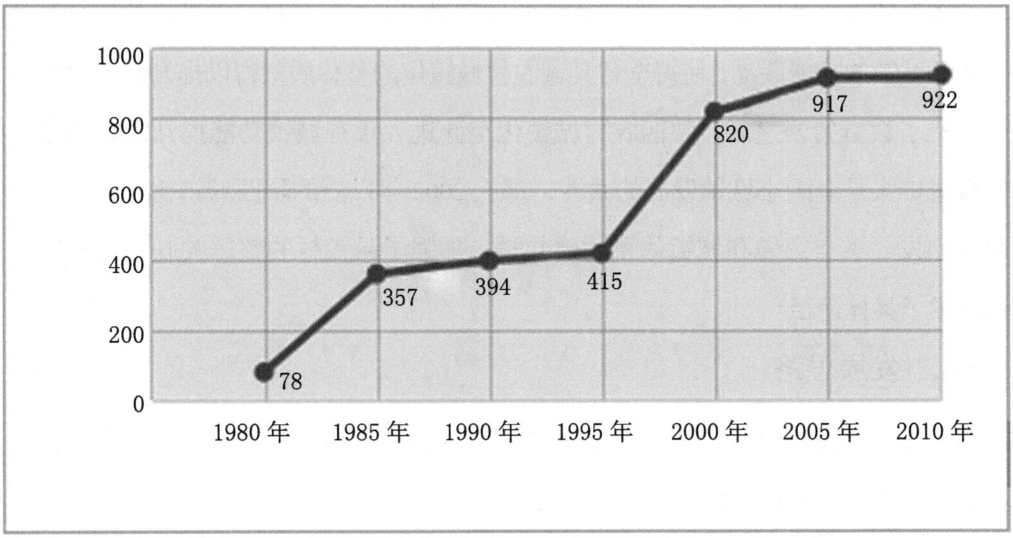

图 7-1　1980—2010 年主要年份陕西农村建制镇数量变　　**单位：个**

资料来源　历年《陕西统计年鉴》。图表为笔者绘制。

第四阶段，2002—2010 年的重点镇与城镇体系建设并举时期。这一时期，农村小城镇数量变化幅度较小，但逐渐形成重点突破与构建体系的思路，开始显现地方特色。2002 年陕西省《"十五"计划城镇化重点专项规划》中，就把"加快县城和重点镇建设"作为主要任务之一，提出经济社会要素向县域小城镇集中，并部署实施重点镇建设计划。2004 年陕西省有 68 个镇被确定为国家级重点镇，就此拉开了重点镇建设大幕。2008 年陕西省启动"关中百镇"建设计划。2009 年又在全省范围确定 107 个重点镇，除了给每镇 100 万元的启动资金外，此后 3 年间，省上将安排 3 亿元专项资金，在土地、户口、社保、管理等方面推行城乡一体化改革，重点镇建设全面铺开。这些重点镇建成区人口 160 万，面积 270 平方千米，分别占全省 827 个建制镇建成区总人口的 39%、总面积的 37%。2009 年《关于加快重点镇建设推进全省县域城镇化的意见》提出，2012 年这些重点镇建成区达到 320 平方千米，建成区人口达到 260 万；公共设施和服务也全面提高，基本达到县城建设标准。

在 2008 年陕西省的《"十一五"城镇化发展专项规划》中，全省农村城镇体系的总体思路已经定型。首先是三个城镇群的建设，即关中城市群、陕北能源化工基地城镇群和陕南汉江沿岸城镇群；其次，该规划依然强调，全省小城镇建设的关键，是以县城和重点镇为核心，加强基础设施建设和增强社会服务功能。

城镇群建设推动形成“点—轴—面”的城镇网络，引导各种资源要素的充分流动，加强各级城镇的功能联动，使得全省县域农村城镇化的整体质量得以提升和快速推进。

经历了数量猛增之后，陕西农村城镇化至此进入重视城镇功能提升的新阶段。如果说数量扩张是全国小城镇发展的共性，那么2002年以后的陕西城镇化则对全国农村有很大启发。重点突破和城镇体系构建并举，加强了县镇村的整体关联，为基层城乡融合探索了具体途径。

7.2.2 发展思路

进入21世纪，陕西省调整思路，大力提升城镇化质量和促进城乡统筹发展，进而推动农村城镇化的实践创新。

1. 以城乡统筹为思想指导

城乡统筹成为城镇化建设的指导思想。陕西省《“十五”计划城镇化重点专项规划》把“统筹兼顾，促进城乡协调发展”确立为首要方针，并指出以农业和农民利益为前提，致力于城乡同步发展。其后的《“十一五”城镇化发展专项规划》中，关于县域城镇建设方面，强调小城镇“要强化为农服务功能”，成为“农产品集散中心或加工基地”。2009年3月，陕西省制定的《陕西省加快县域城镇化发展纲要》仍然强调，把县域城镇化作为推动和实现城乡一体化的立足点，为此，要努力落实县域城乡统一规划、统一的建设用地市场、劳动者平等就业制度和统一的人力资源市场、农村宅基地置换城镇住房等内容。同年8月陕西省又发布《关于加快重点镇建设推进全省县域城镇化的意见》，指出要坚持“城乡一体、综合改革”原则，落实重点镇居民户口一元化管理、统筹居民社会保障、城乡建设用地挂钩、涉农资金和项目向重点镇倾斜，努力提高县域城镇化水平。这是一种全新的理念[①]，改变了把农村和城镇对立的做法，开始探索二者相互支持、共同受益的城镇化方式。

实现城乡统筹发展和构建城乡一体化格局，从农村社会的角度看，自然是一种持续性进步和外向转型，但从城镇化的角度看，就意味着更多深度反思和内向转变。长

① 这种新思路的核心就是注重城乡同步，努力推进农村人口城镇化。因此，仅仅两年之后的2011年，陕西省制定的《“十二五”城镇化专项规划》中就确定了“新型城镇化战略”，提出要走“扩容提质并重的新型城镇化道路”，“着力解决以往城镇化发展中人口‘两栖化’和伪城市化的问题”。

期以来，“城镇化”把农业农村视为落后，认为它们是城镇发展的障碍要素，城镇和乡村是此消彼长、前后相继的关系。城乡统筹理念彻底打破了这种片面思维，在这一理念下，城镇化必须深度反思自身发展逻辑；一体化格局要切实推动城乡要素互补和协调发展，城镇化也必须彻底改变原有发展方式。

可以说，城乡统筹思想“倒逼”城镇化逻辑和发展方式发生转变。县域范围内，城镇与农村直接接壤，城乡要素天然交织，是我国城乡统筹和一体化的最前沿和主阵地。促进城乡统筹发展，农村城镇化责任重大。

2. 以县域为基本单元

自秦朝统一后普遍推行郡县制，我国此后两千多年的封建社会历史中，“郡县治，天下安；郡县富，天下足”的观念根深蒂固。封建时代王朝更迭，郡县制也时有增损，但作为地方层级的政权组织体系，其基本结构则一以贯之。

我国社会发展的根基在县。首先，县包括数量不等的乡村和城镇，且这些乡村城镇具有多样性，因此县域是结构完整的地域社会；其次，地理范围上，省（区、市）范围偏大，乡镇范围偏小，而县的地理范围、人口数量、资源环境等自然禀赋规模居中，作为社会管理层级和整合单元最为合适。县域社会的独特优势决定了它的特殊地位和关键作用。经邦济世、治国理民都必须立足县域，将其作为稳定社会秩序和推动社会发展的着力点。

当国家财政主要依靠农业、农村人口占绝对优势时，农村的关键性不言而喻，说县域“系天下安危”毫不为过。随着我国逐渐转向城镇型社会[①]，农业生产规模和产值都持续锐减，相比以前，农村的经济地位已经不可同日而语。那么，县的重要性是否也随之改变呢？显然不是。原因有三：第一，我国的现代化和城镇化必须立足农耕文明。农耕文明是中国文化精神和民族性的根本内核，其载体是农村社会。任何时候，现代

---

① 当一个地区城镇人口数量超过该地区总人口的 50%，城镇经济活动和城镇生活方式占主导地位，就意味该地区进入了城镇型社会。根据城镇人口标准，潘家华、魏后凯（2012）将其分为初级型、中级型、高级型和完全型四个层级。郭叶波、魏后凯（2013）等学者对此提出人口、生活方式、空间形态、社会文化和城乡协调五个标准，以人口标准为核心，认为我国从 2011 年起即跨入城镇型社会。根据 2011 年相关数据，吕园、刘科伟（2014）等学者认为，陕西等西部先发地区城镇化率均超过 40%，已经进入初级型城镇社会。

化都不能削弱民族精神和民族性。农村现代化和城镇化都必须寻求现代要素与传统要素的深度融合，形成城乡协调发展。第二，农业的基础性地位不可动摇。现代社会中，虽然农业对国家财政的经济支持下降，但作为国民经济构成的产业部门，农业的基础性地位始终重要。10亿多人口的吃饭问题、第二产业的生产原料供给，以及农业在生态、旅游、文化等方面不可替代的作用，都决定了农业生产绝非可有可无，“基础不牢、地动山摇”就是我国对农业产业重要性的深刻总结。第三，农村社会必须始终保持生机。2010年我国有6.7亿农村人口，到21世纪中叶，仍有相当数量的人生活在农村。[①]因此，即使进入城镇型社会，农村仍然对整体发展具有重大影响，城乡统筹势在必行。

农村现代化必须促进农村发展，农村城镇化必须带动和形成城乡一体格局。地理范围最小而结构完整的“农村”社会就是县域，因此，农村城镇化的实质就是县域城镇化。脱离县域这个基本单元，农村发展必然大而无当，解决“三农”问题也将无从着手。

3. 确定农村城镇化重点

自2002年以来，陕西农村城镇化不断明确重点建设内容，以有效弥补短板和快速提高城镇化水平。

①发掘建制镇潜力。县域建制镇数量众多，是农村城镇化的依托。但西部农村地区的建制镇实力薄弱，普遍存在规模小、要素集聚低、辐射力和带动力不强等问题，事实上很难有效带动农村发展，对农业剩余人口的吸引力极小，导致城镇化的优势和压力均集中于县城。仅仅依靠县城推进城镇化和承接农村人口，既不合理也不可行，于是陕西开始大力发掘建制镇潜力，扩大县域城镇化载体。陕西省《“十五”计划城镇化重点专项规划》和《“十二五”计划城镇化专项规划》，都是以县城和重点镇为核心，大力发掘小城镇潜力。首先，优中选优，形成据点。从2008年确定“关中百镇”到2009年的全省“重点镇”建设，政策和资金支持力度不断加大，为此后的“重点示范镇”打下了基础，也积累了经验。其次，把握问题，突出重点。农村建制镇发展滞后，最明显的表现是基础设施不健全，为此，陕西省提出加快县域城镇基础设施建设、提高城镇综合承载能力。这种思路一直延续至今。精选建制镇，通过提高地位和发掘潜力，

① 2018年，陈锡文估算，即便保持2000年以来年均超1%的城镇化增速，到2035年我国农村仍有约4.5亿农民。

形成仅次于县城的城镇化据点，是陕西农村城镇化的首要实践创新。

②增强县域城镇化载体的功能。县域城镇化载体包括县城、建制镇和新型农村社区（或称中心村）三类[①]。这些载体的功能——基础设施、公共服务、社会保障和文化内涵等是否完善，对城镇化至关重要。进入 21 世纪，陕西省不少小城镇仍然基础设施薄弱，其实还处于由村庄向城镇演变的起步阶段；伴随新农村建设，大量的中心村硬件设施虽然得到改善，但远远不能达到城镇标准。加快城镇基础设施建设仍是农村城镇化的主要着力点，因此，陕西省努力提高城镇化载体的综合功能，进一步增强要素集聚和辐射带动的能力。首先，根据县镇村所辐射的地理范围和人口规模，优化公共设施配置和公共服务供给。《关于加快重点镇建设推进全省县域城镇化的意见》中，就把市政公用设施和中小学、中心卫生院、农业科技服务站作为建设重点之一，并比照县城标准进行建设。陕西省《"十一五"农业和农村经济发展专项规划》也提出，以县城和中心镇为重点，加快小城镇公共服务设施建设；以农村基础设施建设为突破，推进"十大新农村建设工程"，重点发展中心村。优化体教文卫设施配置的同时，强调推进同质化的公共服务，不断实现县域城乡公共服务一体化，让城镇生活更全面地覆盖农村社会。其次，根据不同载体的实际地位，引导城镇化分级推进和整体联动。陕西省提出，应以县城为中心、以重点镇为支撑、以中心村为基础，形成县域城镇化空间布局。通过清晰确定各级载体的空间地位，让县镇村各有重点，引导县域城镇化分级推进，同时也能更好地形成各级载体之间的整体联动。

4. 由"极点"到"网面"，构建全省城镇网络

自 20 世纪 90 年代以来，伴随全国城镇化水平不断提升，城镇化动力也在持续转变，表现为由"极点"到"轴线"再到"网面"带动，城镇化越来越依赖城镇体系和城镇网络。把握这一趋势，进入 21 世纪后，陕西农村城镇化动力也开始注重由点到面的带动，进而构建立体化的城镇网络。

---

① 近年来，王景新、易忠军等学者提出"村域城镇化"概念（2018、2021 年），把村落也作为农村城镇化的载体，认为农村居民无论居住在城镇还是村落社区，只要其在基础设施、生活水平、社会保障等方面消除了城乡差别，实质上就意味着完成了城镇化。这样来看，2006 年以后，新农村建设所倡导的新型农村社区，其实就是城镇化的载体之一。

①县域城镇体系。如上所述，县城、建制镇和中心村三级的城镇化载体，形成了县域城镇化空间体系的整体布局；推进重点镇建设后，把重点镇作为县域副中心，每个重点镇和附近的普通镇同时形成了“核心—外围”的建制镇空间系统；而“普通镇—中心村—自然村”也形成了最低层级的空间关联。

②地域城镇体系。以地级市为中心，不同地域的城镇化规划中，都开始注重对沿江沿线分布的几个县城进行统一规划，形成地域城镇化体系，把多种优势整合为一个动力核心。这种布局既有利于为中心城市发掘更多的外围资源，也促进了不同区位县城的整体组合，从而形成地域性的城镇体系网络。

③全省城镇体系。《陕西省加快县域城镇化发展纲要》中把“优化城镇空间布局，形成集约发展态势”作为首要任务，继续推进关中、陕北和陕南三个城镇化集群所构成的总体布局。总之，城镇群建设成为农村城镇化的基本模式和主体形态。

从县域、地域到全省的城镇体系构建，呈现“极点—轴线—网面”的立体结构，形成了层级丰富、各有侧重、整体严密的城镇网络。整体结构优化，必然会促进系统功能的提升；县镇村各级极点、各种沿江沿线城镇带、三大自然地域城镇组合的资源和条件均得以显著改善，陕西农村城镇化的动力也随之更为强大。

5. 优化政策供给，推动机制创新

进入21世纪后，围绕农村城镇化，陕西省拟定城镇化专项规划、重点镇建设意见、县域城镇化纲要等重要文件，持续形成多方面的政策和体制创新，涉及县域城镇行政管理、居民户籍、社会保障、建设用地、投融资体制等重要领域。

①城乡要素双向流动政策。在就业创业培训、小额贷款等方面加大对重点镇的支持；比照下岗职工再就业政策，支持进镇农民创业。加强城镇“安居工程”的统一规划和建设，向农民提供城镇住房信贷。对从乡村迁入县域城镇的乡镇企业，实行原厂区土地置换城镇工厂建设用地政策，并免收该置换部分的土地购置费；政府通过建立乡镇企业小区等形式，加强对乡镇企业外围设施投资，为其提供良好的发展环境。实行贷款、土地、税收、个人工资和住房等优惠政策，鼓励大中城市企事业单位和各类人才到小城镇兴办企事业单位。

②以“扩权强镇”为核心的行政管理体制改革。在重点镇设置专门的城镇建设办公室，工作人员具有正式编制，工作经费纳入财政预算；赋予重点镇部分县级经济管

理权限，提高小镇发展能力。

③推进"一元化"的户籍管理制度。在重点镇范围内，率先取消"农业户口"和"非农业户口"划分，统称"居民户口"而实行一元化管理。凡进入重点镇的外来人员，只要有稳定居住地、有稳定就业或稳定收入来源，均可办理本人及直系亲属居民户口。各级小城镇也在逐步放开进城户籍限制。

④创新城乡一体的社会保障制度。依托重点镇建设，率先在全省进行城乡居民统筹社会保障和创业试点；凡在重点镇落户的外来人员，实行与本镇居民统一的低保、医疗、失业、工伤和生育保险待遇。在"新农合"推进过程中，逐渐提高农村居民缴费和财政补贴标准，最后走向城乡一体的居民医保制度；根据经济社会发展水平，"新农保"标准也在有计划地适度提高，向城乡居民养老一体化过渡。

⑤城镇建设用地制度。基本原则是，年度建设用地指标要向县城和重点镇倾斜，并将其城镇建设用地指标单列，以保证县域城镇有足够的空间。鼓励用各类开发复垦土地置换城镇建设用地指标，优先支持重点镇建设用地与农村建设用地"增减挂钩"；鼓励镇区宅基地和农村建设用地用于城镇建设，并享有与国有土地同等权益；重点镇土地出让金收益，除农民安置补偿和相关税费外，全部用于本镇建设，其他城镇则保证该项收入的 30% 以上用于基础设施建设。

⑥投融资体制创新。早在《"十五"计划城镇化重点专项规划》中就提出鼓励各种社会投资参与城镇基础设施建设，并允许县（市、区）政府建立城镇建设融资平台和设立城建债券筹集资金；其后即决定成立陕西省城镇建设投资公司，作为重点镇建设融资平台。省市财政也设立专项资金，用于重点镇基础设施和公共服务设施建设，重点镇基础设施建设资金由省、市承担，至少按照 1:1 的比例配套。

遵循上述思路，2009 年的《陕西省加快县域城镇化发展纲要》提出，到 2012 年，全省县域城镇化水平达到 34.3%，比 2009 年提高 6 个百分点，县域城镇人口达到 790 万，年均增加 28 万；到 2020 年，县域城镇化水平达到 43.5%，年均增加 1.2 个百分点，比 2012 年提高 9.2 个百分点，县域城镇人口达到 1000 万，年均增加 26 万。

7.2.3 发展现状

如前所述，对农村小城镇的一路狂飙，赞同者有之，批评者有之，建议改进者有之，疾呼叫停者亦有之，而事实是：小城镇依然快速发展，且不断创新着自身壮大的途径和模式，成为当代中国农村发展中一个举足轻重的大事件。陕西农村小城镇数量在40多年的攀升过程中，还呈现出哪些方面的发展？城乡对接的状况和效果如何？目前影响农村城镇化的主要问题有哪些？这些问题都需要进行更进一步深度的思考。20世纪90年代以来，陕西农村小城镇发展状况如下：

第一，城镇建成区面积扩大艰难，城镇规模效应不明显。城镇建成区是指城镇公共设施覆盖的区域，即通常所说的“镇区”，是周围多个村庄的政治经济文化中心。城镇虽小，却已具有城市社会的特质，是城市体系的一部分。

单个城镇发展首先表现为镇区面积的扩大。陕西农村小城镇的建成区面积，1996年为575平方千米，2001年为690平方千米，5年间扩大了115平方千米；而此时城镇数量虽处于迅猛增长期，但平均到每个城镇，实在是微不足道。21世纪以来，镇区面积扩大放缓，2001—2009年仅增加约40平方千米，平均每个镇约0.05平方千米。2009年重点镇建设规划提出，到2012年，107个重点镇建成区面积扩大了50平方千米，3年间每个镇扩大0.47平方千米。建成区面积代表城镇规模，面积越大，其对周围农村的辐射能力也越强。要成为农村劳动力转移就业的理想之地和城乡对接的有效“接口”，使得陕西农村城镇发挥规模效应是首要任务。

第二，城镇建成区总人口和非农人口增多，带动非农产业发展能力有所提升。很多小城镇之所以被称为“空壳镇”，主要是镇区人口太少，非农人口更少，城镇之名不副其实。陕西的情况也不乐观。1996年农业普查数据显示，陕西农村城镇镇区人口和非农人口在西北地区均居于末位（见表7-1）。2000—2009年全省小城镇镇区总人口仅增加12.8万，增速和增量都很低。

表7-1　西北地区农村建制镇镇区平均户数及人口（1996年）

省份	镇区户数（户）	镇区人口（人）	镇区非农人口（人）
陕西	717.8	2885.2	988.1
甘肃	1319.0	5812.2	2795.0
青海	976.5	4621.3	1698.2
宁夏	714.8	3110.3	1348.0
新疆	1830.6	7757.6	2895.5

资料来源　全国农业普查办公室：《中国第一次农业普查资料综合提要》，中国统计出版社，1998年。

镇区非农人口更是衡量二、三产业和农村劳动力转移的重要指标。1984—1990年陕西小城镇非农人口比重很低，一直在28%左右（见表7-2），非农人口数量增速很慢。2007年与1982年相比，城镇数增长了11倍，其中非农人口仅增长3.4倍，因此每个城镇平均非农人口反由14273人减少到10932人，50%以上的城镇非农人口均在1000人以下。[159]74

表7-2 陕西省农村建制镇人口状况（1984—1990年）

年份	镇数（个）	镇域人口（万人）	非农人口（万人）	非农人口比重（%）
1984	327	572.98	160.28	27.97
1985	344	626.86	181.23	28.91
1986	347	650.89	185.69	28.53
1987	348	667.12	192.68	28.88
1988	336	643.62	175.08	27.20
1989	339	660.13	181.63	27.51
1990	345	686.87	188.08	27.38

资料来源 陕西省统计局：《陕西省人口统计资料汇编（1949—1990）》，中国统计出版社，1991年，第14页。

据调查，2000—2007年，全省县域农村人口转移约26万人，其中进入城市的6万人，进入县城的15万人，进入建制镇的5万人。每年由农村转移到县域城镇的20万人口中，约有10万农村劳动力。[160]根据这些数据计算，从1982年到2007年，陕西县域城镇吸纳农业人口共计约330万人，平均每年10万多人。

第三，基础设施建设薄弱，公共服务机构数量少，日常生活方面的优势不明显。作为城镇体系的一部分，小城镇的基础设施和公共服务是其基本要素。因为处于最低层级，我国农村小城镇的基础设施和公共服务普遍较差。从1996年第一次全国农业普查的数据来看，地区差别也很显著。同属西部省份的陕西、贵州与四川之间，农村城镇的公共服务体系差别巨大（见表7-3）。

表7-3 陕西省农村建制镇服务机构及设施数量（1996年）

	文化场馆（所）	学校（所）	幼教机构（所）	养老机构（个）	医疗机构（个）	医生（人）	病床（张）	体育场馆（个）	广电设施（座）
陕西	609	1853	180	243	789	11553	13296	28	880
贵州	654	4335	285	282	908	12211	11231	15	998
四川	2511	8852	2209	1314	2849	54633	54095	84	3219

资料来源 全国农业普查办公室：《中国第一次农业普查资料综合提要》，中国统计出版社，1998年。

城乡统筹发展战略提出后，陕西农村城镇化开始注重功能的提升，在小城镇基础设施和公共服务方面亦有较大进步。2006年的陕西省第二次农业普查数据显示，有电力、通讯设施的乡镇比例在70%以上，有常规交通、广电中转站和实施集中供水的乡镇比例在50%以上，有医疗卫生机构的乡镇占到98.7%，有敬老院和垃圾处理设施的乡镇比例分别为22.6%和35.6%。比例最低的是文化教育设施、公共绿地、生活污水处理等指标，均不足10%。（见表7–4）

表7–4　有基础设施和公共服务机构的乡镇比重　　单位：%

指标	陕西	陕北	关中	陕南
交通设施				
有火车站的乡镇	12.2	8.1	14.0	12.9
有码头的乡镇	2.8	1.6	1.0	5.7
有二级以上公路通过的乡镇	34.4	27.3	48.0	24.4
距离一级公路或高速公路出入口在50公里之内的乡镇	58.7	49.1	82.9	38.8
能在一小时内到达县政府的乡镇	74.3	75.8	91.2	55.2
电力通讯设施				
已经完成农村电网改造的乡镇	75.5	83.9	85.0	59.8
有邮电所的乡镇	70.2	79.7	77.8	55.7
文化教育设施				
有职业技术学校的乡镇	9.2	5.5	13.7	6.7
有公园的乡镇	5.0	3.1	5.9	5.3
有广播、电视站的乡镇	52.9	56.4	34.9	70.1
卫生处理设施				
实施集中供水的乡镇	58.8	57.2	57.9	60.7
生活污水经过集中处理的乡镇	9.6	5.2	12.9	8.4
有垃圾处理站的乡镇	22.6	22.2	25.1	20.1
医疗和社会福利机构				
有医院、卫生院的乡镇	98.7	98.4	98.2	99.5
有敬老院的乡镇	35.6	13.8	35.9	49.8

资料来源　陕西省统计局：《陕西省第二次农业普查主要数据公报》，陕西省人民政府门户网站，https://www.shannxi.gov.cn/zfxxgk/fdzdgknc/tjxx/tjgb_240/stjgb/200806/t20080610_1661927.html.（2025年1月10日查询）

2005年全国建制镇通电行政村比例为99.5%，通邮行政村的比例为97.8%，99%的小城镇拥有医院或卫生院，95%的小城镇拥有汽车站或站点。[①] 除医疗卫生机构指标相当外，陕西小城镇的其他基础设施和服务机构仍然严重不足。

① 刘铮、李兴文：《全国建制镇占全部乡镇数量过半》，搜狐新闻，https://news.sohu.com/20061016/n245826764..shtml.（2025年1月10日查询）

第四，城镇空间格局不合理。20 世纪 50 年代到 70 年代西方学者提出的"增长极"和"点轴开发"经济理论，后来被广泛用于城镇体系建设。所谓"增长极"，是指聚集了某种产业、科技优势的城市；"点轴开发"是指通过连接其间的线状基础设施，形成多个增长极之间的协作，辐射带动更大区域的发展。从这种思路看，陕西农村城镇空间衔接问题非常突出。

首先，全省城镇密度低，空间分布稀疏。在西部地区，陕西农村城镇数量仅占 8.5%，县域城镇占 15.1%，人口密度则是西部地区的 3.37 倍；与全国相比，陕西省城镇数量仅占 1.95%，县域城镇仅占 4.6%，人口密度则是全国平均密度的 1.34 倍（见表 7–5）。极点数量太少，难以形成具有带动能力的发展轴，辐射小城镇和周围农村的能力很不理想。

表 7–5　全国及陕西的城市规模与密度（1999 年）

地区	合计	按市区非农业人口分组						城市密度（个 / 百万平方公里）	地区人口密度（人 / 平方公里）
		超大	特大	大	中	小	镇		
全国	667	13	24	51	216	363	19244	69.5	131.16
东部	281	7	11	23	96	144	7710	264.5	430.81
西部	159	3	5	5	45	101	5899	23.2	52.20
陕西	13	1	—	—	5	7	890	63.2	175.97

资料来源　高新才、曹子坚：《西北区域经济发展蓝皮书（陕西卷）》，人民出版社，2008 年，第 174 页。

其次，省内三大地域间城镇空间分布差异很大。关中地区城镇密集，共有 8 座城市和 404 座农村城镇，交通便利，逐渐形成了以陇海铁路为轴线的城镇密集地带，点轴发展格局已经定型。陕南的三座核心城市中，汉中为中等城市，安康和商洛均为小城市，农村城镇 333 座。陕北的两个核心城市延安和榆林均为小城市，县域城镇 193 个。（见表 7–6）陕南、陕北两大地域中，中心城市规模本就不大，加之农村城镇的数量也少，各城镇基本处于孤立状态，导致农村城镇化联动性不足。

表 7–6　陕西省城镇分布的地域差异（2002 年）

地 区	面积占全省比重（%）	人口占全省比重（%）	市镇人口占全省比重（%）		市镇数及市镇密度		
			总人口	非农人口	市（座）	镇（座）	密度（座 / 千平方公里）
关中	27	60.38	62.03	72.24	8	404	7.27
陕南	34	24.94	25.16	16.73	3	333	4.76
陕北	39	14.68	12.81	11.03	2	193	2.40

资料来源　高新才、曹子坚：《西北区域经济发展蓝皮书（陕西卷）》，人民出版社，2008 年，第 176 页。

“十五”时期，陕西省提出坚持大中小并举的城镇体系建设思路，重点是：强化西安特大城市的辐射和带动功能；把宝鸡、咸阳培育为大城市，把汉中、渭南、榆林、铜川、延安、安康和商州等建成区域性中心城市；积极发展县城和一批重点建制镇。此后，随着《陕西省城镇体系规划》《陕西省“十一五”城镇化发展规划》《陕北能源化工基地城镇体系规划》《关中城市群建设规划》《陕南地区城镇体系规划》先后制定，形成了城镇体系建设的系统部署。

根据这些规划，2010年到2030年，陕西城镇体系的总体结构是：一线两带，一核多中心，带动南北两翼。“一线”指陇海铁路陕西段及国道主干线GZ45宝潼段，“两带”即高新技术产业带和星火产业带；“一核”指西安都市圈，“多中心”指省内其他区域性中心城市；“南北两翼”即陕南、陕北地区。

①关中地区的城镇群将呈现“一轴一环三走廊”的布局。“一轴”即沿陇海铁路陕西段的城镇带，“一环”是指西安都市圈内的关中环线城镇带，“三走廊”指“彬县—长武—旬邑”城镇带、“咸阳—铜川”城镇带和“渭南—韩城”城镇带。

②陕北能源化工基地城镇体系的空间格局，是“两核、四极、人字型城镇带”的结构。“两核”即延安和榆林两大中心城市；“四极”指绥德、靖边、神木、洛川四个县城，力争达到设市标准成为副中心城市，以增加发展极；“人字型城镇带”，指长城沿线城镇和“西安—延安—神木”铁路沿线城镇形成的发展轴。

③陕南将形成“两核一极”“两带四轴”的城镇空间结构。“两核”就是汉中和安康两大核心，“一极”是指商洛“城镇—产业”增长极，“两带”指汉江、丹江沿线两个生态功能地带，“四轴”包括四条“城镇—产业”发展轴。

全省县域城镇体系构建，构成了当前阶段陕西农村城镇化的最大亮点。农村将形成以县城为中心、以重点镇为支撑、以中心村为基础的城乡一体城镇体系。以陕南为例，农村城镇体系网络同时确定了各级城镇的功能定位（见表7-7）。

表 7-7　陕南地区城镇体系及功能定位

等级	城镇名称	在区域中的定位	辐射范围
一级	汉中市（汉中盆地城市区，含汉台、南郑、城固、勉县）	陕西西南部中心，陕南西部区域核心	辐射陕南地区西部以及相邻周边地区
	安康市（“安康—汉阴”月河谷地城市带）	陕西南部中心，陕南中部区域核心	辐射陕南地区中部以及相邻周边地区
	商洛市（“商州—丹凤”丹江谷地城市带）	陕西东南部中心，西安都市圈的东南部增长极	辐射陕南地区东部以及相邻的周边地区
二级	略阳	陕甘川交界处的地区性中心城市	辐射本县及康县、成县等周边区域
	洋县	汉中市东北部中心，地区性中心城市	辐射本县和佛坪等区域
	西乡	汉中市东南部中心，地区性中心城市	辐射本县和镇巴等区域
	石泉	安康市西部中心，地区性中心城市	辐射本县和宁陕等区域
	旬阳	安康市东部中心，地区性中心城市	辐射本县和白河等区域
	洛南	商洛市东部中心，地区性中心城市	辐射商洛市域东北部
	柞水	商洛市东部中心，地区性中心城市	辐射本县和镇安等区域
三级	宁强、留坝、佛坪、镇巴、宁陕、紫阳、岚皋、平利、白河、镇坪、商南、镇安、山阳	一般建制市和县城，地方性中心城市	辐射本县（市）
四级	重点镇（40 个）	片区中心	辐射本镇及附近乡镇
五级	一般镇（245 个）	镇域中心	辐射本镇

资料来源　陕西省人民政府。

7.3 主要问题

2010 年，笔者组织完成了陕西省县域城镇化专项调研，调查对象是经抽样选择的 6 个重点镇。据前述发展历程和现状，结合本次调研情况综合分析，截至 2010 年陕西农村城镇化的主要问题表现在以下方面。

7.3.1 集聚困难

世界城市化的首个规律就是集聚，即商品、设施、服务、人口、资本等要素向城市汇集，城市优势也正是通过集聚得以充分表现出来。集聚扩大了生产规模和市场，提高了经济效益；集聚带来城市基础服务设施改善，促进企业和城市发展；集聚有助于第三产业兴起，吸引农村人口转移；集聚促进了科学、文化、娱乐传播，提高了精神生活；集聚推动创新，使城市成为科技发明的摇篮。[161]7

扩大规模是推动城镇集聚的必要条件，而产业、人口、土地三要素是城镇规模扩大的内容，城镇规模扩大的理想途径就是这三个要素的共同增长。但从现实性来看，这是一件极为困难的事，其关键就在于三者之间具有复杂的制约关系，西部农村城镇建设中因而形成了三个“两难境地”。

第一，非农产业发展与人口集聚的“两难境地”。产业发展首先需要镇区人口密集，才能形成消费和服务市场，然而当这两个市场尚未充分形成时，农民又决不愿意移居镇区，于是陷入第一个“两难境地”并形成恶性循环。传统城镇化过程中，基层政府虽然努力推动人口集中，但农民并不积极。“这是由于小城镇不能为农民提供足够的就业岗位和一定的工资水平，调查显示，农村劳动力在城市的就业概率是小城镇就业概率的4.59倍，小城镇的就业概率仅为11.3%。”[162]24 因此，陕西农村城镇要想集聚更多的人口，还需要注重内涵的提升。

第二，非农产业发展与城镇土地面积扩大的“两难境地”。镇域经济壮大的根本出路在于发展非农产业，最常用的“捷径”就是招商引资和兴建商品市场，这都需要更多的城镇建设用地。由于粗放式的土地利用，镇区建设用地指标几乎在20世纪90年代就已告罄，周围村庄的耕地便成为首选。然而土地属于国家重点控制的国有资产，近年来限制更加严格；农民的“寸土不让”则是另一方面的困难。于是陷入第二个“两难境地”和恶性循环。为解决这一问题，地方政府开始采用“土地置换”的方法，就是让农民集中到城镇生活，农村的大量宅基地可以复垦为耕地，而与城镇接壤的耕地转为建设用地。农民聚集增加了城镇人口，扩大建设用地面积的同时又不减少耕地面积，从而城镇规模得以扩大，可谓一举三得。但因为农民缺少提高收入的途径，城镇生活中的服务需求也无从产生，第三产业发展困境依然存在。

第三，人口集聚与城镇面积扩大后的“两难境地”。中西部农村城镇化的典型特征就是地方政府的推动。这种超级动力在两个方面极为有效：人口集中和城镇建设用地指标。于是出现普遍的“造城运动”，“政府推动型城镇化的极端形态，是将城镇化过程简化为行政区变更、政府圈地造城搞基础设施的过程，导致城镇化过程中的低水平过度竞争”[163]26。但现实证明，政府推动与城镇发展间也陷入了“二难境地”：

人口集聚和城镇面积扩大后，并未出现预想的乐观发展态势。

7.3.2 建设资金问题

小城镇发展动力可分解为三个基本因素：资源、区位、政策。区位和政策虽然都可以对小城镇经济发展起到推动作用，但其作用也是通过对资源内力的激发而实现的。[164]51 资金就是其中最重要的资源。

始终困扰陕西农村城镇化的一个问题就是资金匮乏。农村城镇在资金获得方面显然极为不利：绝大部分城镇没有工业基础，自身积累匮乏；城镇规模小，几乎谈不上融资项目，资本集聚相当困难；因为农村资金向大中城市长期“单向流动”，最有可能获得的资金支持也难以依赖。结果是，国家财政成为最根本的资金来源。但因为小镇数量众多，再大的资金投入也总是显得杯水车薪。尤其是整个 20 世纪 90 年代，虽然发展小城镇的思路没有改变，但政府财政支持力度很小，大中城市都得到了全力支持，农村城镇却明显被边缘化。

陕西农村或城镇的财政收入水平不高。直到 2000 年，全省建制镇中，年财政收入超过 1000 万元的仅有 2 个，500 万 ~1000 万元的有 22 个，100 万 ~ 500 万元的有 439 个，年收入在 100 万元以下的乡镇占到半数。[165]63 各级政府的投资重点则长期放在大中城市，据统计，“十五”期间，陕西省县以上城市完成基础设施投资 414 亿元，是“九五”时期的 2.7 倍；村镇建设完成投资 351 亿元，比“九五”时期增长了 23%。县以上城市投资是 800 多个县域城镇投资的 1.18 倍，再按照 351 亿元计算，平均每镇有 4000 多万元，年均约 800 万元。如果精打细算，这个数额大体只能够完成一条长约 3 公里的城镇道路改造而已，因此，这样的投资金额是远远不能满足城镇建设基本需求的。

城镇建设投资一般由省、市、县三级分担，地方财力遂成为重要制约。以陕西省重点镇建设为例，从 2009 年 8 月重点镇建设项目启动，截至 2010 年 6 月底，完成投资占年度计划的比例，各市（区）中高者达到 53.55%，最低者仅完成了 4%（见表 7–8）；各县（区）中最高者达到 100%，最低者仅仅完成了 0.33%。各级城市 3 年计划的投资额，有的高达十四五亿元，有的仅 3 亿多元。

表 7-8　陕西省重点镇建设项目投资（2010 年 6 月）　　单位：万元

市（区）	三年计划投资	年度计划投资	年度完成投资	累计完成投资	年度完成投资占年度计划投资比例（%）	累计完成投资占三年计划投资比例（%）
西安市	75175	26052	10762	10762	41.31	14.32
宝鸡市	158793	46078	7467.69	7541	16.21	4.75
咸阳市	—	42252	9769	25672	23.12	—
渭南市	59783.3	27612	7762	10662	28.11	17.83
铜川市	19536.7	15569	6722	7238.1	43.18	37.05
杨凌区	12425	3000	3000	492.39	100	3.96
延安市	87532	48799	9917	13091	20.32	14.96
榆林市	144670	34984	10272.6	10420	29.36	7.20
汉中市	86643.8	35975	19265	50452	53.55	58.23
安康市	86061	33500	1340	2530	4.00	2.94
商洛市	36722.2	—	—	4520	—	12.31

资料来源　陕西省住房和城乡建设厅：《关于全省重点镇建设项目进展情况的通报》，陕西省人民政府门户网站，http://www.shaanxi.gov.cn/index.html.（2025 年 1 月 26 日查询）

每个镇的经济发展基础不同，计划完成投资的数额也差别很大。以西安市户县余下镇为例，因为地处西安都市圈，镇内有两个大中型国有企业、两个县办工厂和一些乡镇企业，经济实力相对雄厚。这里的城镇建设项目数量和规格在西安市的 13 个重点镇中名列前茅，2009 年陕西省重点镇建设也是从这里正式启动。根据该镇 2009—2012 年基础设施建设规划，预计 3 年内完成建设项目 15 个，共计需要投资 2.296 亿元（见表 7-9），其中镇上计划投资 6444 万元。

表 7-9　西安市户县余下镇基础设施建设规划及投资（2009—2012 年）

时间	项目	计划投资（万元）
2009 年	人民南路道路工程	1180
	余北路二期工程	480
	镇中心街改造一期工程	1000
	电厂路道路工程及排水工程	1200
	御新广场工程	1500
2010 年	镇区排水管网建设	400
	茶铺十字改造工程	800
	新建垃圾处理厂	1000
	镇中心街改造二期工程	2000
	团结路改造工程	800
2011 年	红旗路建设工程	700
	余北路三期工程	800
	余下镇文化体育中心工程	6000

续表

时间	项目	计划投资（万元）
2012 年	兴教路及文化宫北广场建设工程	1500
	惠安湖扩建改造工程	3600
合计	15 项	22960

资料来源　西安市户县余下镇人民政府。

这样的规模，对于大多数经济发展水平一般的城镇来说，实在是望尘莫及。即使如此，仍有 1.6 亿元建设资金尚无着落，也只能申请财政支持和贷款。因地方经济状况和财力不同，重点镇建设的差别将非常显著。可能也正是这个原因，使得陕西省在推进重点镇建设的两年后，便又优中选优、重中选重，最终确定了"重点示范镇"的建设，以达更高效地使用资金的目的。

7.3.3 岌岌可危的乡村

在传统城镇化中，视城镇与农村、工业与农业为绝对对立，因此城镇化就演变成为削弱农村、农业的过程。

第一，文明暴力下"消失的村庄"。整体改变传统生活方式是城镇化的最终目标，同时也伴随着很长的历史过程，一旦城镇化被视为经济发展的加速器，这个过程往往就会被人为压缩至最短。经济社会的迅猛发展必然带来城镇化的自然加速，所谓"快速城镇化"很大程度上就是"造城"现象。在传统农村地区，快速城镇化又衍变为大规模的村镇合并、城市兼并农村和村落形态改变；在相继付出土地、村落和乡村生活后，会有更多传统乡村迎来更加舒适便捷的日常生活。对于很多大半生面朝黄土背朝天的农民来说，这或许并不是他们想要的，甚至是根本不需要的，但在这个被冠以"发展""进步"的过程中，除了被动接受城镇化的一切后果外，传统乡村几乎毫无选择余地。如前文所述，从英国到欧洲大陆、由欧美到更多发展中国家和地区，这种状况在农村社会持续了几百年而罕有例外。城镇化大刀阔斧一路前行，传统乡村及其村落生活悄无声息地走向消亡，再次诠释了现代对传统的公然无视、毫不怜惜与肆意摧残，文明暴力莫此为甚！

"中国的村庄有着几千年历史，形成了自己独特的文化和品格。在城市化的趋势下，如何兼顾农民对美好生活的需求和保存村落文化，是一个难题。"[166] 乡村及其生活形态既是现代社会的摇篮，也是一种独特的人类文化，而且这种文化绝非已经失去了现实根基而沦为一种“集体记忆”，无论对于城镇型社会还是人类文明的可持续发展，它仍然具有不可替代的独特功能。城镇化需要考虑城镇规模、城镇体系、产业关系等现实问题，更需要认真关注现实背后的价值问题，尤其是传统乡村和乡村生活的人文价值。如果继续片面地以功利性和便捷性为标准，中国社会和现实生活的价值根基将荡然无存，我们在失去最初的生活家园后，也将失去最终的精神家园。

第二，弱化农业生产。在不断人为加速的城镇化过程中，农业活动往往被视为阻碍城镇发展的落后因素，城镇化理念愈来愈演变为：农业生产越少，城镇化的速度越快；距离农业活动越远，城镇化的水平越高。在很多时候，城乡发展逻辑似乎变成了这样：如果没有城镇和城镇化，农业将毫无出路并且会无可挽回地持续衰落下去。这也是不少地方无所顾忌地减少耕地、削弱农业和驱赶农民的直接原因。这种对城镇化的严重曲解，使得城镇和乡村两受其害。“无论是发达国家早期城镇化的做法，还是发展中国家‘过度城镇化’的实践，其所以产生了一系列不良后果，一个重要的原因就在于把推进城镇化看作是与农业经济发展毫无关联的过程，制造了农村经济与城市经济的二元对立。”[167]83 牺牲农业和农民利益的城镇化，根本无力兑现美好生活的诺言，反而导致农业破产，制造了大量的农村贫困人口；同时，农业的农产品贡献和生态维护两大功能丧失殆尽，农耕文化传承传统文化和民族性的载体岌岌可危，同时又导致了城镇化越来越脱离社会传统和地方特色、文化内涵和精神动力也日益举步维艰。

站在城乡融合立场看，城镇化与农业是互相促进和共同发展的。城镇化带动下的农业产业化趋势增强，农业生产技术革新更加迅速，农业产出和生态维护功能同步提升，使得城镇化获得持续支持；城镇化程度越高，城镇对自然生态和绿色农产品的需求越是旺盛。同时，城镇化能更加突显民族性和地方特色，中国特色的城镇化道路才能名副其实。

第三，新生代农民工的不确定性。“在城市化这个涉及农民切身利益的大问题上，我国长期以来固有的‘为民做主’的决策模式从来都不问农民。……在学术界与政府做了大量研究之后，我们才发现，没有任何文献与资料能反映我国农民对于城市化的期望与要求。”[153]137 这一认识切中了我国农村城镇化的要害。不了解农民需求、不顾及农民利益、不注重农民意见的城镇化，在地方政府的强力推动下连续挺进，但在"为了谁"这个问题上，始终存在诸多模糊之处。笔者认为，在 2000 年之前，这一问题主要表现为对农民的实际需求缺乏关注，2000 年以后则表现为对农村新生代农民工的流向问题难以把握。

2000 年之前，新生代农民工的问题尚不突出，"第一代农民工"主要由 20 世纪 80 年代前出生的农村人口构成，他们的根本特点是：进城务工挣钱，回农村盖房；青壮年时进城挣钱，老了回农村养老。就是说，他们回农村的归宿明确而坚定，而县域城镇则是他们较为理想的生活地点。但是，因为长期以来县域城镇重在数量扩张而忽略对质量的提升，已经经历了大中城市生活的他们，对县域城镇的兴趣不大，加之故土难离的乡土情结，他们仍然要回到老家的村落中生活。这也就是上文所说的"对农民的实际需求和利益缺乏关注"。

2000 年以后，新生代农民工成为城乡流动的主力。新生代农民工是指年龄在 16~30 岁之间，具有农村户口的非农产业从业人员。他们由进城务工人员和仍在农村的非农产业从业人员组成。通俗地讲，就是指农村的"80 后"和"90 后"。这一部分农村青年，在受教育程度、生活消费观念、从业选择、城乡选择、迁移流向等方面，都表现出和父辈截然不同的新特点。择其要者，首先，他们的城市向往中存在难以融入的矛盾。他们的城市向往强烈而坚定，"做城里人"是他们难以放弃的目标。但是城乡二元制度的鸿沟和大中城市的排他性，又使他们无法融入其中，于是随之陷入人际交往、社会认同和情感支持的三重"内卷化"之中。[168]22 其次，他们对农村情感冷淡而又面临不得不回去的现实。他们的乡土记忆稀薄，缺乏农业生产和乡村生活的基本技能，对家乡没有极强的归属感，对农村社会和生活方式情感冷淡，但在长期漂泊之后，却不得不面临回到农村的现实。因此，他们两难于"扎根"城市和"归根"农村之间，随着经济增长方式的提升，这一两难困境还将进一步突显。[169]21

这时，农村城镇化究竟"为了谁"的问题变得愈加尖锐。新生代农民工及其后更多的农村青年，如果始终不把县域城镇作为移居目标，那么县域城镇将面临更危险的"空壳"状态；近年来户籍制度逐渐放开、鼓励农村居民落户中小城市的举措，则加大了他们疏离农村的可能性。根据 2006 年第二次农业普查数据，陕西农村外出务工人员中，年龄在30岁以下的新生代农民工已占到51.4%，高达76.3%的人都属于典型的异地务工，而对于他们以后的流向尚不清楚（见表7-10）。

表7-10　陕西农村外出劳动力年龄和流向（2006年）

指标	陕西	陕北	关中	陕南
外出劳动力年龄构成（%）				
20岁及以下	15.5	16.5	14.0	17.4
21～30岁	35.9	38.9	35.9	35.1
31～40岁	28.1	23.4	27.6	30.1
41～50岁	14.8	14.9	16.0	13.1
50岁以上	5.7	6.3	6.5	4.3
外出劳动力从业地区构成（%）				
乡外县内	23.7	46.6	26.3	14.2
县外市内	19.7	27.8	28.8	4.7
市外省内	18.5	13.6	19.3	18.5
省外	38.1	12.0	25.6	62.6

资料来源　陕西省统计局：《陕西省第二次农业普查主要数据公报》，陕西省统计局网站，https://tjj.shannxi.gov.cn/tjsj/ndsj/tjgb/qs_444/20080612_1614187.html.（2025年1月6日查询）

陕西农村城镇化需要认真分析后进行科学定位，解决好“为了谁”这个关乎城镇化根本大局和落脚点的问题。

7.4 措施建议

7.4.1 产业集聚

城镇化中，先有产业集聚，然后才能吸引人口增加。除了遵循产业集聚的一般原则外，陕西县域城镇产业集聚应注重两个问题：

第一，立足陕西省“一村一品”的突出优势，多业并举。“一村一品”是指以村为基础，通过特色优势产品的规模化、标准化、市场化和品牌化建设，增强农村经济实力与综合竞争力的农业经济发展模式。据不完全统计，到2007年左右，陕西全省达到“一村一品”标准的村已发展到1000多个，占全省总村数的3.5%，这些村的农民人均纯收入水平超过4000元，最高的超过8000元。[170]24 在实际发展中，“一村”和“一品”均有所拓展，逐渐形成“一乡一业”和“一县一业”。2007年到2009年3年间，陕西省共发展“一村一品”部级示范村20个，省级专业村2168个；有“一乡一业”建设乡镇 329 个，"一县一业"建设县区 35 个；涉及粮、果、畜、菜、手工艺、农产品加工等 10 多个类型。

县域城镇应利用这种既有优势，在进一步强化镇域主导产业的同时，大力吸引农产品深加工、包装服务、运输等相关企业进驻镇区，不断增加对周围村庄剩余劳动力的市场需求，拉动本地服务业发展。

第二，立足资源和区位优势，形成特色产业。陕西有得天独厚的历史文化资源和旅游资源，很多小镇本身就集历史、文化、自然风光于一体，完全有条件大力发掘文化和旅游资源，走特色产业之路；休闲农业、观光农业、生态农业也完全可以成为中心城市周边城镇的特色产业；乡镇企业基础较好的城镇，则应在坚持农业农村服务功能的同时，适当调整企业产品和服务类型，加强与附近中心城市和其他城镇的横向联系，形成带动或互补关系，以此不断壮大产业特色。

7.4.2 市场融资

2003 年，成都、南京等城市开始采用委托贷款形式，引入民间资本参与城市基础设施建设，不但有效解决了资金短缺问题，促进了城市建设，也使民间投资者获益。大体做法是：市（区）政府直属的国有投资公司委托银行面向公众进行贷款融资，个人、企事业单位都可以作为委托人，通过银行向投资公司提供贷款和承担全部贷款风险，国有投资公司将以其资产保证投资人的利率和利息收入；委托贷款合同规定了固定的贷款利率和稳定的贷款利息收入，收益率均高于银行存款利率和同期国债利率。公众委托贷款的起点不高，个人起点是 1 万元，企业单位为 50 万元。委托贷款具有起点低、利息高、风险小、可转让等多种优势，民间参与的热情很高。委托贷款的根本优点是：①满足了城市建设的巨大资金需求，大大降低建设成本；②广泛吸纳各类企业和市民手中的闲散资金，拓宽了城市建设融资渠道；③融资投向的建设项目受到更多投资者监督，在规范运作、遏制浪费、实现市场价值等方面都具有积极意义。

南京、成都的城市建设融资方式给我们很大启示。大量民间资本投资无门的现象在陕西也同样存在，仅以居民存款为例，陕西省城乡居民储蓄余额近年大幅上涨，从 2000 年的 1522.53 亿元增加到 2009 年的 6732.03 亿元，年均增长 17.2%；仅从农业存款余额看，也由 2000 年的 21.62 亿元增加到 2009 年的 445.92 亿元，增加了 424.3 亿元，年均增长25.6%，仅2009年就增长了42.3%。[171]对民间资本投资城镇建设进行科学合理规划，这种方式完全可以用于农村城镇化。可以首先精选少数综合基础好、发展潜力大、产业类型多元的小城镇进行试点，努力降低民间投资风险和保证预期收益，探索吸引社会资本投资农村城镇建设的可行模式，拓宽小城镇建设资金集聚渠道。

7.4.3 准确定位"重点"

从"关中百镇"到全省"重点镇"建设，少数城镇优先发展被认为是农村城镇化的可行路径和实践经验。但笔者调查发现，还需要更准确地把握建设"重点"。

首先，应该重点增设生活服务类设施，而非仅仅是道路场馆。大部分重点镇建设似乎只强调修路盖楼，而甚少涉及生活服务的内涵提升，如医院、幼儿园、养老院等。调查显示，重点镇居民满意度最低的是文化娱乐和治安卫生等方面，对现有基础设施的满意度并非是最低的（见表7-11）。

表7-11 重点镇镇区居民的生活满意度

	很满意	比较满意	一般	不满意	很不满意	频数（人）	满意度
工作机会	28	80	147	25	20	300	3.24
收入水平	19	45	166	49	20	299	2.98
基础设施	25	50	136	50	36	297	2.93
文化娱乐	12	39	124	82	41	298	2.66
治安卫生	11	53	141	58	35	298	2.82
居民素质	19	57	150	46	24	296	3.00

关于生活服务设施的完善程度，认为越来越完善的有95人，认为完善较慢的有89人，认为没有多大变化的有110人（见图7-2），反映此方面需要快速跟进。

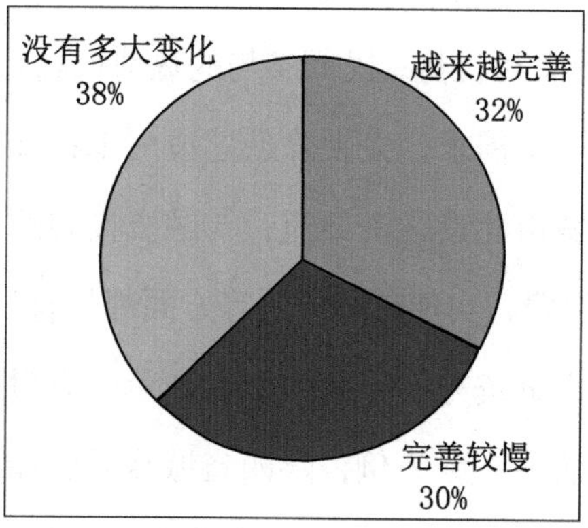

图7-2 重点镇镇区居民对生活设施完善的评价 单位：%

注：本项选择人数为294人。

其次，城镇化制度改革的重点是维护农民利益。为了鼓励农民到小城镇落户，陕西省制定的《关于加大力度推进有条件的农村居民进城落户的意见》《关于加快重点镇建设推进全省县域城镇化的意见》，共同构成了陕西县域城镇化的指导性文件，其中就户籍、社会保障、农村土地处理等做了具体规定。但农民对于落户就近城镇的兴趣不大，其根本原因是：如果不能享受城镇居民待遇，城镇户口意义不大；而以宅基地和承包地换来城镇户口和待遇，又不合算或是心存顾虑。因此，在小镇务工 3 年以上的 146 人中，表示愿意落户的仅为 66 人（见表 7–12）。

表 7–12　重点镇镇区人口的落户打算

选项	频数（人）	百分比（%）	有效百分比（%）	累计百分比（%）
落户省城	21	6.9	6.9	6.9
落户中等城市	54	17.7	17.7	24.6
落户县城	73	23.9	23.9	48.5
落户镇上	66	21.6	21.6	70.1
目前没有明确的想法	82	26.9	26.9	97.0
其他	9	3.0	3.0	100.0
合计	305	100.0	100.0	

显然，在社会保障体系没有充分建立和前途不明朗的情况下，他们是不会轻易退出农村承包地和宅基地的（见图 7–3）。由此可以预见，即使这些顾虑不存在，很大一部分农民对于城镇生活也并非那么向往，他们仍会坚持在农村生活。

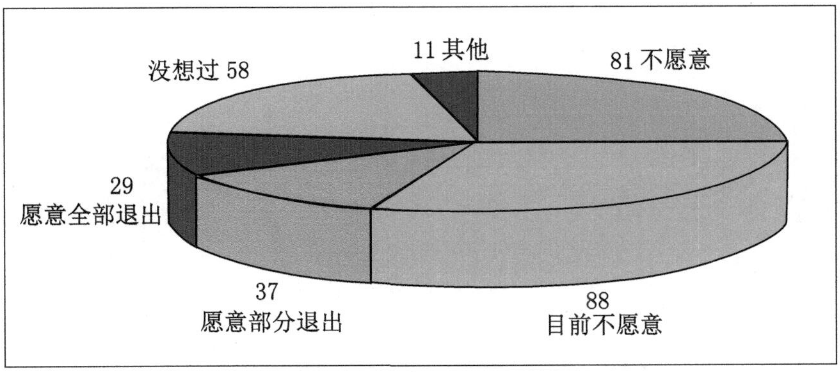

图 7–3　是否愿意用宅基地和耕地换来城镇居民待遇　　单位：人

注：本项选择人数为 304 人。

重点镇优先发展是推动农村城镇化的着力点。陕西近年来的重点镇建设实践也充分证明，重点镇是城乡融合的第一个“接口”，它将探索出城乡对接的具体路径和可行模式。

提高城镇化质量，需要更加注重城镇化的人文特征，更加突出“人的城镇化”这个主旨。据此，当前阶段，陕西农村城镇化要更新理念、创新要素（产业、人口和土地）重组机制、重构城乡空间，实现城乡空间和生活方式的深度融合。

结　语

本著述以 1978—2010 年的陕西农村社会为对象，力求客观、全面地展现这一阶段陕西农村现代化进程，通过深入分析其演进路径，试图挖掘出一些影响陕西农村发展的重大问题。

在农村现代化研究领域中，本著述运用实证方法审视较小地域农村的思路，具有一定的新意，能够起到抛砖引玉的作用，从而引发更多同类研究。如此，不仅突出了农村现代化研究的应用性，还提高了相关理论的解释力并增强措施建议的针对性。同时，本著述尝试运用多学科综合研究方法，较为深入地分析陕西农村发展的整体状况和重大问题，在陕西农村现代化研究中具有一定的创新。

本著述通过对陕西农村发展的长时段分析，形成以下认识：

第一，农村产业结构与现代市场体系间的互动，是陕西农村现代化的首要路径。改革之初的市场作用，引发农村产业结构调整，陕西农村由传统产业结构向新型产业结构过渡，包括三次产业比例变化和农村工业发展两个方面；产业调整是陕西农村经济发展和改善农民生活的根本动力，同时它也需要良好的市场环境和市场体系的支持，包括土地、资金等要素市场与商品流通的有形市场等。

第二，乡村治理体制创新，即由“乡政村治”到“多层竞争—合作”体制，是陕西农村现代化的重要路径。20 世纪 80 年代改革之初，人民公社社队体制解体，村民自治组织应运而生，“乡政村治”的乡村治理体制形成。村民自治这种“草根”治理实践，对于农村社会转型意义巨大。然而，由于 20 世纪 90 年代的“乡政”困难，村治也日益扭曲。2006 年，农村社区建设的全国试点启动，多元主体分类治理模式呼唤着乡村治理体制再次创新，笔者将其归纳为“多层竞争—合作”体制。这种体制创新，反映了陕西乡村治理的基本要求——现代治理体系要更好地“嵌入”传统乡村运行之中。

第三，社会主义新农村建设，包括形成新主体、新功能，进而促动新结构，实质是全面的农村社会建设。新主体意指组织化的农民，新功能是指政府对农村公共产品的平等供给，新主体与新功能重构的目的在于建设新农村。所以，本文对新农村建设的理解是：新主体发挥新功能以形成新结构。这是陕西农村社会结构现代化的过程。从主体、要素到结构的全新重构，意味着陕西农村全面进入了社会建设阶段，将塑造出农村新形态。这种新形态带有现代性特征，但是它必须面向农村、解决农村问题，因此其基础则必然是“乡土特质”的。

第四，“地方性”的城镇化才能有效实现城乡统筹。城镇化是现代化的重要内容，反映了陕西农村生活方式的现代变迁。根据马克思主义城乡关系思想，本文认为，城镇化引领农村发展，农村在城乡要素流通中不断增强自身优势，双方将形成地位平等、要素互补、相互支持的发展共同体。陕西农村城镇化的发展阶段、现状和主要问题，和全国有很大的共性，但近年来的重点镇建设和城镇体系构建反映了其地方性特色不断增强。唯其如此，才能真正提高城镇化质量，发挥其辐射效应，为农村发展注入现代文明因子，加快实现城乡统筹发展。

文中所提出的城乡市场体系、“多层竞争—合作”的乡村治理体制、“乡土特质”的新农村建设、“地方性”的城镇化等，都是本人针对截至2010年农村发展而提出的理论思考。对于学术研究和陕西农村发展实践，或有一定积极作用。文中的一些具体建议，如农村商品流通市场建设、农业保险制度、农民组织化、重点镇建设“重点”等方面，对同类型研究也有一定启发。

受可用素材和理论思考能力等方面的限制，本项研究还失于宽泛，虽然大体展示了改革以来陕西农村发展概貌和重大问题，但自觉学术深度明显不足，理论提炼较少；在几条路径的逻辑关系和互动作用方面，也只是简单涉及，尤其是缺乏有力的理论归纳，因而对农村发展机制的认知不够深刻；另外，虽然力图总体把握政府政策及其目标和作用，但对落实政策的具体过程缺乏鞭辟入里的观察思考，因此很多具体问题的发生机理仍不够明晰。这些问题，还有待在后续研究中认真关注和努力完善。

参考文献

[1] 周黎安．中国地方官员的晋升锦标赛模式研究 [J]. 经济研究，2007(7).

[2] 元莉华，张玲玲，姚志伟．变村庄为社区 为公共服务提供“洼地”[N]. 陕西日报，2010-04-19(9).

[3] 贺雪峰．乡村治理与秩序——村治研究论集 [M]. 武汉：华中师范大学出版社，2003.

[4] 王立胜．中国农村现代化社会基础研究 [M]. 北京：人民出版社，2009.

[5] 贺雪峰．乡村治理研究的三大主题 [J]. 社会科学战线，2005(1).

[6] 徐荣安．中国城乡融合经济学 [M]. 中国展望出版社，1988.

[7] 龚水林，张业清．当代中国农村社会发展大趋势——农村社会学研究 [M]. 桂林：广西师范大学出版社，1992.

[8] 李云才，刘卫平，陈许华．中国农村现代化研究 [M]. 长沙：湖南人民出版社，2004.

[9] 向达，马敏．中国农村现代化问题及其对策 [J]. 理论学习，2009(7).

[10] 高帆．农村现代化：内涵和外延 [J]. 调研世界，2006(7).

[11] 谢元态．中国特色的农村改革与发展之路 [M]. 南昌：江西科学技术出版社，2007.

[12] 刘尧．论中国农村现代化中的农村城市化问题 [J]. 西北农林科技大学学报（社会科学版），2005(5).

[13] 王巍．关于我国农村现代化的若干思考 [J]. 华东理工大学学报（社会科学版），2005(1).

[14] 袁金辉．中国农村现代化的基本内涵与经验 [J]. 国家行政学院学报，2005(4).

[15] 吴忠民，等．发展社会学 [M]. 北京：中国人民大学出版社，2001.

[16] 孙景珊．中国农村现代化实现的途径与思考 [J]. 理论界，2007(2).

[17] 马克思恩格斯选集（第二卷）[M]. 北京：人民出版社，1972.

[18] 马克思恩格斯选集（第四卷）[M]. 北京：人民出版社，1995.

[19] 尹宝云 . 现代化通病——二十多个国家和地区的经验与教训 [M]. 天津：天津人民出版社，1999.

[20] 林秀玉 . 现代化和英国农业制度性及结构性的变革 [J]. 上海交通大学学报（农业科学版）增刊，2002(12).

[21] 许平 . 法国农村社会转型研究：19 世纪至 20 世纪初 [M]. 北京：北京大学出版社，2001.

[22] 袁振龙，等 . 农民问题国际比较研究 [M]. 北京：知识产权出版社，2010.

[23] 陈新田 .19 世纪法国农村人口迁城及其社会问题初探 [J]. 咸宁学院学报，2005(4).

[24] 张琢，马福云 . 发展社会学 [M]. 北京：中国社会科学出版社，2007.

[25] 苏振兴 . 拉美国家现代化进程研究 [M]. 北京：社会科学文献出版社，2006.

[26] 冯海发，李溦 . 我国农业为工业化提供资金积累的数量研究 [J]. 经济研究，1993(9).

[27] 史美兰 . 农业现代化：发展的国际比较 [M]. 北京：民族出版社，2006.

[28] 塞缪尔 · P. 亨廷顿 . 变化社会中的政治秩序 [M]. 上海：生活 · 读书 · 新知三联书店，1989.

[29] 董正华，赵自勇，庄礼伟 . 透视东亚“奇迹”[M]. 上海：学林出版社，1999.

[30] 张蕴岭 . 亚洲现代化透视 [M]. 北京：社会科学文献出版社，2001.

[31] 杜德利 · 西尔斯 . 发展的含义 [M]// 塞缪尔 · 亨廷顿，等 . 现代化：理论与历史经验的再探讨 . 上海：上海译文出版社，1993.

[32] 陈峰君 . 东亚与印度——亚洲两种现代化模式 [M]. 北京：经济科学出版社，2000.

[33] 郑大华 . 民国乡村建设运动 [M]. 北京：社会科学文献出版社，2000.

[34] 陈明明 . 革命后社会的政治与现代化 [M]. 上海：上海辞书出版社，2002.

[35] 中央档案馆 . 中共中央文件选集 [M]. 北京：中共中央党校出版社，1989.

[36] 毛泽东选集（第三卷）[M]. 北京：人民出版社，1991.

[37] 陆学艺 . 中国农村现代化基本问题 [M]. 北京：中共中央党校出版社，2004.

[38] 陆学艺，王春光，张其仔 . 中国农村现代化道路研究 [M]. 南宁：广西人民出版社，

1998.

[39] 李双元 . 青海农村改革开放三十年回顾与展望 [J]. 青海社会科学，2009(1).

[40] 蔡昉，王德文，都阳 . 中国农村改革与变迁：30 年历程和经验分析 [M]. 上海：格致出版社，上海人民出版社，2008.

[41] 王学习，梁玲 . 加速发展经济，增加农民收入 [N]. 陕西日报，1998-01-13(3).

[42] 张建功 . 历史与选择——陕西农村经济社会发展中的主要问题及对策研究 [M]. 西安：陕西人民出版社，1999.

[43] 马祖琦，尹怀庭 . 陕西劳动力转移与城镇化发展关系研究 [J]. 人文地理，2001(1).

[44] 田富强 . 陕西农村劳动力流动研究 [D]. 杨凌：西北农林科技大学，2007.

[45] 徐勇 . 中国民主之路：“从形式到实体——对村民自治价值的再发掘”[J]. 理论与现代化，2009(6).

[46] 陕西省人民政府 . 关于陕西省 2010 年财政预算执行情况和 2011 年财政预算草案的报告 .[EB/OL].[2011-01-27].https://www.shaanxi.gov.cn/zfxxgk/fdzdgknr/ysjs/yjsbg/201101/t20110127_1733652_wap.html.

[47] 晓彬 . 让农民也能享受到优质的卫生服务 [N]. 陕西日报，2009-03-29(2).

[48] 程伟，李艳，杨川 . 我省已有 15 万农民享受养老金 [N]. 陕西日报，2009-08-07(1).

[49] 李艳，刘沙 . 我省全面启动新农保试点工作 [N]. 陕西日报，2009-12-24(1).

[50] 车喜韵，吕杨 . 农民看病报销，孩子上学免费——西部大开发以来全省卫生、教育事业发展综述 [N]. 陕西日报，2009-12-26(1).

[51] 张国祥 . 农村社会管理体制的探索与思考——以社区建设创新农村管理 [J]. 社会主义研究，2008(6).

[52] 谢红江，云献科 . 小载体促进大和谐——千阳县村级公共服务中心建设调查 [N]. 陕西日报，2009-12-09.

[53] 林毅夫 .“三农”问题与我国农村的未来发展 [J]. 农业经济问题，2003(1).

[54] 徐勇 . 现代化视野中的“三农”问题 [J]. 理论月刊，2004(9).

[55] 陆益龙 . 农民中国——后乡土社会与新农村建设研究 [M]. 北京：中国人民大学出版社，2010.

[56] 贺雪峰，印子．“小农经济”与农业现代化的路径选择——兼评农业现代化激进主义 [J]. 政治经济学评论，2015(2).

[57] 薛金文，曹克瑜．西部大开发：陕西战略与决策 [M]. 西安：陕西人民出版社，2001.

[58] 陕西省果业局 .2009 年陕西省果业发展统计公报 [N]. 陕西日报，2010-03-30(11).

[59] 全省蔬菜产值 60% 来自设施农业 [N]. 陕西日报，2000-12-13(5).

[60] 李佑民．我省去年设施蔬菜为农民增收 176 亿元 [N]. 陕西日报，2010-08-22(2).

[61] 金护林，云献科．宝鸡市乡镇企业改革开放 20 年回眸 [N]. 陕西日报，1998-12-25(4).

[62] 陕西省社科院乡镇企业发展战略课题组．陕西乡镇企业发展战略 [J]. 人文杂志，1992(2).

[63] 李云毅，周维，王雅鹏．陕西省农村经济发展特征、问题与对策 [J]. 陕西农业科学，1999(1).

[64] 黄汉权．陕西农村工业竞争力分析 [J]. 中国创业投资与高科技，2006(1).

[65] 曹钢．加快陕西农村经济增长方式变革战略问题研究 [J]. 陕西省行政学院 陕西省经济管理干部学院学报，2005(4).

[66] 张联社．陕西农村剩余劳动力转移策略 [J]. 陕西师范大学学报（自然科学版），1996(4).

[67] 陕西：建立增收长效机制 确保农民收入可持续增长 [EB/OL][2006-1-13]. https://business.sohu.com/20060113/n241426570.shtml.

[68] 陕西省社会科学院课题组 .2009 ~ 2010 年陕西社会形势分析与对策 [R]// 陕西社会发展报告（2010）北京：社会科学文献出版社，2010.

[69] 史子成，陈玉忠，党双忍．从农民收入构成看陕西省农村经济发展迟滞的原因 [J]. 西北农林科技大学学报，1989(2).

[70] 刘玮，徐萍，魏鹏．陕西省被征地农民养老保障问题研究 [C] // 道路·创新·发展——陕西省社会科学界第三界（2009）学术年会优秀论文．西安：陕西师范大学国际商学院．

[71] 李佐军．中国的根本问题——九亿农民何处去 [M]. 北京：中国发展出版社，2000.

[72] 温铁军，朱守银．政府资本原始积累与土地“农转非”[J]. 管理世界，1996(5).

[73] 徐勇 . 阶梯性社会与“三农”的提升 [J]. 华中师范大学学报（人文社会科学版），2004(6).

[74] 康喜平，牛昉，柯淑娥 . 陕西农地流转的特点、问题及其对策建议 [J]. 陕西省行政学院　陕西省经济管理干部学院学报，2004(3).

[75] 西安市社会科学院课题组 . 土地流转的“高陵模式”及经验 [N]. 西安日报，2009-08-31(11).

[76] 陈圣强 . 全省土地流转，多数没有流向大户 [N]. 陕西日报，2010-04-23(9).

[77] 何忠伟 . 农村发展经济学 [M]. 北京：中国农业出版社，2008.

[78] 王东，李高庄 . 陕西农村合作基金会发展情况 [J]. 农村合作经济经营管理，1997(5).

[79] 霍学喜，屈小博 . 西部传统农业区域农户资金借贷需求与供给分析——对陕西渭北地区农户资金借贷的调查与思考 [J]. 中国农村经济，2005(8).

[80] 杨丽萍 . 中国农村金融贫困效应分析 [J]. 武汉金融，2005(1).

[81] 姜雅莉，张祖庆 . 关中陕北农村民间借贷情况调查研究 [J]. 安徽农业科学杂志，2006(2).

[82] 张晓艳，罗剑朝 . 西部欠发达地区农村民间借贷规范发展的路径选择——基于陕西省大荔县 128 户农户的调查 [J]. 经济问题，2007(8).

[83] 史建民，孟昭智 . 我国农业保险现状、问题及对策研究 [J]. 农业经济问题，2003(9).

[84] 中国人民银行宝鸡市中心支行课题组 . 政策性农业保险发展障碍与对策探析——基于陕西省 10 市 1 区调查的思考 [J]. 西部金融，2011(2).

[85] 周夏沛 . 透视农业保险支农效力的缺失及原因——基于农业大市汉中的典型分析 [J]. 西部金融，2010(2).

[86] 国务院发展研究中心农村经济研究部课题组 . 中国农村市场体系建设研究 [R]// 韩俊，谢扬，杨小青 . 中国农村政策报告调查Ⅱ . 上海：上海远东出版社，2008.

[87] 晁阳，林琳，程伟 . 农机补贴：渭南市加快转变农业发展方式调查之二 [N]. 陕西日报，2010-05-08(3).

[88] 崔春华，范丹舸 . 去年我省家电下乡产品销售 58.4 亿元 [N]. 陕西日报，2011-

02–09(2).

[89] 徐颖 . 我省三年内将建 5000 家“农家店”[N]. 陕西日报，2010–11–29(6).

[90] 梅建明，陈秀华 . 试论土地合作制 [R]// 中国（海南）改革发展研究院 . 中国农民组织建设 [M]. 北京：中国经济出版社，2005.

[91] 中共中央文献研究室 . 三中全会以来重要文献选编（下）[M]. 北京 : 人民出版社，1982.

[92] 袁金辉 . 冲突与参与：中国乡村治理改革 30 年 [M]. 郑州：郑州大学出版社，1999.

[93] 陕西省农业合作史编委会 . 陕西省农业合作简史 [M]. 西安：陕西人民出版社，1996.

[94] 项继权 . 从“社队”到“社区”: 我国农村基层组织与管理体制的三次变革 [J]. 理论学刊，2007(11).

[95] 许门友 . 社会主义民主在农村的伟大实践——陕西农村推行村民自治的研究报告 [J]. 西北大学学报（哲学社会科学版），2001(1).

[96] 党国英 . 试论建立村民监督委员会的重要意义——基于对陕西农村建立村民监督委员会制度的调查 [J]. 毛泽东邓小平理论研究，2011(5).

[97] 贾明德，郑梦熊，吴克强，等 . 社会变迁中的治民与民治——中国农村民主制度建设研究 [M]. 西安：西北大学出版社，2003.

[98] 李强彬 . 乡村精英变迁视角下的村社治理 [J]. 甘肃理论学刊，2006(11).

[99] 耿瑛 . 社会学视角下的中国乡村社会变迁研究 [J]. 东方论坛，2010(4).

[100] 蔺雪春 . 当代中国村民自治以来的乡村治理模式问题 [J]. 当代世界社会主义问题，2007(3).

[101] 徐勇 . 现代国家的建构与村民自治的成长——对中国村民自治发生与发展的一种阐释 [J]. 学习与探索，2006(6).

[102] 姚锐敏，汪青松，易凤兰 . 乡村治理中的村级党组织领导 [M]. 北京：中国社会科学出版社，2004.

[103] 彭勃 . 乡村治理：国家介入与体制选择 [M]. 北京：中国社会出版社，2002.

[104] 刘亚军 . 陕西省农民负担问题研究 [D]. 杨凌：西北农林科技大学，2000.

[105] 李茂岚 . 中国农民负担问题研究 [M]. 太原：山西经济出版社，1996.

[106] 周飞舟 . 从汲取型政权到“悬浮型”政权——税费改革对国家与农民关系之影响 [J]. 社会学研究，2006(3).

[107] 《县乡人大运行机制研究》课题组 . 县乡两级的政治体制改革，如何建立民主的合作新体制——新密市县乡两级人民代表大会制度运作机制的调查研究报告 [J]. 经济社会体制比较，1997(4).

[108] 阙忠东 . 变革社会中的乡镇体制：现状与变革 [J]. 社会科学家，2005(3).

[109] 张晓明 . 陕西新农村建设面临的突出问题与解决对策研究 [J]. 农业经济，2007(11).

[110] 贺雪峰，苏明华 . 乡村关系研究的视角与进路 [J]. 社会科学研究，2006(1).

[111] 刘岳，宋棠 . 国家政策在农村地区实践过程的理解社会学——以山东 C 县农业特产税征收为例 [M]// 乡村中国评论（第一辑）. 南宁：广西师范大学出版社，2005.

[112] 徐勇 . 县政、乡派、村治：乡村治理的结构性转换 [J]. 江苏社会科学，2002(2).

[113] 沈延生 . 村政的兴衰与重建 [J]. 战略与管理，1998(6).

[114] 郑风田，李明 . 新农村建设视角下中国基层县乡村治理结构 [J]. 中国人民大学学报，2006(5).

[115] 吴理财 . 中国农村治理体制：检讨与创新 [J]. 调研世界，2008(7).

[116] 张静. 法团主义 [M]. 2 版 . 北京：中国社会科学出版社，2005.

[117] 宋惠芳 .“合作主义”语境下政府与中介组织的双赢战略 [J]. 西南交通大学学报（社会科学版），2008(1).

[118] 徐勇 . 治理转型与竞争——合作主义 [J]. 开放时代，2001(7).

[119] 陆学艺 . 当代中国社会建设 [M]. 北京：社会科学文献出版社，2013.

[120] 田毅鹏 . 社会建设中的传统与现代 [J]. 社会科学辑刊，2016(2).

[121] 吴理财，吴侗 . 乡村振兴社会建设应先行 [J]. 江汉论坛，2018(4).

[122] 温铁军 . 怎样建设社会主义新农村 [EB/OL].[2005-10-31].https://www.zhangqiaokeyan.com/academic-journal-cn-China-bridge-city-country.thesis/0201240448046.html.

[123] 林毅夫 . 新农村运动与启动内需 [EB/OL].[2002-09-23].https://www.cnkj.

com.cn/Article/CJFDTOTAL-ZWZJ1999/0003.htm.

[124] 贺雪峰 . 新农村建设：打造中国现代化的基础 [J]. 中南财经政法大学研究生学报，2007(2).

[125] 陈锡文 . 深化对统筹城乡经济社会发展的认识，扎实推进社会主义新农村建设 [J]. 小城镇建设，2005(11).

[126] 高淑桃，谢彦明 . 突破城乡关联弱化的瓶颈，推进社会主义新农村建设 [J]. 东南学术，2007(6).

[127] 王爱莲，张凡勇 . 陕西省社会主义新农村建设的意义与建设路径 [J]. 西安石油大学学报（社会科学版），2008(2).

[128] 惠民 2000 多万，全省农村饮水实现飞跃发展 [N]. 陕西日报，2009-10-12(5).

[129] 张芙蓉 . 陕西新型农村合作医疗现状分析与对策建议 [M]// 杨尚勤，石英，江波 . 陕西社会发展报告（2009）. 北京：社会科学文献出版社，2009.

[130] 西北大学课题组 . 陕西省社会保障事业发展报告 [C]// 陕西省社会学会年会论文集，2009.

[131] 雷晓康，宋蓉，孙殿君 . 陕西养老保险制度改革的路径分析与政策选择 [C]// 陕西省社会学会年会论文集，2009.

[132] 晁阳，张革风，刘宝秦 . 宝鸡多种形式探路“新农保”[N]. 陕西日报，2009-08-18(1).

[133] 人力资源社会保障部　国家统计局 . 2008 年陕西省人力资源和社会保障事业发展统计公报 [EB/OL].[2009-05-19]. 国家统计局 .http://www.stats.gov.cn/sj/tjgb/qttigb/qqqttjb/202302/t20230218_1913280.html.

[134] 陕西省人力资源和社会保障厅 .2009 年陕西省社会保险情况 [N]. 陕西日报，2010-07-21(5).

[135] 郁建兴，高翔 . 农业农村发展中的政府与市场、社会：一个分析框架 [J]. 中国社会科学，2009(6).

[136] 陕西省委政策研究室，陕西省扶贫办 . 扶贫就是发展——陕西省新阶段扶贫开发的调查 [J]. 陕西综合经济，2006(3).

[137] 李岚，冀鹏 . 商洛百万贫困人口越过温饱线 [N]. 陕西日报，2001-01-23(2).

[138] 元莉华，姚志伟 . 退耕十年，陕西增加林地 3400 多万亩 [N]. 陕西日报，2009-07-13(9).

[139] 陕西省人民政府 . 陕西省“十二五”农村扶贫开发规划 [EB/OL]. [2012-07-10]. https://www.shaanxi.gov.cn/zfxxgk/fdzdgknr/ghxx/sewgh/zxgh_2443/201207/t20120710_166182_wap.html.

[140] 陕西省扶贫办 . 陕西扶贫开发工作走过的基本历程 [EB/OL]. [2010-06-21]. http://www.shaanxifpb.gov.cn/slpc/show.asp?id=350.

[141] 程伟 . 我省全面实施千企千村扶助行动 [N]. 陕西日报，2010-06-15(1).

[142] 程同顺 . 中国农民组织化研究初探 [M]. 天津：天津人民出版社，2003.

[143] 边锋 . 组织农民抱团儿闯市场 陕西农民专业合作社破万家 [EB/OL].[2011-02-25]. http://www.chinanews.com/df/2011/02-25/2867954.shtml.

[144] 齐宇强 . 淳化“五到农家”为乡村文明锦上添花 [N]. 陕西日报，2010-07-29(5).

[145] 洪朝 . 成立红白理事会堪效仿 [N]. 陕西日报，2010-05-26(7).

[146] 刘明兴，刘永东，陶郁，等 . 中国农村社团的发育、纠纷调解与群体性上访 [J]. 社会学研究，2010(6).

[147] 王秀娟，郑少锋 . 陕西苹果产业发展中果农参加专业合作社意愿的实证分析 [J]. 西北林学院学报，2009(6).

[148] 项继权 . 农村社区建设：社会融合与治理转型 [J]. 社会主义研究，2008(2).

[149] 为农村经济社会全面发展搭建平台 [J]. 乡镇论坛，2009(8).

[150] 税尚楠，吴希翎 . 试论我国的乡村城市化道路 [J]. 经济地理，1984(1).

[151] 周大鸣，郭正林 . 论中国乡村都市化 [J]. 社会科学战线，1996(5).

[152] 刘志军 . 论城市化定义的嬗变与分歧 [J]. 中国农村经济，2004(7).

[153] 赵新平，周一星 . 改革以来中国城市化道路及城市化理论研究述评 [J]. 中国社会科学，2002(2).

[154] 郭书田，刘纯彬 . 失衡的中国——城市化的过去、现在与未来 [M]. 石家庄：河北人民出版社，1990.

[155] 顾建光 . 我国城市化发展的历史、现状与展望 [J]. 苏州大学学报（哲学社会科学版），1997(3).

[156] 杨新房，任丽君 . 正确把握农村小城镇建设的发展方向 [J]. 调研世界，2003(1).

[157] 辜胜阻 . 中国二元城镇化战略构想 [J]. 中国软科学，1995(6).

[158] 辜胜阻，郑凌云 . 农村城镇化的发展素质与制度创新 [J]. 武汉大学学报（人文科学版），2003(5).

[159] 井水，王礼力 . 陕西省小城镇发展研究 [J]. 西北农林科技大学学报（社会科学版），2009(3).

[160] 姜美娟 . 陕西：期待一个县域经济唱主角的时代 [EB/OL].[2009-02-17].http://www.shaanxijs.gov.cn/web/main/ShowDetail.aspx?type=1106&fid=38d58f1f-c96d-4c0-b7a9-46d442f73d03.

[161] 沈建国 . 世界城市化的基本规律 [J]. 城市发展研究，2000(1).

[162] 肖莎 . 小城镇发展战略研究述要 [J]. 城市发展研究，2004(5).

[163] 姜长云 . 城镇化与“三农”问题 [J]. 农业经济问题，2003(2).

[164] 建设部课题组 . 新时期小城镇发展研究 [M]. 北京：中国建筑工业出版社，2007.

[165] 姚宽一，杨战社 . 抓住西部大开发机遇加快陕西城镇化进程 [J]. 西安建筑科技大学学报（社会科学版），2001(2).

[166] 邓聿文 . 那些即将消失的村庄 [EB/OL].[2010-08-21].http://hsb.hsw.cn/2010-08/21/content_7834036.htm.

[167] 王德勇，王悦华，李友华 . 农村城镇化发展问题探索 [M]. 北京：中国农业出版社，2005.

[168] 李鑫健，郑慧 . 新生代农民工的“内卷化”分析 [J]. 法制与社会，2009(12).

[169] 何绍辉 . 在“扎根”与“归根”之间：新生代农民工社会适应问题研究 [J]. 青年研究，2008(11).

[170] 路高信，王俊清 . 陕西省实施农业“一村一品”工程的实践与启示 [J]. 陕西综合经济，2007(1).

[171] 郭秦川 . 金融机构存款快速增长的因素分析 [EB/OL].[2010-03-18].https://wenku.baidu.com/view/b714563559010202074 09ceb?_wkts_=1749691022652 & needWelcomeRecommand=1.

后　记

本书有幸获得陕西师范大学优秀学术著作出版基金资助，得以顺利出版，母校的教育培养和支持关爱，总是让人由衷感动。

本书主体是我的博士学位论文，在我的恩师——陕西师范大学王继教授——指导下完成。拜在恩师门下八年，先后获得硕士和博士学位，都是王老师悉心栽培的结果。可为此书作序者非王老师莫属，然恩师近几年来病痛缠身、形销骨立，我实在不忍心让他为此受累。

本书能够出版，亦要特别感谢联养兄和王冰编辑。书稿经联养兄推荐至师大出版总社，他在自己工作千头万绪之中一一帮我办理手续，使我免去了应付繁杂事务之苦；王冰编辑负责本书文字校对、文献订正等事务，在封面设计、装帧风格上也提出很好建议。两位不惮烦劳，成人之美、再三再四，我得以坐享其成。

首部著作出版，我的惶恐却远远多于欣喜。通过学位论文答辩后的几年间，我对原文断断续续也做了些修改和更新；2024 年付梓出版之前，又对章节结构、资料和文字表述做了一些完善。但时至今日，犹觉惶恐。我的天赋和努力均差强人意，平日谈及学术时多有不学无术之愧。因陕西是父母之邦、家园所在，所以当年选择以陕西农村为研究主题，但这部书于现实可有裨益几分，我并无多大把握，因此总是心情惶恐。

人间种种美好，常有如沐甘霖之感，我何其有幸；

沉迷翰墨书香，或免灾梨祸枣之讥，则此心稍安。

司武林

2025 年 7 月 2 日于长安抚剑轩

后记

[illegible]